U0871850

重构与革新

基于交往的辅导员网络素养提升之路

王凯文　著

同济大学出版社
TONGJI UNIVERSITY PRESS
·上海·

图书在版编目(CIP)数据

重构与革新：基于交往的辅导员网络素养提升之路 / 王凯文著. —上海：同济大学出版社，2024.5
ISBN 978-7-5765-1170-3

Ⅰ. ①重… Ⅱ. ①王… Ⅲ. ①高等学校—辅导员—计算机网络—素质教育—研究 Ⅳ. ①G645.1

中国国家版本馆 CIP 数据核字(2024)第 104999 号

重构与革新:基于交往的辅导员网络素养提升之路
CHONGGOU YU GEXIN: JIYU JIAOWANG DE FUDAOYUAN WANGLUO SUYANG TISHENG ZHILU

王凯文 **著**

责任编辑 孙铭蔚 **责任校对** 徐逢乔 **封面设计** 张 微

出版发行 同济大学出版社 www.tongjipress.com.cn
(地址:上海市四平路 1239 号 邮编:200092 电话:021-65985622)
经 销 全国各地新华书店
排 版 南京文脉图文设计制作有限公司
印 刷 苏州市古得堡数码印刷有限公司
开 本 710mm×960mm 1/16
印 张 16.75
字 数 264 000
版 次 2024 年 5 月第 1 版
印 次 2024 年 5 月第 1 次印刷
书 号 ISBN 978-7-5765-1170-3

定 价 88.00 元

本书为上海市教育科学研究课题“新时代网络文化育人”(项目编号:C2021173)、同济大学网络育人名师计划的阶段性研究成果,由同济大学思政基金支持出版。

前　　言

互联网技术的迅猛发展使网络化生活成为不可逆转的时代潮流。网络作为社会发展的重要载体的定位越发清晰，深刻改变和影响着高校师生的学习、生活和交往方式，互联网平台成为师生获取信息、自我表达与开展交往的重要渠道。在新时代、新形势下，高校辅导员队伍肩负着培养担当民族复兴大任的时代新人的重要任务，在个人成长和工作能力两方面都需要找到全新的突破点。这要求高校辅导员群体必须抓住网络这一关键阵地，充分认识网络、辨析网络、应用网络，积极开展网络交往，在网络思想政治教育理念和工作体制机制上不断推陈出新，因事而化、因时而进、因势而新，成长为适应互联网传播特征的育人队伍，促进个人的全面、自由发展，保证高校网络思想政治教育工作有方向、有效果。

近年国家发布的相关文件，均对高校辅导员网络素养提出了新要求、新指示。《高校思想政治工作质量提升工程实施纲要》指出，加强网络育人质量提升体系，提高建网用网管网能力，加强师生网络素养教育，编制《高校师生网络素养指南》。《高等学校辅导员职业能力标准(暂行)》要求，高校辅导员应能熟练使用博客、微博及微信等新媒体技术，把握网络传播规律，及时研判网络舆情，熟练运用理论开展工作。《普通高等学校辅导员队伍建设规定》要求辅导员能运用新媒体新技术，积极传播先进文化，创新工作路径，基于网络对学生开展思想引领、学习指导、心理咨询等。《关于进一步加强和改进新形势下高校宣传思想工作的意见》指出，要“推进辅导员博客、思想政治理论课教师博客、校务微博、校园微信公众账号等网络新媒体建设”。以上文件虽然提出了高校网络育人的整体要求，但缺少针对高校辅导员工作实践的体系化指导意见，辅导员不易从文件中找到具体的学习方向。

在网络环境下，提升网络素养能够从根本上保障人的交往畅通有效，最终实现人的自由全面发展。辅导员网络素养提升的最终目标不局限于辅导员自身的发展，更体现在通过网络思政教育力促进网络环境下学生的综合能力发展。辅导员作为大学生网络思想政治教育工作的重要主体之一，兼具媒介信息资源的组织者、传播者等身份。辅导员群体准确理解网络媒体的运营规律，把握现代大学生在网络时代的思想倾向和行为特征，是积极推进交往实践、顺利开展网络思想政治工作、最终实现个人与学生全面发展的坚固基石。一方面，辅导员要将提升自身的网络素养作为基本要求，利用网络技术提高思想政治教育的时效性；另一方面，辅导员要将提升高校大学生的网络素养作为重要工作内容，指导和帮助学生适应网络时代的学习环境和社会生活。

辅导员网络素养对于新时代思想政治教育具有举足轻重的作用。但现实中部分辅导员在相关工作中暴露了其网络素养存在一定的问题。部分辅导员对新媒体的认知不充分，只了解学生常用的微信、QQ等平台，不知道学生网络主阵地还有哪些平台、如何运作；较少开展网络舆论引领工作，要么闭口不言，要么只转发不评议、不引导；缺乏新媒体运作能力，停留在浏览、观看、阅读的基本层面，不能掌握基本的网络视频制作、公众号运营、网络数据统计分析等技能；遇到网络舆情事件不知如何处理，强制删帖导致舆情发酵事件屡见不鲜。辅导员队伍看似触网频繁，但实际上却存在本领恐慌，缺乏灵活用网、生动传播的综合能力。诚然，各类工作要求为构建辅导员网络素养体系提供了指导方向，但归根结底只是提出了工作要求，尚未形成教育体系和提供辅助路径，辅导员队伍依然缺少可参考、可实操、体系完备的可读范本。

互联网环境下，辅导员的交往既包括在工作中与学生的交往，也包括日常生活中的普遍交往。无论是何种背景下的交往，都对网络素养提出了更高的要求。因此，本书将在文献分析和实践整合的基础上，从学理角度综合分析辅导员网络素养的内涵基础，结合各类政策、文件中网络思想政治教育工作的实践要求，从网络认知素养、网络批判素养、网络实践素养、网络规范素养和网络思想政治教育力等方面，阐述辅导员提升获取、分析、评价、质疑、批判及传播各种网络信息的能力的方法，构建高校辅导员网络素养体系，为辅导员网络素养能力提升提供兼具理论指导性和实践指导性的阅读文本。

本书将辅导员网络素养分为基本网络素养和满足辅导员职业要求的网络思想政治教育力两大部分，并对基本网络素养进行详解，共计七章。

第一章探源，回顾高校辅导员的工作定位和工作要求。通过梳理辅导员队伍发展历史，提炼辅导员作为一种职业的职责所在。进入新媒体时代，辅导员既面对着机遇也面临着挑战，辅导员应妥善把握机遇以应对挑战，因此，辅导员网络素养提升具有必要性。

第二章革新，明晰高校辅导员网络素养的概念内涵。首先，剖析网络素养的基本概念，通过分析网络时代信息的传播，探索普遍性的网络素养的实际构成。其次，按照高校辅导员作为普通社会人和思想政治教育工作者的双重标准，将辅导员网络素养的核心架构分解为基本网络素养和网络思想政治教育力两部分：在基本网络素养部分，提炼网络认知素养、网络批判素养、网络实践素养和网络规范素养；在网络思想政治教育力部分，探索强调敏感意识、开放心态、良好沟通表达、尝试创新、积极价值取向和与时俱进的学习意识，进而提升网络思想政治教育的作用力和影响力。

第三章识媒，着重阐述高校辅导员网络认知素养。网络认知素养是辅导员基本网络素养的起点，是辅助辅导员进入网络世界的核心素养。对网络信息内涵的剖析将为辅导员还原信息的真实面貌；对媒介发展历史的梳理，能够使辅导员清晰认知网络传播的由来和变迁。而详细介绍高校师生常用的网络媒体平台，则能够使辅导员明确思想政治教育的阵地所在。

第四章辨析，着重阐述高校辅导员网络批判素养。批判与辨析是适应网络社会生存的“利剑”，拥有这把“利剑”，辅导员可以斩除网络谣言、消解网络舆情、解散网络围观、防范网络交往异化。在日常网络生活中，信息的传播无处不在，理解一些常见的传播学概念及其在网络环境下的变化，可以满足辅导员更深刻、更专业地解构网络世界的需要。

第五章巧解，探讨高校辅导员网络实践素养。从微信公众号到短视频，该章带领辅导员走进新媒体阵地，基于品牌、互动和认同的视角，为辅导员提供可参考、可借鉴的内容传播策略，从知晓度、认同度、转化度三个角度奠定效果分析的理论基础，为辅导员的网络实践答疑解惑，提升辅导员网络传播实践的时效性。

第六章循规，阐述高校辅导员网络规范素养。明确网络信息传播的自由原则、责任原则和真实原则，知晓网络空间相关法律法规，并在高校语境下解析《中华人民共和国网络安全法》。集结高校网络行为规范，为辅导员群体开展底线教育工作提供充足的素材。充分表述高校师生网络失范行为，以可借鉴的警示案例提醒网络行为规范的责任所在。

第七章启航，详解高校辅导员网络思想政治教育力。在掌握基本的网络素养后，辅导员建构个体的网络思想政治教育力，既是工作实践所需，也是对理论发展的现实检验。开展网络思想政治教育，首先要明确教育对象的特点，根据调研结果分析高校学生的网络行为现状，提炼现存问题，从而凝练提升教育指导力和教育影响力的有效策略。整合并分析常见的网络思想政治教育案例，助力辅导员群体开展思政教育、参加辅导员素质能力大赛等。案例分析部分全面展示了辅导员应具备的工作能力和网络素养，也为辅导员解决互联网时代学生各类教育问题提供了实际参考。

本书尝试重新构建高校辅导员网络素养培育的有效框架，探索辅导员网络素养提升的根本路径，助力辅导员科学、有效、理性地开展交往实践，更好地融入青年、塑造青年、感召青年，以适应网络时代的客观要求，促进辅导员专业化、职业化发展，力争成为新媒体时代青年的引路人，以网络正能量引领青年奋进新时代。

王凯文

2024 年 2 月

目　录

第一章 >>>

探源：高校辅导员的工作定位和要求

高校辅导员是高校中较为特殊的岗位，既有授课教师的思想政治教育责任，又兼具行政教师统筹管理学生日常事务的责任，其交往活动既包括面向特定的教育对象（即学生群体）的活动，也包括日常生活中的其他一切交往实践活动。随着网络技术的进步与发展，人们迈进新媒体时代，这对辅导员而言是挑战，更是机遇。因此，提升辅导员网络素养既是时代发展的需要，也是教育现状的要求。本章将梳理辅导员队伍的发展历史，明晰辅导员的职业定位和工作职责，在此基础上，进一步探讨辅导员工作内容因时代发展而被赋予的新内涵，以期抓住机遇、应对挑战。

第一节　辅导员队伍发展历史

高校辅导员制度的历史可以追溯到新民主主义革命时期。在中华人民共和国成立前，中国共产党实行政治指导员制度，由思想坚定、具有革命意识的进步同志开展思想政治教育工作。延安时期著名的抗大，即中国人民抗日军事政治大学，要求学生学习马列主义，具有坚定的政治立场、正确的政治思想，集结了党领导下的各部队中的先进青年干部、来自全国各地的知识青年，致力于培养全面发展的军政干部。抗大的政治指导员带领青年干部和爱国学生深入群众，从田间了解民情，学习政治知识，树立远大理想，为我党我军的壮大夯实了坚实的组织基础，也为夺取抗日战争胜利添加了有效的助燃剂。

一、辅导员制度的初建

中华人民共和国成立后，党和国家尤为重视高等教育事业，传承延安时期的政治指导员制度,逐渐确立政治辅导员制度。为满足国家建设需要,高校培养大量技术人才参与工业建设和国防建设,推动国民经济恢复与发展,成为培养又红又专的社会主义革命建设者和接班人的重要阵地。[1] 1951 年 11 月,《关于全国工学院调整方案的报告》提出,“设立专人担任各级政治辅导员,主持政治学习、思想改造工作”。1952 年 10 月,教育部在《关于在高等学校有重点地试行政治工作制度的指示》中指出:全国高等学校在思想改造学习后,应有准备地在校内设立政治工作机构,其名称可为政治辅导处;政治辅导处设辅导员若干人,应在教师和学生中选取具有一定理论水平和政治品质优良者担任。[2]政治辅导处辅导员的主要职责为:辅导学生的政治学习,组织学生的社会活动,推动教职工的政治学习和社会活动。1953 年 4 月,清华大学率先尝试设立了政治辅导员制度,提出“双肩挑”制度,由政治辅导处的工作人员、团委的干部兼任政治辅导员。随后,北京大学也提出设立学生政治辅导员岗位。尽管这一时期辅导员的制度尚不完善,却开辟了新的教育路径,清华大学、北京大学的制度后来也推广至全国各大高校。[3]

1961 年 9 月试行的《中华人民共和国教育部直属高等学校暂行工作条例(草案)》首次正式提出高校专职政治辅导员制度,开拓了思想政治工作者职业化、规范化、制度化的发展方向。这一时期,辅导员的主要工作任务是宣传马列主义、毛泽东思想,宣传党的各项路线方针,提升师生的政治觉悟,调动师生积极性以贯彻执行党的教育方针,保证教学工作的顺利开展。[4] 1965 年 8 月出台的《高等学校学生班级政治辅导员工作条例(草案)》,对辅导员的推选条件、素质要求、工作内容、工作方法等都作了初步规定,到 1966 年,我国高校已基本建立了辅导员工作队伍,辅导员制度逐渐走上正轨。[5]

二、辅导员队伍的重建

党的十一届三中全会后,辅导员制度面临重建。1978 年,全国教育工作会议召开,同年,教育部推出了《全国重点高等学校暂行工作条例》,规定建立学生思想政治教育工作队伍。1980 年,教育部、共青团中央印发《关于加强高等学校学生思想政治工作的意见》,明确了政治辅导员制度和班主任制度,要求辅导员既要做思想政治工作,又要担任教学任务。1987 年,中共中央作出《关于改进和加强高等学校思想政治工作的决定》，指出各高校要重视专职思想政治工作队伍建设，明确了辅导员的队伍构成、编制待遇，奠定了高校辅导员工作的制度基础。同年，原国家教委发布《关于在高等学校学生思想政治教育工作专职人员中聘任教师职务的实施意见》，将辅导员界定为高校教师队伍的一部分，至此，辅导员工作不再仅仅停留在政治工作层面，也拓展至更为全面的思想教育、人才培养、综合教学等方面，辅导员身份也从政治工作者向教育者转变，专业化培养的保障和培训工作也为辅导员制度长效化发展提供了动力。[6]

党的十四大后，辅导员工作进入稳步探索阶段。随着改革开放的深入，我国经济环境与文化事业蓬勃发展，高校青年的思想也随之变得更加开放。1993年，中共中央、国务院印发《关于新形势下加强和改进高等学校党的建设和思想政治工作的若干意见》，对辅导员工作队伍提出了更高的要求，同时也为辅导员提供了更多的激励政策，例如鼓励辅导员在职攻读博、硕士学位，组织出国考察以开阔辅导员国际视野等。1999年，中共中央发出《关于加强和改进思想政治工作的若干意见》，对基层辅导员工作的方式方法提出了指导意见，为加强和改进高校思想政治工作提供了基本遵循。进入21世纪，思想政治教育工作的重要性越发凸显，政治辅导员也更名为高校辅导员。2004年，中共中央、国务院印发高校思想政治工作纲领性文件——《关于进一步加强和改进大学生思想政治教育的意见》[7]，辅导员的身份定位得到认可，其不仅要具有较高的理论教育和价值引领能力，还要具备帮助学生解决实际问题的指导能力。自此，辅导员被赋予了引领高校学生成长成才的时代重任。

三、辅导员队伍的发展

随着时代发展和科学化管理的进步，辅导员队伍越发职业化、专业化。随着高等教育普及度的不断提升，大学生数量与日俱增，为了更好地引领大学生成长成才，各高校纷纷增加了辅导员岗位，2006—2016年我国高校辅导员总人数从6.9万人增加至13.6万人。辅导员队伍的知识结构、学历组成日益合理，在各类教育教学活动、重大事件中起到了至关重要的作用。[8]新时代赋予了高校辅导员新的使命，2006年5月20日通过、自2006年9月1日起施行的《普通高等学校辅导员队伍建设规定》提出，辅导员是高等学校教师队伍和管理队伍的重要组成部分，具有教师和干部的双重身份，是高校学生日常思想政治教育和管理工作的组织者、实施者和指导者。[9]2016 年 12 月，习近平总书记在全国高校思想政治工作会议上强调，要坚持把立德树人作为中心环节，把思想政治工作贯穿教育教学全过程，实现全程育人、全方位育人，努力开创我国高等教育事业发展新局面。[10]2017 年 8 月 31 日修订通过、自 2017 年 10 月 1 日起施行的《普通高等学校辅导员队伍建设规定》明确归纳了辅导员的工作任务，包括学生思想政治教育、成长发展指导和日常事务管理三部分[11]，党的理论创新成果在高校思想政治教育领域得到了集中体现。

青年的价值取向决定了未来整个社会的价值取向，培养具有高度文化自信、德才兼备的时代新人至关重要。思想政治教育工作是我国高等教育各项工作的生命线，是落实为党育人、为国育才的有力抓手，对于抓好后继有人这个根本大计、实现中华民族伟大复兴具有重要意义。

可以看到，辅导员的角色定位和工作内容随着时代发展不断变化，但是，我国自始至终都对辅导员的专业知识能力和综合素质提升有着较高要求。作为学生的人生导师和政治领路人，辅导员要与学生同行，需要具有强大的适应力，对社会现状、科技发展和前沿技术有较强的信息捕捉力和热点敏锐度。辅导员的个人思想和技能与时俱进，教育教学方式方法也随着时代发展更新换代。网络时代的快速发展，为辅导员工作创造了显而易见的机遇，同时也给辅导员工作带来了巨大的挑战。

第二节　网络环境下辅导员工作的机遇与挑战

一、新时代，辅导员工作正逢其时

（一）提高思想政治教育工作效率

网络环境为高校辅导员提高工作效率提供了全面的支持。在实效性方面，网络环境下的数据如同信息的海洋，辅导员可以在任意时间、地点接入，随时浏览和获取自己工作需要的信息和教育资源，通过分析、学习掌握专业技能与实践经验，增加自己的知识储备，夯实自己的理论基础。思想政治教育应该是生动的。因此，在文字、图片、音频、视频等新媒体元素的支持下，通过整合网络中丰富翔实的案例、热门的话题，辅导员可以丰富教学内容和教学形式，与学生进行实时互动交流和对话，在提升思想政治教育灵活性、调动学生学习热情的同时，使学生乐于主动内化教育内容，增强自我认知，提升辅导员工作的实效性。

而信息发布迅速、传播效率极高的自媒体的出现与发展，彻底解决了传统媒体传播范围狭窄、信息延迟的问题，将“多对多”的传播方式引入了社会大众的生活。在覆盖面广、瞬时性强的自媒体传播机制下，辅导员可以利用自媒体发布各类日常信息公告、开展各类线上线下结合的团学活动，学生可以同步瞬时接收信息。这打破了传统的信息层层传递的固有模式，极大地保障了信息的精准传输，也使得信息传播时间大幅缩减，从时效性方面提升了辅导员的工作效率。

（二）构建高校师生互动交往环境

单向度的传统思想政治教育模式多少带有灌输的意味，学生仍处于被动接受教育的地位，突出的是开展教育工作的辅导员的主导意愿。这使得学生不愿意主动和辅导员交流，导致师生关系往往处于一种拘谨、有隔阂的状态，而这种状态对思想政治教育工作的开展而言亦是难以解决的问题。但是，网络环境为消除这种交往隔阂提供了新的可能。在新媒体平台的支持下，辅导员的思想政治教育工作不再局限于教室、办公室或宿舍，师生在空间领域可以无限延展交流，单向传递的教育模式被完全打破，双主体的交往模式得到构建，多维互动的形式促进了师生之间的有效交流。

趋向虚拟化的网络环境弱化了现实中辅导员相对于学生的权威地位，也缓解了传统意义上的师生不平等状态。在这种环境下，师生双方能够以平等的心态开展交流，非直接交往从一定程度上消解了学生对权威的畏惧，实现了师生间真诚互动交往。辅导员需要在交往中了解学生需求，根据学生的日常情况调整思想政治教育的方式方法。从过去面对面的单一交流模式，到现在通过语音、视频等在线分享与交往的方式，辅导员可以快速、及时、全面地了解学生的心理动态，促进与学生之间的有效交往，缓和与学生之间紧张严肃的关系，拉近与学生间的心理距离。

二、新征程，辅导员工作重任在肩

（一）意识形态引领难度增加

网络平台的特性决定了其与学生的关系——为学生提供丰富的信息、拓展学生思维、为学生搭建广阔的交往互动平台。但是，“即使最完善的器械也不可能形成像良心那样高尚的情感，更不要说那些深刻的社会的思想丰富的感情”。[12]联结一切是互联网时代的基本特征，每一个节点都拥有着海量的数据信息，可以获取的思想观念信息各式各样。这种广泛的联结改变了传统教育的一般方式，在为教学工作提供方便的同时，无形中也增加了思想政治教育的实施难度，对开展教育的内容、形式提出了全新的要求。以自媒体为例，其准入标准较低、审核把关较松，致使诸多知识、意识形态混杂其中，无论对错，无论真假，信息量的庞大与信息质量的不稳定形成了鲜明的对比。处于价值观塑造期的大学生由于社会经历较少，长期生活在“象牙塔”中，对社会各类信息都抱有好奇心，但也缺乏对信息内涵的辨识能力，很容易陷入不良信息和虚假信息的旋涡。现实生活中歪曲事实的言论和偏激思想，以及各类网络平台上的各种腐朽思想、恶意诋毁党和国家的信息，不仅会影响学生的思想认识和行为实践，也会对高校网络思想政治教育的阵地安全产生强烈的冲击。因此，高校辅导员要与这些信息作斗争，维护高校网络思想政治教育的阵地安全。

（二）网络舆情问题数量增多

互联网环境下，各方的地位、立场各不相同，造成网络社会舆论场纷繁复杂，众声喧哗。在网络技术的发展与普及下，学生手中握有网络“麦克风”，网络交往主体性认知有所增强，可以发声的平台和手段日益增多，随之而来的舆论传播呈现新趋势，网络舆情问题数量也与日俱增。一方面，高速发展的新媒体使人们长期处于浅阅读、浅思考的状态，导致部分学生将注意力放在震慑力强、内容新颖的信息上，而对信息背后隐藏的社会危害性不够敏感，这些具有一定社会危害性的信息肆意散播可能会导致严重的网络舆情危机。另一方面，部分学生习惯性地随时随地、随心所欲地对一些社会事务进行评判和意见表达，一些情绪化、碎片化的舆论表达甚至会踩踏法律法规的红线，进而转化为备受社会各界关注的各类网络舆情，造成网络信息的混乱和网络舆论空间的无序发展。这些散落在各处的网络舆情事件不仅增大了高校辅导员的工作压力，也不利于大学生正确的世界观、人生观、价值观的形成与稳定。

第三节　提升辅导员网络素养的必要性

随着新媒体技术的高速发展，以数字文明为基础的新纪元已经来临。产生于现代化信息浪潮的新媒体在服务人类的同时，也对人的网络素养提出了更高的要求，知用、会用、善用，是新媒体环境下人类生存的重要基础。人的思维理性在技术理性的控制下，势必会影响人的生存，因此，个体只有提升自身网络素养，才有机会顺畅、平稳地遨游于网络的海洋。

多样化网络生存空间在给人们的现实生活带来便利的同时，也引发了诸多混乱。网络化背景下的商业传播模式在资本的带动下趋向异化，低俗的、价值观导向错误的自媒体信息时常出现，这些被异化的信息的传播对人们在新媒体空间的生存发展产生了一定的威胁。一些高校师生的价值取向和行为实践目标在互联网环境下更易产生动摇，传统的思想政治教育正在接受一波又一波的考验。这就要求辅导员具备丰富的网络知识，掌握全面的网络技能，成长为复合型的网络思想政治教育人才。因此，提升高校辅导员网络素养既是引导高校学生适应网络社会的现实要求，也是推动符合新时代特点的思想政治教育转型的实践需要。

习近平总书记指出："思想政治工作从根本上说是做人的工作，必须围绕学生、关照学生、服务学生，不断提高学生思想水平、政治觉悟、道德品质、文化素养，让学生成为德才兼备、全面发展的人才。""青年是祖国的未来、民族的希望，也是我们党的未来和希望。"[13]高校思想政治教育工作者要坚持以马克思交往实践观为指导，构建以话语权共享、生活化面向、交互式引领为主要特征的网络思想政治教育图式。[14]在新媒体时代，辅导员作为大学生思想政治教育的主要实施者之一，不仅要传递知识，更要教育学生在网络空间中树立正确的价值观念、把握行为规范与准则，肩负着引导学生成为积极健康、向上向善的网络文化传播者的使命。大学生群体作为新媒体的主要受众，其思想观念和行为方式受到互联网的深刻影响。辅导员作为大学生身边的重要引导者，在社会大背景下，提升自身的网络素养成为必然选择,以此更好地了解和引导学生在网络空间中的思想和行为。

一、优化个人网络交往能力

辅导员脱离职业身份,首先是一名需要面对网络生活的社会人,良好的网络素养是促进自身发展、在网络环境下开展交往的基本素质。人类交往方式演变的历史上出现过的很多交往手段都是以某种符号来传递信息的,从过去的书信、电话、电报到信息时代的电子邮件和即时通信软件概莫能外。这些信息传递手段都在改进所使用的符号,声音符号、图像符号、视频符号,甚至数字化符号,都成为交往中的关键要素。[15]作为社会公民,辅导员网络素养的提升有助于其紧随科技发展的脚步适应逐步演进的交往环境,辨明虚拟和现实的区别,通过接触新媒体解读世界和剖析自我,运用新媒体全面了解个体的社会定位,展示个体的角色意义,为顺畅开展网络交往奠定良好的基础。在网络环境下,辅导员需要储备充足的信息作为交往的内容素材,还要关注交往的方式,塑造具有亲和力的网络形象,这对辅导员个人的社会影响力、职业发展规划具有重要意义。

首先,网络素养的提升促进了辅导员的全面发展。现代信息技术的飞速发展打破了时间、空间的局限,人的交往得到了无限延伸。在网络交往的过程中,人们要适应网络环境,提升网络技能,明辨网络信息,以多种能力提升网络交往的顺畅度,从而促进自身的全面发展。辅导员群体作为具有一定知识背景的社会公民,在网络世界开展交往实践,并在这一过程中紧随技术潮流、应用前沿科技,从而与世界接轨。从个人内在发展视角来看,网络素养的提升正是人的综合能力的全面提升,对新鲜事物的敏锐度、对技术的学习能力、对网络空间的创造性应用,为辅导员的日常交往提供了鲜活的素材和必备的能力,也潜移默化地推进了辅导员自身的自由发展。在具备一定基础能力之后,辅导员通过提升网络素养为自身成长为专家型辅导员提供契机。辅导员正确选择和合理利用网络空间的优势开展学习和研究工作,能够丰富自身的知识积累与实践经验,促进自身职业化、专业化发展,从而成为专业技能过硬、理论扎实的专家型辅导员。

其次,网络素养的实践塑造了辅导员的亲和形象。网络环境下的交往最核心的变化是交往主体的虚拟化、符号化。人们不仅可以创造出符号化的世界,而且可以将自身符号化,以符号的形式出现在交往活动中。人的符号化,就是将符号作为人的替代者,暂时充当交往的主体。[15]通过在网络空间塑造符号化的形象,一方面,辅导员可以扭转社会舆论的固有刻板印象,另一方面,辅导员也可以打造更具亲和力的个人形象,发挥展示个人优势。在以往的传统媒体信息中,辅导员通常被塑造成严谨认真、一丝不苟的形象,这与传统的思想政治教育的严肃的、正式的要求相匹配。而新时代的辅导员群体是生动的、活泼的、与学生共同成长的。辅导员提升网络素养能够更充分地展示自我,消除社会各界特别是学生群体对辅导员的刻板印象。新时代的辅导员应通过互动交往加深对学生的了解,以前沿的内容输出拉近与学生之间的距离,不断寻找新路径和新方法,巩固和提升自身的网络交往能力。

二、改进思想政治教育方法

互联网作为高新科技引发的技术革新,带来了与以往不同的工作方式和工作载体,铸就了跨越性的时代背景,改变了人们的交往方式和生活方式。思想政治教育环境随着社会环境动态变化,高校辅导员理应紧跟时代发展,适应环境要求。在互联网环境下,高校辅导员应积极突破固有的工作逻辑,充分发挥互联网时代的技术价值,更新传统的工作方法,集中力量提升教育的实效性,其着力点在于提升个人网络素养。

第一,不断学习网络技术是辅导员网络素养提升的基础,转变工作思路则是辅导员网络素养提升的核心要求。“老师讲、学生记”的单向理论灌输已经不再适应当下的教育环境,与丰富多彩的网络信息相比,思想政治教育的内容需要有更强的吸引力,需要更灵活、更热门,充分发挥学生在师生交往互动、思想政治教育中的主体性。提升辅导员的网络素养有助于进一步加强师生平等关系,塑造自由交流平台,引导辅导员正确认识网络、辨析信息、应用技术,通过更开放、民主的方式,加强师生沟通交流,激发学生的思考和参与意愿。

第二,网络素养的提升还能够方便辅导员追踪学生的思想认识和行为动态。通过与学生之间的紧密互动,辅导员能够更全面地了解学生的需求、困扰和期望，把握学生的思想方向和行为动态，从而更有针对性地开展思想政治教育工作。这种沟通的强化有助于师生间建立更加紧密的关系，提升教育的针对性和实效性。

第三，提升辅导员网络素养有助于发挥各类高校背景的新媒体的影响力。随着新媒体的快速发展，校园新媒体为高校思想政治教育提供了全新而高效的技术平台，其建设已经成为当今高校宣传思想工作不可或缺的重要环节。校园新媒体作为一种现代化的传播平台，拥有强大的传播力和互动性，为高校思想政治教育工作注入了新的活力。首先，辅导员需要适应时代发展，了解并熟练运用新媒体，使其成为思想政治教育的有力助手。其次，辅导员在媒介使用能力上需要符合时代需求，更好地应对多样化的传播需求。辅导员通过新媒体平台可以更有针对性地开展思想政治教育工作，通过精心策划和组织各类线上线下活动，更好地引导学生思考和辨别信息，构筑学生与辅导员互动的平台，促使师生双方开展更加深入和高效的交流。

辅导员通过提升网络素养，不仅能够更好地适应时代要求、发展个人综合能力，也能更好地运用校园新媒体，为高校思想政治教育工作注入新的动力。这样的发展势头将推动辅导员思想政治教育更加顺利地应对多元文化的冲击，使得新媒体在塑造良好校园文化、推动学生积极参与、传递积极向上的价值观念等方面发挥更为重要的作用。

三、正确引导高校舆情动态

网络环境下的海量信息不断扩充着大众的媒介承载量，推动着网络舆论变化，甚至形成了泛娱乐化的网络传播趋势。人人皆知的“网红”效应、充满低俗趣味的表情包、鼓吹消费主义的宣传，在带来多元化的视听体验的同时也引发了诸多争议。在即时性传播的背景下，新闻碎片化和浅层化更是滋生了泛娱乐倾向。受众更多地选择感性表达而非理性输出，这也有可能引发信息在娱乐性的遮蔽下失真的风险。冲在舆论最前线的往往是情绪，当真相尚在被找寻的过程中时，情绪往往已经弥漫整个舆论场，严重危害了信息生态安全，也会引发更大的社会信任恐慌。网络舆情的快速传播和多样化对社会和高校意识形态阵地的冲击力日益加强，在当下的网络舆论场中，以意识形态为轴心的、去中心化的互联网小群体力量成为有能力管控一场舆论走向的新权力极，对网络空间的建构和社会环境的有序发展有一定的影响。青年群体是对社会发展过程中的各类舆情颇具敏感性的群体，他们以融媒体环境为平台，创造性地通过网络新词、表情包等形式重新解释世界，甚至能够推动官方在一些重大领域作出调整和行动。舆情信息的来源往往呈现多元化特点，难以彻底查明，虚假信息和谣言可能通过匿名账号或虚构身份广泛传播，张扬的论调、个性化的言论广泛见于学生的微信朋友圈、QQ空间动态等，增大了监管的难度。部分高校被卷入社会化媒体热搜、热帖的舆情热潮时，后知后觉意识到问题所在，往往存在引导策略陈旧、引导方式僵硬等问题，强制删帖、高位指责等行为很可能会引起新一轮的、更大规模的社会关注和传播，不仅不能消减舆情的影响，反而会引发舆情的进一步升级。

面对这一全新的时代挑战，辅导员的网络素养提升尤为重要。辅导员通过深入的舆情研判，能够了解学生群体的心理和需求，从而准确引导舆论。辅导员通过加强网络实践能力，强化正面针对问题积极发声的意识和行动，保持坚定的政治立场，能够更好地把握新媒体思想政治教育的话语权。在网络传播和网络交往的过程中，辅导员应依托敏锐的观察力和积极创新能力，增强传播教育内容的感染力和感召力，把握青年学生的网络话语表达喜好，通过重构话语体系建立网络沟通机制，软着陆化解网络舆情的冲击。在这一过程中，辅导员也要尊重青年学生的主体意识，引导学生朝着积极健康、向上向善的方向发展，打造可感知、可信赖的精神空间，助力创造积极健康、富有朝气的校园舆论环境，使学生在良好的网络空间中成长。

四、有效开展网络素养教育

习近平总书记曾多次强调，引领全党一同走近青年、倾听青年，关心青年、关爱青年，教育青年、引导青年，作出“未来属于青年，希望寄予青年”的深情勉励。互联网时代，青年学生的学习和生活都已与网络深度融合。[16]互联网打破了知识传播的时空局限，成为当代青年思想文化交流的主要场域，渗透并影响着青年学生的观念和行为。在一定程度上，谁赢得了互联网，谁就赢得青年；赢得青年，就是赢得未来。因此，辅导员在个体的网络素养得到完善和增强的基础之上，需要深入开展面向学生的网络素养教育，与海量信息抢夺网络舆论阵地，守卫青年群体的思想世界。

首先，要加强学生的网络信息辨别能力。辅导员要将已经掌握的新媒体理论和来自现实生活的警示案例相结合，加强学生的逻辑辨识力，引导学生分辨信息真伪，不被虚假信息迷惑，面对具有情绪挑唆性的社会信息能够冷静思考，形成个人的网络批判思维体系。其次，要丰富网络素养教育的形式。辅导员需要转变传统的教学模式，特别是在具有前沿性的网络素养教育方面，要以理论联系实际扩展教育框架，在理论讲解的基础上，充分加入网络实践项目，使学生真正触网、融网，合理、灵活运用互联网开展学习生活。最后，要加强学生的信息传播责任感。通过网络素养课程、日常宣传教育，引导学生明确网络行为应与现实行为一致，二者都需要接受法律法规和道德规范的要求，指引大学生在网络空间合理发声，做到对个人发布的信息、发表的言论负责，遵规守矩，自觉主动抵御网络文化入侵，培养文化自信。

青年群体是与新时代共同成长前进的一代，肩负时代赋予的使命与责任。青年大学生处于人生的“拔节孕穗期”，需要精心引导和悉心栽培。在传统的课堂教育之外，网络素养教育可以实现教育载体的有效延伸，提高学生的主体参与度，强化思想政治话语的传播力。提升思想政治教育的亲和力和针对性，是时代发展所需，也是青年成长成才所需。

第二章>>>

革新:高校辅导员网络素养内涵

科学技术的发展带动了媒介的社会化转向,全球几十亿人在网络的连接下形成了数不胜数的交往与联系。网络素养成为人们在网络化社会生存和发展的基础,在人们的日常资源获取和工作生活中具有重要作用。"素养"一词源于英语中的"literacy",网络素养源于媒介素养,最早出现于1994年,由美国学者麦克卢尔(Charles R. McClure)首次给出明确界定,认为其是个人识别、访问并使用网络中的电子信息的能力,可以划分为技术层面和知识层面[17],它既是媒介素养的组成部分,也是技术发展和社会发展的新兴产物。网络素养是一种观察和认识网络世界的方法和手段,人们通过掌握和使用网络媒介,培养解读和鉴别网络信息的能力,形成批判的认知体系和应用逻辑。全面培养提升个体的网络素养能够推进个体发展,完善个体在网络环境下的外在交往,促进个体的内在发展,造就与社会发展相适应的生活方式。

第一节　网络素养的内涵

当今社会,人人皆为传播者,把关人效力减弱,每一个被赋予传播权利的人都需要拥有与时代相匹配的网络素养,进而保证信息环境处于有序状态,个人的交往能够得到有效实践。作为当代人类生存必不可少的素质,网络素养的积极培育与社会生活中的每个人息息相关。

一、网络素养的内涵解析

网络素养(Digital Literacy)是互联网背景下的新兴产物,也被译为数位素养，源于媒介素养的构建和认知，也是其重要的补充部分。因此，加强对于媒介素养的认知对进一步理解网络素养具有重要意义。

美国布莱恩特大学（Bryant University）传播学系教授斯坦利·巴兰（Stanley J. Baran）认为，媒介素养主要包括三个方面：一是能够正确认识媒介的性质和功能，二是对媒介信息有系统批判性意识，三是能够利用媒介提高职业能力。[18]美国学者阿尔特·西尔弗布拉特（Art Silverblatt）提出媒介素养七要素说，七要素分别是：批判性思维技能、了解大众传播过程、懂得媒介对个人及社会的影响、制定分析讨论媒介信息的对策、透视媒介文本、研究和欣赏媒介传播内容、制作媒介产品。[19]

中国学者段京肃、杜骏飞在《媒介素养导论》中指出，媒介素养是指公众接触、解读、使用媒介的素质和修养，它包括了三个主要的环节：接触媒介——获取信息；解读媒介——批判地接受信息；利用媒介——开展工作和生活。[20]

张开在《媒介素养概论》中总结道：媒介素养是指人们面对网络的各种信息的选择、理解、质疑、评估、思辨性应变能力，以及创造和制作网络信息的能力，其宗旨是使大众成为能积极地利用媒体、制作媒体产品、对无所不在的网络信息具有主体意识和独立思考的优质公民。[21]

而“网络素养”的定义从未统一，并且随着时代发展动态演变。对于网络素养的认知源于欧美国家。1994年，美国学者麦克卢尔率先尝试使用“网络素养”（Network Literacy）的概念来描述个人“识别、访问并使用网络中的电子信息的能力”。[22]1999年，学者赛尔夫（C. L. Selfe）将网络素养的概念进一步精细化，区分了计算机素养（Computer Literacy）和技术素养（Technological Literacy）：计算机素养是人们使用计算机、软件或网络的机械技能；而技术素养是在电子环境背景下，一系列包含社会和文化因素的价值观、实践及技巧的复杂的操作语言。[23]2002年，芬兰学者萨沃莱宁（Savolainen）则从社会认知理论出发，对网络素养进行了系统梳理，提出了网络能力（Network Competence）的概念，认为网络能力包含获取互联网信息资源中的知识的能力、使用工具获取信息的能力、判断信息相关性的能力、沟通能力四个方面。[24]1996年，Hu率先将网络素养研究与图书馆工作实践联系在一起。他认为，图书馆工作人员应该接受系统的网络素养教育，他们不应该仅仅扮演连接用户与网络资源的中介人的角色，也应该作为教育系统的辅助部分，帮助目标群体提高网络素养。[25] 2005 年，沃克(Walker)提出，网络素养意味着将用户与他人的表达连接起来，同时邀请他人发表意见。[26]研究者班森(Benson)和瑞曼(Reyman)提出，网络素养的内涵已经超越了单纯的技术技能和狭义的计算机素养，是一种在当前互联网个体相互分散又相互协同的状态下，人们对各类信息进行读写等参与式活动的解读能力。[27]

2013 年，美国学者霍华德·莱茵戈德(Howard Rheingold)以"Net Smart"一词定义网络素养，并在《网络素养——数字公民、集体智慧和联网的力量》(*Net Smart: How to Thrive Online*)一书中较为系统地阐述了网络素养的概念，他认为，网络素养由关注力、无用信息辨析、参与、合作、网络行为主体五方面共同组成，这五种关键素养将给人的思维和社会关系带来巨大影响，甚至具有改变世界的能量。[28]

美国大学与研究图书馆协会(Association of College & Research Libraries, ACRL)于 2015 年通过了《高等教育信息素养框架》(*Framework for Information Literacy for Higher Education*)并指出，信息素养包括人对于信息的探索、反思、评价和理解能力，以及通过获取的信息更新知识和开展互动学习的综合能力。[29]在联合国教科文组织发布的《全球媒介与信息素养评估框架》(*Global Media and Information Literacy Assessment Framework*)中，媒介与信息素养被界定为通过自主接触、了解、评估、使用各种工具，创造并分享各种形式的信息与媒介内容的一组能力。[30]也有学者从知识和能力两个层面来界定网络素养，知识层面主要强调和新媒体相关的各类法律法规知识，能力层面则包括开展网络素养教育的能力、处理网络舆情的能力、通过新媒体开展针对性服务和思想教育的能力。[31]

2017 年，以"新时代·新网民"为主题的首都网络素养座谈会在北京会议中心举行，网络素养标准评价体系正式发布，旨在探索构建网民网络素养测评及提升的基础方法。网络素养十条标准包括：认识网络——网络基本知识能力，理解网络——网络的特征和功能，安全触网——高度网络安全意识，善用网络——网络信息获取能力，从容对网——网络信息识别能力，理性上网——网络信息评价能力，高效用网——网络信息传播能力，智慧融网——创造性地使用网络，阳光用网——坚守网络道德底线，依法用网——熟悉常规网络法规。这为搭建网络素养体系提供了指导方向和有效路径。[32]

综合国内外各类专家学者的意见和理论基础，结合互联网时代的发展特点，狭义上，网络素养主要是指运用电子设备及网络资源来定位、组织、理解、评估和分析信息的能力。而广义上，网络素养包括对通过网络所获取的信息的解读、辨别和批判的能力素养，将通过网络所获取的信息为我所用的能力，在网络背景下对自身心理的认知、对自身心理动机的管控和对自身心理行为的调适等能力。网络素养要求主体能够适应网络时空中人与人之间及个人与社会之间关系的行为规范，并具有对互联网安全的防护和对个人信息的隐私保护等综合素养和能力。

二、网络素养教育的研究进程

传媒技术的迅速发展和大众媒体的普及使人们开始关注媒介对应用个体和整个社会的影响，而只有掌握了媒介素养，人们才能够更好地理解和应对信息洪流的冲击。因此，对于包括网络素养在内的媒介素养的关注与研究逐渐成为学界热门话题。从1930年代至今，全球媒介素养教育的发展历程可分为三个阶段。

第一阶段是1930年代至1960年代，此阶段欧美发达国家的学者逐渐注意到媒介素养教育领域，一些国家也逐渐尝试开设与媒介素养相关的各类课程。

第二阶段是1970年代至1980年代，联合国教科文组织在推进媒介素养教育方面起到了至关重要的作用，推动了部分国家和地区率先在青少年中普及媒介素养教育。这一阶段，西方国家如英国、加拿大、澳大利亚、芬兰、瑞典、挪威等开始将媒介素养教育纳入国民教育体系和正规的教育体制，列入社会课、语言艺术课、健康教育课等课程范畴，培养学生的批判性意识、丰富学生的知识。例如，英国以文化为核心，将媒介素养教育覆盖从幼儿园到大学的全流程教育阶段，美国将要求教师接受媒介素养教育的认证培训等写入法律。[33]

第三阶段是1990年代至今，随着计算机网络的普及，以及多种新媒体技术的推广，网络素养教育开始从发达国家向发展中国家扩散，尽管发展时间相对较短且发展速度较为缓慢，但也成为一种极具时代意义的世界性现象。[34]其中，新加坡的网络素养教育具有一定代表性，在政府组织、媒体组织和学校的长期合作下，以网络健康为基础的课程已被全面纳入教育体系。同时，其网络素养教育对于家庭的责任划定与内容引导也非常详尽。

1990 年代,得益于一些学者开始关注媒介素养教育的重要性,在我国尽快开展媒介素养教育的呼声越来越高,我国学界逐渐开始关注媒介素养领域。最具代表性的开端是中国社会科学院学者卜卫于 1997 年发表论文《论媒介教育的意义、内容和方法》,全面而系统地论述了部分具有代表性的西方媒介素养认知,并指出,尽管由于资源匮乏、政策支持不足等,我国相关研究进展相对缓慢,媒介素养的普及、教育和实践还有很多需要提升的方面,但是媒介教育的意义和重要性足以驱动后续的工作与政策支持。[35] 2000 年后,我国学者陆续开展媒介素养教育研究,我国政府将媒介素养教育纳入中小学《信息技术课程标准》,各高校陆续开设媒介素养公选课,我国对媒介素养的认知逐渐普及化。2002 年,我国台湾地区《媒体素养教育政策白皮书》公布,标志着台湾地区网络素养教育进入新阶段。2004 年,教育部哲学社会科学重大课题攻关项目"媒介素质教育理论与实践研究"取得了国内网络素养研究领域的重大理论突破。袁军于 2010 年出版的《媒介素养教育论》一书分析了影响媒介传播的内外部因素,对我国公民的媒介素养状况进行了介绍,重点研究了我国媒介素养教育的模式和途径。[36] 2017 年,喻国明和赵睿首次提出当今的网络素养应是包含媒介素养、信息素养、数字素养的一种宏观的研究逻辑,并将网络素养的"认知—观念—行为"的演进逻辑作为网络素养培育和养成的核心内在。[37] 张玲、秦学智和张洁于 2013 年出版的《媒介素养教育课程论》以课程论的视角,分析推介了一些知名的海外媒介素养教育课程,并综合归纳整理了媒介素养教育的本质、目标、内容等基本要素。[38]

目前,学界对于特定群体的媒介素养的研究颇丰,相关论文数量较多、涉及领域较为广泛,也产出了一批优秀的专著性质的研究成果。杜晋丰、马翠琳、杜芳等结合公安民警工作要求,出版《公安民警媒介素养五论》,普及了相关理论知识。李敏蓉结合公安领导者职位要求,出版《媒体时代——公安领导者的媒介素养》,对相关工作岗位人员的媒介素养作出了切实要求。中国社会科学院国情调查与大数据研究中心出版论文集《青少年网络素养教育读本》,围绕网络保护和网络防沉迷进行案例研究和实践探索。陈志勇主编《青少年网络媒介素养教育》,分门别类阐述网络时代青少年思想与行为常见问题,凸显了青少年媒介素养教育的现实意义。林立涛等于 2023 年出版的《大学生网络素养教育》一书,以大学生为研究对象,通过辨析思想政治工作与网络素养教育的关系,提出大学生网络素养教育的实际策略和路径,为网络思想政治教育工作者提供了很好的借鉴,是最新出版的关于大学生群体网络素养教育的读本。邵瑞是少数围绕高校辅导员群体进行综合研究的学者之一,其出版的《高校辅导员媒介素养》一书在全国范围内首次对高校辅导员的媒介素养进行了全面深入的探讨与研究,很好地回答了辅导员与媒介素养之间的关系。饶先发、王乃婧出版《新时代高校辅导员网络育人能力提升教程——如何撰写好网络文章》,该书精准破解辅导员写作难题,根据辅导员素质能力大赛要求提供专业化备赛指导。

近年来,网络技术和社交媒体持续快速发展,互联网环境不断转变,对网络素养的普及和提升提出了更多挑战与要求。作为一个新兴概念,网络素养的重要性在高校教育工作中逐渐得到体现,特别是新冠疫情期间,网络授课、网络学生工作任务、网络团学活动频次增加,更凸显了通过开展网络素养教育提升师生网络素养的迫切性。目前,社会各界纷纷加入网络素养教育的队伍,提高全民网络素养任重而道远。

第二节　高校辅导员网络素养构成

虽然近年来青少年的网络素养研究和教育的覆盖面越来越广,但是学界对于青少年思想引领教育者——辅导员群体的网络素养的关注度仍略显不足。高校辅导员具有多重身份,一方面,高校辅导员作为普通的互联网受众,开展基本的交往实践活动,应具备最基本的网络素养;另一方面,高校辅导员身为教育者,肩负教书育人的重要职责,在具备一定网络素养的前提下,更须具备面向广大学生群体开展思想引领和学生工作的网络思想政治教育力。

因此,作为新时代社会公民应具有的、普适性的网络素养内涵,以及符合高校辅导员工作内容和特点的网络思想政治教育力共同组成了高校辅导员的网络素养要求体系。网络素养本身是多种能力维度的总和,呈阶梯式发展,形成了阶梯式的网络素养内涵框架。各类文件和政策对辅导员开展思想政治教育工作提出了现实要求并提供了强有力的抓手,为明确辅导员网络素养的内涵建构指出了切实方向并提供了有效保障。根据工作指示要求,辅导员从事网络思想政治教育工作需要具备一定的知识和能力,主要体现在理论认知、阵地建设、舆情应对等方面。基于网络素养本身由多种能力维度建构的性质,结合辅导员的工作要求和职业特性,本书尝试建构阶梯式的辅导员网络素养框架，其内涵范畴覆盖思想认识与行为实践，具备多维度、全流程的特点，基本网络素养包括网络认知素养、网络批判素养、网络实践素养和网络规范素养，这四者的递进关系符合多维度、阶梯式的构建原则（图 2-1）。

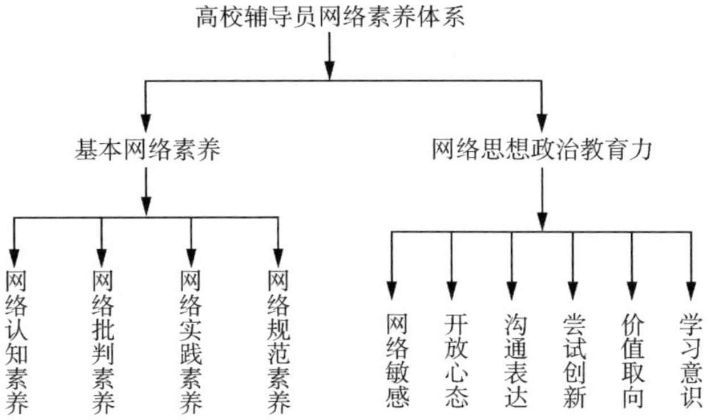

图 2-1　高校辅导员网络素养体系结构图

对于高校辅导员而言，网络素养不仅仅是熟练运用网络技术的能力，更是深刻理解和正确引导网络文化的能力。高校辅导员应履行引导学生塑造积极向上网络形象的使命，与学生共同构建一个健康有序的网络空间。网络认知素养是所有网络素养的源头，个体在接触、知晓、关注网络环境和网络产品之后，才能够形成网络批判意识。通过初步认知和批判构建，从触网到融网，逐步上升到网络实践行为，在此基础上，又增加了对行为道德的规范，将行为和规范相结合，最终构建完整的基本网络素养框架。对于辅导员而言，网络思想政治教育力是对基础网络素养的全面应用与提升。只有筑牢基本的网络素养，才能扎实提升网络思想政治教育力，最终完成高校辅导员网络素养体系的建设与培育。

一、高校辅导员基本网络素养解析

（一）网络认知素养

辅导员需要具备网络基本认知素养，具备通过网络平台工作生活的基本意识，辅导员的网络认知素养包含认知网络和理解网络两个方面。辅导员需要认知的内容和对象主要包括网络信息技术本身和网络信息传播介质。

1. 认知网络，知晓新媒体平台

认知网络要求辅导员明确网络信息的多重内涵和基本特性，了解包括人工智能、大数据在内的各类新兴网络技术的基本内涵，熟悉各类可应用于日常教学的网络平台，对于学生日常使用的新媒体平台了然于胸，明确网络思想政治教育阵地所在、学生的网络日常生活规律。

当今社会，网络环境下产生的新媒体已然成为高校师生必不可少的生活实践平台。对于"新媒体"这一概念的定义可以追溯至20世纪中叶。P. 戈尔德马克(P. Goldmark)于1967年首先提出了"新媒体"(New Media)一词，时任美国传播政策总统特别委员会主席E. 罗斯托(E. Rostow)在向时任美国总统尼克松(Richard Milhous Nixon)提交的报告中再次提到此概念。"新媒体"一词自此在美国传播开来，很快扩展到全球。[39]从技术层面来看，新媒体是指以网络数字技术及移动通信技术为基础，利用无线通信网、宽带局域网、卫星及互联网等传播渠道，以手机、计算机、电视等设备为输出终端，向用户提供文字、图片、音频、动画、视频等合成信息及服务的新型传播形式与手段的总称。从传播视角来看，"新媒体"可以理解为"新兴媒体"，其依托技术手段改变了信息传送的通道，这只是一种信息载体的变化。然而，每种媒介都有其独特的符号系统和表现手法，例如微博和抖音，二者传播信息的方式各具特色，受众需要获得更多的技能来分析和评估视听语言、书面语言、超文本手法等。从应用意义来看，新媒体是当代人开展交往活动的利器，没有网络和新媒体，就没有当代交往的进一步演进和发展，人类对共同体的追求与实现也将失去重要的实践基础。

为了顺利地开展网络交往，实现网络行为的平稳推进，辅导员需要深刻理解网络及新媒体的传播规律和机制，包括信息传播的速度、互动性及用户生成内容的影响。这有助于辅导员更好地把握信息传播的周期和模式，更有效地利用新媒体开展思想政治教育。在网络时代，新媒体既给大学生思想政治教育带来了新的机遇，也给其带来了新的挑战。辅导员需要深入剖析新媒体对大学生的影响，把握新媒体的特点，善于利用新媒体的优势，引导学生积极参与、理性思考，构建积极向上的网络空间。总体而言，熟悉这些新媒体平台的功能，对于辅导员更好地理解学生、与学生互动及开展思想政治教育都具有重要意义。

2. 理解网络,知晓时下热门的新媒体平台

理解网络,必须熟悉时下工作生活中热门的新媒体平台。这些平台涵盖了各种形式的内容传播和社交互动。主流新媒体平台从功能上大致可以分为:直播平台、音频平台、视频平台、社交平台、自媒体平台和问答平台。

直播平台是一种实时传输视频或音频内容的平台,用户可以在平台上观看或制作直播内容。直播平台的主要特点是互动性强,观众可以实时评论、点赞,与主播互动。直播平台本质上是个人对个人(Customer to Customer, C2C)的电商平台,但其与淘宝不同。淘宝主要销售实体商品,但这些商品不一定是销售者自己生产的。而直播平台主要销售虚拟商品,包括才艺、情感、颜值、游戏、搞笑等方面的精神世界的内容,素材和商品基本是自产的。在新媒体时代,人人都可以成为直播平台的主播。

音频平台主要分享和传播音频内容,涵盖音乐、广播、有声读物等。国内的音频平台较多,但业务侧重点各不相同。例如,QQ 音乐、网易云音乐侧重音乐分享;喜马拉雅侧重做播客、发布原创或改编的音乐作品,动漫配音员、配乐师及知名节目(如《财经郎眼》《罗辑思维》等)也纷纷入驻;荔枝 FM 侧重直播,讲授发音技巧、节目文案、后期制作等关于语音直播的经验,为主播间交流直播心得提供平台。

视频平台是指在完善的技术支持下,让互联网用户在线流畅发布、浏览和分享视频作品的网络媒体平台。从发布的视频的长度和单一数据规模来看,视频平台可以分为长视频平台和短视频平台。常见的长视频平台包括:哔哩哔哩、优酷、爱奇艺、腾讯视频等;常见的短视频平台包括:抖音、微视、快手、美拍等。

社交平台是用户社交互动、分享生活、获取信息的场所。社交平台是高校师生最常用的平台之一,根据用户使用场景、用户现实交往程度来看,社交平台大致可以分为如下几类:基于现实交往延伸的熟人社交平台(QQ、微信等)、扩大交往范围的陌生人社交平台(陌陌、Soul 等)、形塑工作学习场景的社交平台(网络论坛、求职网站等),以及与日常生活息息相关的游戏、婚恋社交平台等。其中,高校师生最常用的微信平台包含个人账号、微信群、朋友圈和微信公众号等功能。

自媒体平台允许个人或机构成为内容创作者,通过发布原创内容实现自我

展示和传播。自媒体是普通大众经由数字科技强化，与全球知识体系相连之后的一种提供与分享他们自身的事实、新闻的途径，高校师生可以在类似载体发布自己所见、所想，具有一定的自由度和关注度。人们熟知的自媒体平台包括：微博、百家号、今日头条等。

问答平台为用户提供提出问题和回答问题的场所，是人们获取信息和知识的重要途径。问答作为一种互联网化的内容形式，其主要参与人员除了常见的内容创作者、消费者，还包括提问者。与内容消费者相比，提问者更像是“子弹”提供者，有创意的提问往往能催生优质的回答内容，从而让内容消费者(即受众)获得更好的问答社区体验。在如今“互联网＋”的影响下，问答平台不仅需要突破以往单一的表达形式，而且需要充分调动人们的感官系统，提高使用者的实践活跃度。问答平台包括文字型问答平台和语音型问答平台，随着直播领域的兴起，直播型问答平台也逐渐被人们所接受。常用的问答平台包括：百度问答、知乎、360 问答、ChatGPT 等。

每个年龄层的群体都有其行为特点和喜好偏向性。“00 后”大学生群体喜欢通过 QQ 和微信相结合的方式进行网络社交。在班级管理方面，由于 QQ 拥有完善的网络交往、网络文件存储和情绪分享等功能，辅导员能够通过 QQ 群及时发布最新通知和共享文件，通过 QQ 空间了解学生动态，逐渐拉近与学生之间的距离。而在其他日常生活情境下，学生更多地使用微信与父母、老师、同学、朋友交流，这使得师生交往具有更高的日常生活覆盖度。哔哩哔哩、抖音、知乎、百度问答等则是大学生最喜欢的新媒体平台，这些新媒体平台能够满足大学生学习启蒙、思想引领、兴趣培养等多方面需求，为辅导员群体指明了交往阵地和工作方向。

3. 理解网络，把握新媒体运行和信息传播规律

理解网络要求辅导员在认识网络的基础上，明晰新媒体的内在特征和多元功能，理解互联网及其所加载信息的基本构成、运作机制和发展趋势。作为高校思想政治教育骨干力量，辅导员必须充分了解网络技术的现实状况，紧随互联网技术发展的时代浪潮，直面网络技术发展中隐含的意识形态和技术应用安全性问题，初步形成科学系统的个人网络认知体系，积极主动地了解网络、接触网络，在日常工作中形成互联网思维，为应用数字化和智能化技术赋能思想政治教育

提供坚实的素养基础。

信息传播过程是一个通过各个环节相互作用、相互关联,形成完整框架的过程,简要来说,信息传播过程包括五个重要环节和要素,即传播者、信息内容、媒介渠道、受众、反馈。传播者是信息的发布者或者发布机构,主要负责对信息进行筛选、编辑和发布;信息内容是信息承载的内涵,决定了传播信息的内在价值和意义,所有信息归根结底都是由人所构建的,包含着传播者的价值观和意识形态,通过信息传播所借力的平台,由传播者发布;受众则是接收信息的群体,既可以是个人,也可以泛指所有能够接触到传播信息的对象;反馈则是基于传播后受众接收并阅读而产生的想法、意见或后续的再传播过程。所有网络信息汇总形成了信息社会,也就是我们现在所处的网络世界。

新时代背景下,人们不只通过报纸、电视、广播等传统媒体获取新闻和资讯,而是“一机一网知天下”:凭借一部可联网的手机,通过手指点击屏幕就能知晓最新的国内新闻、国际局势、社会热点等。新媒体平台给人们的生活带来巨大的变化,开辟了新的交往实践领域,促使人们能更快、更多、更广地获取信息、交往互动、娱乐消遣等。随着科技的迅猛发展和人类对于新媒体的需求日益增加,新媒体社交软件、网页网站加速更新迭代。相较于传统媒体,相关组织机构对于新媒体的把关力度相对较弱,把关人的作用相较以往略有减弱,对信息的认知也缺少体系化的引导,对于一些网络舆情、热点新闻,通常无法及时管控,往往造成信息通过复制、转发扩散爆炸式增长的局面。倘若不法分子、居心叵测的人有意为之,致使网络谣言、不实宣传、网络欺诈等现象接踵而至,无疑会加大人们认知网络系统及网络信息的难度。

为了顺利地开展网络交往,实现网络行为平稳推进,辅导员需要深刻理解网络及新媒体的传播规律和机制,包括信息传播的速度、互动性及用户生成内容的影响。这有助于辅导员更好地把握信息传播的周期和模式,更有效地利用新媒体开展思想政治教育。在网络时代,新媒体既给大学生思想政治教育带来了新的机遇,也给其带来了新的挑战。辅导员需要深入剖析新媒体对大学生的影响,把握新媒体的特点,善于利用新媒体的优势,引导学生积极参与、理性思考,构建积极向上的网络空间。总体而言,熟悉这些新媒体平台的功能,对于辅导员更好地理解学生、与学生互动及开展思想政治教育都具有重要的意义。

（二）网络批判素养

网络批判素养是数字化时代的个体必备的一项能力。它不仅关乎个体对信息的理解和判断,还涉及个体的交往、表达和自我管理能力。在这里,批判是从哲学的视角出发进行分析,“哲学意义上的‘批判’是一种辩证法的态度,是自觉的、理性的、辩证的分析、取舍乃至重构。辩证的批判不是简单的否定,而是对认识和实践的偏差的揭示和校正,是人和社会发展、进步的阶梯。”[40]网络环境下的信息极其丰富,但海量的信息会过度消耗信息接受者的注意力,压缩其日常现实生活的交往时间,人们需要尝试在海量信息中高效地分配个人的注意力。

辅导员的网络批判素养是指辅导员在日常工作和生活中自觉主动学习网络、新媒体知识,且在日常网络使用中善于甄别各类网络信息,辨识信息真伪、敏锐捕捉意识形态偏差,自觉进行网络监督的思想意识。辅导员应具备对网络信息的批判性思维,能够独立、理性地分析各种信息,特别是在网络意识形态交织冲击的当下,能够辩证思考网络上涌现的各种言论和观点,对网络信息的透明度和可信度予以关注,以确保自身传递的信息真实、准确。网络批判能力不是一蹴而就的,根据意识和行为的发展规律,高校辅导员的网络批判素养包括四个层级:第一层级是对网络信息进行筛选;第二层级是对网络信息进行质疑;第三层级是对网络信息进行深度解读;第四层级是对网络信息进行求证和反馈。辅导员的工作职责要求其在个人网络素养培育中必须注重政治性思维的培养,通过以上四个层级的构建,辅导员不仅需要敏锐捕捉到网络信息背后的真实意图,也需要去除可能有碍学生发展的各类信息,避免感性认知和个人经验主义,探寻科学理性判断的批判思维。

1. 网络信息筛选

新媒体的飞速发展促使辅导员有更多机会接触它,为了能做到与时俱进,辅导员需要在头脑中自觉将学生工作与新媒体信息联系起来,与大学生群体融为一体,使对网络信息的筛选从意识转变为习惯性动作,最终逐渐转变为自己的工作方法,形成一种经常性和常规性的工作模式。辅导员应学会主动搜索信息,主动探寻信息背景,关注多个信息源,了解不同立场和观点,对无用的网络信息或浪费时间的网络行为进行筛选和过滤。通过参与各类网络平台的交往活动,辅导员能够更好地了解他人的看法,形成更为全面的认知。自我管理是网络批判素养的重要组成部分,辅导员需要在利用网络资源的过程中自觉管理自身行为,包括合理安排网络使用时间,避免将过多时间消耗在无意义的信息浏览上,防止沉迷于虚拟世界而影响工作和生活等。

2. 网络信息质疑

网络批判素养涵盖对信息的敏感性和判断力、对信息的分析和解构,要求辅导员在浏览网络信息时自觉形成批判意识,不被信息茧房所困,不轻信网络信息的表面内容。网络信息纷繁芜杂,真假信息交互错杂。据统计,2022 年,中央网信办举报中心指导全国各级网信举报工作部门、主要网站平台受理网民举报色情、赌博、侵权、谣言等违法和不良信息 1.72 亿件,同比增长 3.6%。[41]辅导员需要具备识别网络信息的能力,有意识地去分辨信息的真实性和可信度,增强对信息的敏感性和判断力。这要求辅导员辨明各种信息的来源,了解信息背后是否存在主观倾向、立场或意图。同时,面对疑似虚假信息、谣言和不实言论,辅导员需要保持警觉,不被误导或向学生传播错误信息,提升判断信息真伪的能力。

3. 深度解读网络信息

辅导员群体肩负开展网络思想政治教育、贯彻落实党的方针政策的职业责任。因此,辅导员在面对各类国际新闻、党的路线方针政策和国家法律法规等信息时应与其他群体有所不同,要具有深度解析政策类、史实类信息的能力,能够将这些信息转化为学生可以理解的形式,再进行下一步的教育与传播。网络信息的表达分为多种形式,包括文字、图片、视频等,而这些不同形式的信息可能涉及不同领域的知识、文化和价值观。辅导员需要具备深度分析这些信息的能力,理解其中的深层含义和逻辑。只有深度解构网络内容,才能更全面地理解信息,形成独立的思考和判断。

4. 网络信息求证和反馈

网络批判素养的养成是一个不断学习和提升的过程,由于网络环境不断演变,信息更新速度不断加快,辅导员需要始终保持学习的心态和状态,关注新知识、新技术的发展,不断提升自身网络素养水平。从大类上看,网络信息主要有三类:知识性信息、新闻性信息和服务性信息。明确网络信息的来源是鉴别网络信息真实度的重要手段。[42]通过对网络信息的溯源和求证,辅导员可以明确信息是否属实、是否具备使用价值。新媒体的发展带动了信息的快速编辑与发布,热点新闻随处可见,个人自媒体平台发布的内容良莠不齐,官方媒体的整合报道通常更具参考价值。辅导员应掌握网络信息溯源和求证的手段,做到既能溯源信息、求证信息真伪,又能宣传推广真实信息、回避修正虚假信息,营造风清气正的权威舆论场。利用多种渠道核实并反馈信息,包括实地参访考察、咨询专业人士、查询官方辟谣平台、搜索相关权威信息等,糅合质疑和对比求证的意识与能力,全面判断信息真伪,发布真实信息、修正错漏信息。

（三）网络实践素养

辅导员需要在实际工作中不断拓展网络实践经验,网络实践素养要求辅导员能够熟练使用在线教学工具,开展线上线下相结合的思想政治教育活动和交往实践活动。对于辅导员来说,只具备互联网思维,但没有网络使用能力还是无济于事。技术日新月异的当今社会,新媒体领域每天都发生着新的技术变革,辅导员的工作与生活势必会面对新媒体技术的挑战,而只有通过实践才能对新媒体产生更深刻的认识和体会。概括地来说,网络实践素养是指网络参与者在接触网络的过程中,运用网络传播信息及创造性运用网络信息等方面的能力。基于辅导员的工作特性,辅导员的网络实践素养还包括利用网络对大学生开展思想政治教育和意识形态宣传的实践能力。具体来说,网络实践素养的内涵包含以下几方面。

1. 善于灵活运用互联网

善用网络,即具备灵活运用网络的能力,辅导员需要在日常工作和生活中不断学习新媒体操作技能,熟练掌握新媒体应用技巧,以便更好地与学生互动、分享信息。辅导员应当经常性地运用微博、微信、QQ 等新媒体平台,与学生交往互动,分享有价值的信息。通过这些平台,辅导员能够更直观地了解学生的需求、关注点和心理状态,从而为学生提供更有针对性的思想政治教育。不同层次、不同年龄段的学生对于不同网络平台的偏好和使用习惯有所不同,辅导员应根据所带学生的特点,选择适合与学生交往互动的网络聊天工具。例如,出于平台功能考量,研究生可能更倾向于使用微信,而本科生可能更多地使用 QQ。辅导员需要灵活切换平台,与学生群体更好地建立沟通。在使用各种新媒体平台时,辅导员不仅要熟练使用各平台的基本功能,还要深入了解各平台的各项拓展功能,如微信的“小视频”、QQ 的“空间”、哔哩哔哩的“动态”等。这样可以更全面地了解学生,扩展与学生互动交往的场域。

通过运用新媒体,辅导员可以更好地融入学生群体,缩小与学生之间的代沟。辅导员及时了解学生的心理状态、学业状况和需求,有助于其拉近与学生之间的关系,增强其在学生中的影响力。网络平台的使用情况和热度会随着时代的变化而不断变化,学生的使用习惯也会随之改变。辅导员需要保持对时代和学生需求的敏感性,及时了解新兴的网络平台和学生偏好,以更好地对学生进行思想政治教育。

2. 高效使用互联网

高效用网不仅要求辅导员提升网络信息传播能力,更要求辅导员在新媒体时代扮演守护者和引导者的角色,凸显个体引领作用。在批判性认识新媒体信息的基础上,辅导员应主动传播正能量,将社会主义核心价值观融入新媒体空间,展现作为知识分子的社会责任与担当。

辅导员不仅仅是信息的传递者,更是校园文化的引导者。面对社会热点问题和关键时刻,辅导员可以通过新媒体平台发布正能量的信息,通过撰写文章、展示图片、制作视频等多种方式,引导学生正确看待事物,树立正确的价值观。通过传播积极向上的信息,辅导员能够为维护校园的和谐氛围贡献力量。辅导员在信息传播中应巧妙地融入社会主义核心价值观,通过言传身教,引导学生形成正确的思想观念。具体可以通过发布微信推文、发布微博信息、发布视频等多种方式来实现。社会主义核心价值观的融入,有助于培养学生形成正确的世界观、人生观、价值观。在信息传播中,辅导员可以通过配图、添加关键字等方式使信息更具吸引力和可读性。例如,在新生入学时,以图文并茂的形式向学生传递各类信息,如校园地图、入学流程等,能够更加生动直观地展示教育内容,提高学生的参与度和理解度。

辅导员在工作中需要注重信息传播的能力。这包括在传递信息时的表达能力、选材能力、传播策略等。了解学生的接受习惯,选择更受学生欢迎的信息传播形式,提高信息的传播效果。了解学生的喜好及其关注的社会热点,能够更好地制定信息传播策略。例如,在新媒体平台上以轻松幽默的方式介绍校园生活,或聚焦社会热点问题发表相关观点,都能够引起学生的兴趣和关注,提高信息的传播效果。新媒体平台具有强大的互动性,在日常生活中,辅导员需要积极回应学生关切的问题，还可以通过举办线上活动、发起话题讨论等方式加强与学生的交往互动。

3. 智慧融合互联网

智慧融网是网络素养的一种高级表现，它超越了基本的网络使用能力，强调创造性地将网络融入生活，并使网络在此过程中发挥积极的社会作用。这一概念涵盖多个层面，既包括对网络基本能力的掌握，也强调在个体和整体层面上创造性使用网络，促进社会发展。普通用网能力指对网络基本信息的掌握、识别、评价、分析和传播能力，而“融网”阶段是将使用互联网转变为一种生活方式的阶段。

在个体层面，智慧融网要求个体不仅仅是网络的使用者，更要成为网络的参与者和创造者。例如，一名学生在买到假货后，可以通过网络进行投诉、维权，并呼吁他人关注此问题。这种对网络的创造性使用不仅有助于解决个人问题，也推动了社会诚信水平和商品质量的提升。从宏观角度，即整个国家层面来讲，智慧融网要求辅导员通过网络弘扬社会主义核心价值观，传播正能量，弘扬主旋律，筑牢高校学生的网络思想阵地。

在公共事务方面，智慧融网要求个体积极参与实时热点、政府治理等议题的讨论，积极发表看法。通过网络平台，个人可以表达对社会问题的关切，对公共事务提出建设性意见，促进公共决策的透明度提升和社会治理的创新。辅导员需要用好网络开展思想政治教育，激发师生的爱国热情，加强思想政治教育和爱国主义教育，通过创造性地使用网络，成为创造型的智慧网络思想政治教育教师。

在国家层面，智慧融网意味着个体通过网络宣传社会主义核心价值观，弘扬正能量，传播主旋律。政府和社会组织可以通过网络媒体营造积极向上的文化氛围，引导公众形成正确的思想观念。这对高校辅导员而言，是在网络空间中激发师生的爱国热情、加强思想政治教育和爱国主义教育的一项任务。

对于辅导员来说，要想用好网络进行思想政治教育，就需要具备智慧融网的能力，包括运用网络媒体进行创造性的教育活动，引导学生参与社会热点讨论，借助网络平台传达正确的价值观的能力。辅导员要以创造性的方式使用网络，成为推动思想政治教育发展的引领者。在智慧融网的理念中，网络不仅仅是传播信息的工具，更是社会参与和创新的平台。辅导员在这一过程中扮演着引导者和教育者的角色,通过创造性地使用网络,实现思想政治教育目标,构建积极向上的网络文化。

（四）网络规范素养

辅导员网络素养还包括伦理、法治方面的规范素养,辅导员应深刻理解网络行为的道德规范、法规伦理。网络行为规范一方面是对道德的要求,靠社会舆论和人的良心来维系,另一方面则上升到法律高度,靠国家强制力来维系。[43]基于此,高校辅导员的网络规范素养包括网络道德素养和网络法治素养两个部分。在个人网络行为中,辅导员要遵循法律法规,文明、理性地表达观点。网络规范素养还包括对网络安全和隐私保护的关注,安全上网和保护个人信息的良好习惯。

互联网在推动生产力变革和创造新文明的同时也催生了网络空间的风险和道德问题。由于有关部门对自媒体的管控还比较薄弱,运营者素质参差不齐,个别自媒体为博眼球、蹭热点而歪曲事实、编造故事,充当“标题党”“起哄器”,传播虚假不实信息放大社会焦虑、污染网络空间。高校辅导员应在具备新媒体法律法规认知的基础上,形成网络法治思维和法治意识,以及运用法律武器维护合法权益的能力。在虚拟空间中,无论是剽窃观点、恐吓诽谤,还是盗版侵权、机密窃用和金融犯罪等,都体现着新媒体违法行为的低成本和对其监管的高成本之间的矛盾。因此,辅导员要想监管好、利用好高校的新媒体空间,必须紧紧握住法律的准绳,尊重新媒体知识产权,自觉抵制新媒体平台上的违法行为,避免自身及大学生作出网络犯罪行为,形成高校师生心中有法、言行合法、侵权用法的良好校园法治氛围。

法律是最底线的道德,道德是高标准的法律。进一步来看,网络规范素养可以分为三个层面:提升网络安全认知、守住网络道德底线和依法依规用网。

1. 提升网络安全认知

网络安全认知是一种意识层面的认知。一方面是信息安全。辅导员在网络使用过程中,应在自己的头脑中始终绷紧一根弦,不能轻易泄露师生的个人信息。在实际工作中,一名辅导员可能掌握上千名学生的基本信息,如姓名、性别、电话号码、身份证号码、家庭住址等。倘若不法分子得到这些信息,后果将不堪设想。辅导员在工作中避免不了录入学生的基本信息,并且进行多渠道的信息传递、数据分析等。辅导员在利用网络快捷性的同时必须时刻提醒自己注意信息安全。辅导员应当对自己收集的用户信息严格保密，并建立健全用户信息保护制度，确保自身收集的个人信息安全，防止信息泄露、毁损、丢失。在发生或者可能发生个人信息泄露、毁损、丢失的情况时，应当立即采取补救措施并及时向上级组织汇报。

另一方面是财产安全。移动终端设备生产商以商业为目的，对预安装应用程序疏于安全审查，这些应用程序会在后台恶意收集用户的短信、通话、位置等信息，甚至还会盗取用户的账号和密码。高校辅导员在日常生活中要提高警惕，不轻易下载、登录源头不确定的软件，特别是要对应用手机定位、个人信息录入等环节保持高度警惕。遇到扫码关注后送礼等活动时，也要保持理性认知，不贪图蝇头小利，遇到需要转账的功能设置时，务必多方确认，保持“慢节奏”，充分保障个人的网络信息和财产安全。

2. 守住网络道德底线

随着网络空间在人们生产、生活中的作用越来越突出，网络空间道德问题也愈加受到关注。在加强公民道德建设过程中，网络空间道德建设对提升全民道德水准和社会文明程度有着特别重要的意义。《新时代公民道德建设实施纲要》（以下简称《纲要》）从“加强网络内容建设”“培养文明自律网络行为”“丰富网上道德实践”“营造良好网络道德环境”四个方面对新时代加强网络空间道德建设作出具体部署[44]，为辅导员深入认识和积极回应网络空间道德问题，国民素质和社会文明程度上升到新高度，提供了科学指导和基本遵循。

辅导员还要学会从“网络入场”到“积极亮剑”，明确社会主义核心价值观对网络行为具有重要引导意义，在错综复杂的舆论场中把牢“方向盘”、立好“风向标”。一方面，要重点关注介于法律层面和道德层面之间的网上灰色地带；另一方面，要加强对网上热点事件的介入和引导，增强自身和学生的是非观念和道德判断力。

在网络空间中，高校辅导员还应当遵循道德规范，尊重他人的隐私和观点，涵养良好的网络行为操守，开展良性的网络交往互动。同时，要注意自身网络安全，保护个人信息，避免上当受骗。自我管理能力体现在对网络使用的合理安排，避免沉迷于虚拟世界，保持健康的生活方式等方面。网络道德建设是网络法治建设的重要补充,也是网络发展的必然要求。如果没有法律、道德的约束,网络必然会陷入混乱无序的状态。以德治网就强调充分发挥人类文明的优秀成果的作用,宣扬先进文化和正能量,使网络伦理建设成为依法治网、依法办网和依法上网的助推器。时代在变,但儒家伦理的仁、义、和、诚、礼、孝等伦理范畴依然是当今新媒体时代网络化生活的重要借鉴。高校辅导员要将新媒体空间中的自由、平等、共享精神与中国传统伦理精神相结合,使网络伦理与现实伦理相互联系、相互补充,又相互融合,树立新媒体时代网络规范新观念。

3. 依法依规用网

为了保障网络安全,维护网络空间主权和国家安全、社会公共利益,保护公民、法人和其他组织的合法权益,促进经济社会信息化健康发展,我国制定了《中华人民共和国网络安全法》,由中华人民共和国第十二届全国人民代表大会常务委员会第二十四次会议于 2016 年 11 月 7 日通过,2017 年 6 月 1 日起施行。

从国家网信办出台的“微信十条”“账号十条”“App 新政”到“直播新规”,再到《中华人民共和国网络安全法》,都说明了国家对公民用网的重视,强调了依法用网的必要性和重要性。国务院新闻办公室于 2023 年 3 月发布的《新时代的中国网络法治建设》指出,“坚定不移走依法治网之路”“夯实网络空间法制基础”“保障网络空间规范有序”“捍卫网络空间公平正义”“提升全社会网络法治意识和素养”“加强网络法治国际交流合作”[45],为全面推进网络空间法治化提供了最新的行动指南和强大动力。

国家倡导诚实守信、健康文明的网络行为,推动传播社会主义核心价值观,采取措施提高全社会的网络安全意识和水平,形成全社会共同参与促进网络安全的良好环境。辅导员作为教师,更须坚守底线,在使用网络时,应当遵守宪法法律,遵守公共秩序,尊重社会公德,不得危害网络安全,不得利用网络从事危害国家安全、荣誉和利益,煽动颠覆国家政权、推翻社会主义制度,不得煽动分裂国家、破坏国家统一,宣扬恐怖主义、极端主义,宣扬民族仇恨、民族歧视,传播暴力、淫秽色情信息,编造、传播虚假信息扰乱经济秩序和社会秩序,以及侵害他人名誉、隐私、知识产权和其他合法权益等活动。辅导员作为思想政治教育队伍中的一员,应当遵守国家和学校关于网络使用的有关规定,不得登录非法网站和传播非法文字、音频、视频资料等,不得编造或者传播虚假、有害信息;不得攻击、侵入他人计算机和移动通信网络系统。

网络道德素养和网络法治素养在网络活动参与中起到重要的约束和规范作用，是高校辅导员应具备的网络基本素养，不仅有助于辅导员自身合理合法地参与新媒体活动，也是辅导员网络化交往生活的重要向导，有助于其形成新媒体平台自觉和自律意识，加强高校网络文明建设。

规范的网络行为是网络社会交往互动的基础，在网络空间中，个体的言行举止直接关系到网络社区的文明程度。网络规范素养要求辅导员尊重他人的隐私、尊重不同意见，避免在网络上散布谣言和恶意言论，维护网络空间的文明秩序。互联网信息良莠不齐，辅导员在网络参与过程中要对网络信息保持清醒的认识，自觉规范自身的言行，发挥自身专业优势，用正确的世界观、人生观、价值观并结合自己的知识结构对藏匿于网络信息中的意识形态、商业诉求、情感诉求等进行辨别，明确其背后的意图，从而更加坚定地宣扬真、善、美，批判假、恶、丑。

二、高校辅导员网络思想政治教育力

当下的大学生普遍是“Z世代”，他们俨然是网络原住民，从小就与网络、各种电子产品接触，他们的衣食住行几乎与网络息息相关。进入大学后，他们面对着全新的生活。而高校辅导员又是与大学生接触最为密切的群体。辅导员在与大学生日常交往、开展思想政治教育工作中，或多或少都会接触到新媒体工具，因此，为了更好地开展日常交往活动，把握学生思想动态，深入学生群体，让新媒体更好地服务大学生思想政治教育工作，辅导员提升网络思想政治教育力就显得十分必要。

素养包含着技能的含义，是技能和社交能力的结合。当下辅导员的素养要求不仅包括掌握特定的技能，还包括在社会环境中与他人通力合作，共同探索有效、实用的方法或技能。网络思想政治教育工作的有效开展要求高校思想政治队伍拥有坚定的政治立场、先进的思维模式、对互联网的基本特征和相关功能的了解，以及灵活运用新媒体技术的能力。在全国高校思想政治工作会议精神的指导下，辅导员队伍要持续探索浸润式思想政治育人路径，重点围绕社会主义核心价值观教育和中华优秀传统文化、革命文化、社会主义先进文化等内容开展网络思想政治育人工作，持续强化网络育人工作成效，不断推动网络特色品牌创建，提升网络文化供给质量，积极营造健康向上的校园网络文化氛围，让网络成为赋能思想政治教育的“最大增量”，提升高校网络思想政治教育工作的质量与效力。

（一）基于工作导向的文件梳理

随着时代发展，国家对辅导员网络思想政治教育的要求日益完善，从方向、内容、机制等方面提出诸多指导性意见。2018 年 8 月，习近平总书记在全国宣传思想工作会议上强调：“我们必须科学认识网络传播规律，提高用网治网水平，使互联网这个最大变量变成事业发展的最大增量。”因此，辅导员应主动占领网络这个战略“新阵地”、创新思想政治工作“新话语”、运用思想政治工作“新方法”，推动思想政治工作传统优势同信息技术高度融合，增强教育的时代感和感召力。

2015 年 1 月，中共中央办公厅、国务院办公厅印发《关于进一步加强和改进新形势下高校宣传思想工作的意见》，要求创新网络思想政治教育，开展高校校园网络文化建设专项试点工作，大力推进校报校刊数字化建设，探索建立科研成果统计、职务职称评聘方面对优秀网络文章的认定机制，着力培育一批导向正确、影响力广的网络名师，立足校园网站建设开办一批贴近师生学习生活的网络名站名栏，建设一支由学生和青年教师骨干组成的网络宣传员队伍，打造示范性思想理论教育资源网站、学生主题教育网站和网络互动社区，推进辅导员博客、思想政治理论课教师博客、校务微博、校园微信公众账号等网络新媒体建设。[46]《中共中央宣传部　中共教育部党组关于加强和改进高校宣传思想工作队伍建设的意见》指出，队伍建设应坚持统筹规划、分类指导。

2017 年 2 月，中共中央、国务院印发《关于加强和改进新形势下高校思想政治工作的意见》，要求加强互联网思想政治工作载体建设，加强学生互动社区、主题教育网站、专业学术网站和“两微一端”建设，加强互联网思想政治工作载体建设，运用大学生喜欢的表达方式开展思想政治教育。[47]

2017 年 12 月，中共教育部党组印发《高校思想政治工作质量提升工程实施纲要》，提出创新推动网络育人，需要大力推进网络教育，拓展网络平台，建设高校思想政治工作网，推动“易班”和中国大学生在线共建共享、全国覆盖，编制《高校师生网络素养指南》，从思想性、科学性、适应性等各方面，提升师生的网络素养,传播主旋律,弘扬正能量,守好、建好、用好网络精神家园。[48]

2020 年 4 月,教育部等八部门发布了《关于加快构建高校思想政治工作体系的意见》,明确加强网络育人,提升校园新媒体网络平台的服务力、吸引力和黏合度,切实增强易班网、中国大学生在线等网络阵地的示范性、引领性和辐射度,重点建设一批高校思政类公众号,发挥新媒体平台对辅导员开展网络思想政治教育工作的促进作用[49]。

2021 年 7 月,中共中央、国务院印发《关于新时代加强和改进思想政治工作的意见》,明确规定网络思想政治工作是基层思想政治工作的重要形式,这既为加强和改进高校网络思想政治教育提供了政策依据,又为进一步研究高校网络思想政治教育的理论方法,提升思想政治教育队伍的实践创新能力提供了基本遵循。加强对高校辅导员网络思想政治教育工作的研究,助力高校辅导员日常工作实践,是加快构建高校思想政治工作体系的现实需要。[50]

通过整理和解读上述文件,可以看出,各类组织机构从队伍建设、平台建设、内容建设等各个方面对高校思想政治工作提出了要求,这些文件对高校辅导员开展网络思想政治教育工作提出了现实要求,同时也为其提供了强有力的工作抓手,为辅导员群体更好地提升个人的网络思想政治教育力指明了切实方向。

(二)网络思想政治教育力的理论内涵

1. 辅导员网络思想政治教育力相关研究

2000 年以来,辅导员网络思想政治教育力相关理论研究经历了由浅入深、由必要性研究到规律性研究的转变。2002 年,傅昌盛研究了网络环境下高校思想政治工作的特点和规律,提出要建设一支高素质的网络思政工作队伍。[51] 2008 年,姜玉峰结合辅导员网络思政教育实践与理论开展研究,探讨了教育信息化背景下高校网络思想政治教育的工作方法[52]。2011 年,厉利亚提出,专业的网络思政教育队伍需要具备坚定的思想政治素质、过硬的信息素质及不断创新的能力。[53] 2016 年,高校辅导员网络思想政治教育相关研究成果较为丰富。王显芳、牛小游和安利利认为,高校辅导员应从理论素养、法律法规、价值引导、专业技能等方面出发,切实提升网络思想政治教育工作能力。[54] 肖霞认为,新媒体时代对辅导员职业能力提出了新要求,辅导员需要具备传播主流价值观的政治理论素养、符合新媒体要求的教育引导能力、利用新媒体开展理论研究的能力。[55]2018年,卢忠菊、刘亮论述了提升高校辅导员网络思想政治教育能力的三个要素:素质要素、能力要素及场域要素。[56]2020年,学界对于高校辅导员网络思想政治教育主体、网络思想政治教育能力提升的研究更为深入。聂鑫对网络思想政治教育主体存在的问题作了阐述,指出辅导员网络思政教育工作所付出的辛苦与回报的对等性差,直接导致部分辅导员仍把主要精力放在高校常规思政工作上,缺乏网络思想政治教育工作的基本方法与技能。[57]崔磊提出,辅导员网络思政教育能力提升体现在应用媒介工具的能力、开展网络思政教育的意识、引导网络舆情的能力、整合网络思政教育资源的能力、使用网络语言的能力的提升。[58]2021年,部分学者又对网络思政教育能力涵盖的各项能力进行了扩展研究。陈羡、丁闽江通过零存整取思路,提出提高辅导员网络思想政治教育工作能力、加强辅导员网络思政理论修养、培养辅导员网络思政话语素养等工作要求。[59]周健认为,新媒体环境对辅导员的媒体媒介素养、应急管理能力、思政教育认识都提出了更高要求。[60]华秀梅、李永山基于《高等学校辅导员职业能力标准(暂行)》提出,将信息收集研判能力、方案设计调整能力、教育介入引导能力、文化供给传播能力、网上网下协同能力、教育评估研究能力确定为开展网络思想政治教育工作的六大核心能力。[61]2023年,胡文婷将辅导员网络思想政治教育能力体系整合为:思想教育知识、政治教育知识、道德教育知识、信息素养知识、网络思想政治教育设计技能、网络思想政治教育资源利用技能、网络思想政治教育沟通技能、网络思想政治教育评价技能、内在动机、外在动机、亲和力、社会阅历和追求卓越等。[62]

在队伍建设方面,2014年3月,教育部印发的《高等学校辅导员职业能力标准(暂行)》提出,网络思想政治教育从工作内容上讲,主要分为思想引导、信息传播与诉求反馈、服务提供、舆情监控四个部分,要求辅导员掌握一定理论素养、信息实践能力、科学研究能力。初级辅导员应能熟练使用博客、微博及微信等新媒体技术,把握网络传播规律,及时研判网络舆情,熟练运用理论指导实践工作。中级辅导员应能准确把握网络传播规律,有效配置整合网络资源,对学生的网络行为进行教育引导,通过博客、微博、校园交互社区、网络群组等网络平台主动发布相关内容,吸引学生浏览、点击和评论,引导网络舆情。高级辅导员应能结合工作经验、运用科学的研究方法对网络思想政治教育开展深入的研究,在具有影响力的学术期刊以第一作者身份发表5篇以上网络思想政治教育学术论文，熟练运用理论指导辅导员开展网络思想政治教育工作。[63]

教育部于2017年9月发布的《普通高等学校辅导员队伍建设规定》指出，高校辅导员的工作职责包括：运用新媒体新技术，推动思想政治工作传统优势与信息技术高度融合。构建网络思想政治教育重要阵地，积极传播先进文化。加强学生网络素养教育，积极培养校园好网民，引导学生创作网络文化作品。创新工作路径，加强与学生的网上互动交流，运用网络新媒体开展思想引领、学习指导、生活辅导、心理咨询等。[64]

综合来看，学界围绕高校辅导员网络思想政治教育力开展了全面的探索，从工作的内容、个人发展的综合要素、工作的方式方法等角度进行了探讨与界定。尽管学界对于高校辅导员网络思想政治教育力尚无统一定论，但已经为后续的相关研究和教育实践提供了诸多可行视角。

2. 网络思想政治教育力的解析

随着网络时代的发展，教育环境、社会背景对辅导员网络思想政治教育力的需求越来越高。学界对网络思想政治教育概念的定义主要有两种：一是网络环境下的思想政治教育，二是基于网络的思想政治教育[65]。前者是对网络思想政治教育的广义理解，后者是对网络思想政治教育的狭义理解。本书中的辅导员网络思想政治教育力与辅导员其他能力相区分，更倾向于狭义范畴的网络思想政治教育的能力。目前，学界未就网络思想政治教育的定义达成共识，骆郁廷、李恩认为，网络思想政治教育“是为了实现一定的政治目的而利用网络有意识、有目的、有步骤地影响和引导人的思想和行为的教育活动”[66]。网络是高校思想政治教育的重要阵地，辅导员的网络思想政治教育力影响着其与学生沟通的实效：辅导员网络思想政治教育力高则能化解舆论危机，成功引导学生；辅导员网络思想政治教育力低则有可能导致沟通障碍，甚至引发新的危机。

网络思想政治教育力是由辅导员网络思想政治教育引申而来的概念，是时代发展对于思想政治教育工作者提出的新要求。通过对网络思想政治教育力的理解和研究，能够挖掘辅导员在网络时代开展思想政治教育的着力点，进一步寻求辅导员网络思想政治教育的发展指向。厘清这一问题的脉络，将为未来辅导员工作的清晰化、职业化提供更为明确的指导。网络思想政治教育力具有广泛且丰富的研究资源,但缺少系统性的归纳和阐述。本书聚焦思想政治教育工作者的网络思想政治教育力,并将网络思想政治教育力这一概念置于当代中国思想政治教育的时空中集中考量和总结。建构网络思想政治教育力的概念涉及不同的学科,既包括网络素养的理论延展,也回答了新时代下思想政治教育领域的现实关切。

力的本意是物体对物体的作用,是使物体获得加速度或发生形变的外因,在教育力一词中,力既可以被理解为力量,也可以被理解为能力。教育本身是一种社会实践活动,“教育是有意识地以影响人的身心发展为直接目标的社会活动”,“有意识”则是教育区别于其他社会实践活动的特点之一。从宏观层面而言,教育力是“学校教育的整体实力,是学校教育水平和质量的综合体现”。[67]从微观角度而言,教育力则指教师的教育能力。

网络思想政治教育力可以拆解为三部分:网络、思想政治教育和力。这三部分有三种组合方式:网络思想政治教育的力、网络的思想政治教育力、网络的思想政治教育的力。基于不同的场域对网络思想政治教育力进行界定,势必形成不同的知识结构。结合辅导员的工作要求,本书更倾向于将网络思想政治教育力界定为关于网络思想政治的教育能力,既包括一切网络思想政治教育活动所产生的、对人身心发展起作用的力量,也包括在线上线下其他社会活动中客观存在的、对学生的身心发展有影响的力量,囊括了教育作用力和教育影响力,是除基本的网络素养外,有助于开展网络思想政治教育工作的能力的总和。

(三)辅导员网络思想政治教育力的实践框架

结合对教育作用力和教育影响力的综合考量,基于现行的文件要求和理论研究基础,可将辅导员的网络思想政治教育力诠释为高校辅导员利用网络开展思想政治工作、指导学生开展网络活动的教育作用力,以及提升个人的网络素养,解决由网络活动引发的各类问题,形成一定的教育影响力。在对网络思想政治教育力进行解析后,将其对辅导员的能力要求总结为如下几方面。

1. 拥有网络信息敏感度

辅导员应自觉主动拓展工作途径,加强与学生的网上互动交流,运用网络平台为学生提供学习、生活、就业指导、心理咨询等方面的服务,也应及时了解网络舆情信息,密切关注学生的网络动态,敏锐把握一些苗头性、倾向性、群体性问题。围绕学生关注的重点、热点和难点问题,进行有效的舆论引导,丰富网上宣传内容,把握网络舆论的话语权和主导权。对于重大、突发和群体性网络事件进行冷静分析和严谨求证,培养理性的积极负责任的公民,使当代大学生从"有知"状态向传播权利的积极实践和理性行动转化。借助互联网技术,升级革新个人的教育教学方式方法,提升工作效率,拓展网络思想政治教育的深度和广度。加强网络思想引领,树立互联网思维,提高自身对于网络传播环境的适应度与敏感度,积极进行内容创新,优化网络思想政治教育供给。利用现代化信息技术掌握主动权,筑牢大学生健康积极的理想信念,培养其形成良好的行为习惯。

2. 保持开放的心态

辅导员在有效传播先进文化、弘扬主旋律的同时,要对不同的思想观念和文化背景持包容态度,能够接纳多元化的学生需求,促使学生形成独立而健康的人生观。在网络思想政治教育中,辅导员要把握学生对信息技术的应用趋势,通过不同的渠道和平台倾听学生的声音,理解并尊重他们的个性和差异。辅导员要尊重学生的主体意识和表达意愿,利用互联网技术搭建网络思想政治教育的实践平台,鼓励学生在网络空间中充分表达个性化的观点。当学生对思想政治话语进行创造性重构时,辅导员要加强对学生的理想信念、价值观和理论知识的宣传引导,以互动交流的创新方式促进教受双方形成积极共识。通过辅导员与学生的共同努力,完成网络思想政治话语体系的建构,使其更符合当代青年的认知和表达方式。培育积极健康、向上向善的网络文化,用社会主义核心价值观和中华优秀传统文化滋养人心。[68]

3. 拥有良好的沟通表达能力

辅导员在线上线下都要与学生建立良好的互动关系,通过有效的沟通引导学生领悟并树立正确的价值观。在网络平台上进行信息传递及交往实践时,要注重语言表达的清晰简洁,避免产生误解,注重图文创作能力的提升,提高个人的网络影响力。在网络平台上,辅导员要使用准确的言辞、深入浅出地与学生有效沟通,引导他们理性思考,形成正确的思想观念。优秀的沟通能力有助于辅导员更好地传递信息、引导学生,并与学生建立良好的师生关系。具体来说,辅导员可以通过拓展个人工作途径,加强与学生的网上互动交流,运用网络平台为学生提供学习、生活、就业、心理咨询等方面的服务。综合利用传统、网络媒体,统筹协调网上、网下工作,熟练应用现代信息技术,结合丰富的网络思想政治教育工作经验,深入研究把握网络传播的规律、研判学生思想动态,成为网络思想政治教育专家。

4. 勇于尝试创新

网络环境本身就是技术带动下持续创新推进的产物,辅导员需要在网络思想政治教育中运用新媒体、新技术等创新载体,不断尝试新的教育方式方法,以增强教育效果,能够根据实际情况灵活调整教育策略。网络空间发展迅速,新的网络文化、网络用语和网络社交形式层出不穷。辅导员要具备对新事物的接受和理解能力,善于创新教育手段,以更好地适应学生的网络习惯和需求。网络思想政治教育已然成为高校教育中不可或缺环节,是对学生渗透德育的重要途径,辅导员群体应积极地将思想政治教育的核心思想渗透到对学生的管理中,帮助学生形成正确的人生观和价值观,提高学生的个人素质,为社会培养更多、更优秀的人才。[69]

5. 拥有积极的价值取向

辅导员要充分认识到网络思想政治教育对学生成长的影响,为学生的健康成长付出努力。在网络思想政治教育中,要关注学生的全面发展,引导他们形成正确的社会认同和社会责任感,建立健康、有效的网络交往模式。辅导员要坚定自身政治立场,不被网络环境中的不良信息所迷惑,并持续向学生输出正向的观点和意识,通过在网络环境下有效传播先进文化、弘扬主旋律,积极做好正面宣传和思想引领。辅导员要准确把握舆论导向,认真贯彻党的二十大精神,利用网络空间积极地团结、凝聚高校师生群体,及时跟进技术变革的最新成果,形成切实有效的教育形式、方法和手段,构建网上网下“同心圆”,培育时代新人。

6. 具备与时俱进的学习意识

辅导员要紧跟社会发展和科技进步的步伐,不断学习新知识、新理念,以更好地适应网络时代的教育需求。积极参与专业培训和学术交流,提高自身的综合素养,为更好地履行辅导员责任和义务提供支持。做到能及时研习网络语言特点和规律,乐于使用微博、微信、抖音平台等新媒体平台。在网络空间,不同领域的语言都有突出特点。“语言是思想的直接体现。”[70]辅导员要灵活运用政治语言、学术语言、生活语言和网络语言,确保思想政治话语既具有权威性,又贴近学生的生活体验。通过这样的综合运用，可以打破语言的隔阂，使思想政治话语更具渗透力和传播力。青年学生更倾向于通过具象的案例理解抽象的概念，同时也愿意对传统的话语进行重构。在网络思想政治话语的构建中，辅导员可以采用更为具象的语言，以生动的案例引导学生深入思考。同时，鼓励学生对传统思想政治话语进行重构，展示他们的思考和观点。

辅导员在具备一定个人网络素养的基础上，畅通、顺利地开展网络思想政治教育具有重要的时代意义。高校辅导员需要具备在网络环境下进行思想政治教育的能力，以更好地引导学生形成正确的世界观、人生观和价值观，并在应对与突发事件相关的思想引导、舆情处理、典型研判、诉求回馈等重难点工作中，发挥积极作用。

第三章 >>>

识媒:高校辅导员网络认知素养

对于网络的认知包括两个维度:其一是对于信息内容的认知,其二是对于作为网络信息传播介质的网络媒介的认知。二者涉及不同的认知对象,这是从宏观角度和微观角度为网络认知构建的逻辑体系。以上认知需要建立在传播学、信息学和媒介研究等多学科融合的基础之上,建立初步的认知对于后续的信息判定、媒介使用都具有重要意义。特别是对各类学生常用的、教师工作常备的新媒介的认知,有助于各年龄层的辅导员找到开展网络思想政治教育工作的合适抓手。

第一节 认知媒介:媒介的发展历史

美国著名传播学家威尔伯·施拉姆(Wilbur Schramm)认为,"媒介就是传播过程中,用以扩大并延伸信息传送的工具"。从传播学的角度理解,媒介是一种利用媒质存储和传播信息的物质工具,也是传递和交流信息的手段。[71]

加拿大传播学家马歇尔·麦克卢汉(Marshall McLuhan)曾提出一个著名论断"历史是一部媒介形态发展的历史",媒介即信息,时代的变革也一次次证明媒介的演变和发展是与社会发展同步的,二者相互影响也相互作用。同时,媒介在人类社会革新进程中发挥的积极作用也不容小觑,可以说,没有各类媒介的诞生和传播,就没有当今信息畅通、科技发达的世界交往时代。媒介的发展取决于一定的社会条件,而媒介的发展也为社会和科技的进步提供了变革的推动力,网络的出现更是将媒介的发展推向了新的高潮。

美国传播学者曾把有史以来的传播媒介分为三类:①示现的媒介系统。即人们面对面传递信息的媒介,主要指口语、动作、眼神等非语言符号,是由人体包括感官在内的器官本身来执行功能的媒介系统。②再现的媒介系统。包括文字、绘画、印刷和摄影等，即对信息的生产和传播者来说需要使用物质工具或机器传播信息，但对信息接收者来说则不需要使用物质工具或机器接收信息的系统。③机器媒介系统。包括电信、电话、电影、广播、电视、计算机等，即不但信息传播方需要使用机器，信息接收方也必须使用机器的系统。三类媒介按照先后顺序依次累积出现，是人类传播信息的媒介手段日益丰富的过程，也是人体的信息功能日益延展、体外信息系统逐渐独立的重要过程。[71]

因此，根据历史发展的进程，媒介的发展和演化可以分为四个阶段：语言文字传播阶段、印刷传播阶段、电子传播阶段和网络传播阶段。

一、语言文字传播阶段

语言是早期人类沟通交往的信息载体，它的产生是人类信息传播和交流发展的里程碑，在漫长的人类进化史上扮演着重要的角色。语言大约产生于距今9万年前至4万年前，最早由克罗马农人所使用，驾驭了语言意味着开启了一个精彩的“语义世界”。人们可以利用语言分享、传递知识和经验，甚至可以将知识和经验世代相传，极大地提高了人们认识世界、改造世界的意识水平和能力，同时也促进了人类思维的发展和进化，进而推动了人类文明的演变和进步。

文字的诞生为人类社会提供了一种记录、承载和传播信息的新媒介，也为人类文明的快速传播和发展奠定了坚实的基础。语言只能依靠人们心存脑记、口口相传，而无法保存于实物载体，不能使人摆脱自身的束缚，具有较大的局限性。而文字的出现则使人类的信息传递突破了时间和空间的限制，人们可以在更广阔的范围内进行知识和经验的传播与交流。世界上最早的文字是产生于距今约4 000年前的古埃及和两河流域的象形化文字，而中国目前发现的最早的成熟文字是殷商时代的甲骨文，主要刻录在龟甲或兽骨上。[72]

语言和文字的传播，极大地推动了人类信息传播的发展进程，对人类文明的进步乃至整个人类社会的发展都具有重大意义，在一定程度上也为人类精神文明的传承创造了更加有利的条件。

二、印刷传播阶段

文字的出现帮助人类摆脱了人体自身的束缚，使人类实现了通过实物载体进行信息传播的愿望,给人与人之间的信息交流带来了极大的便利,但实物载体在促进文字传播的同时,也制约着文字的进一步发展。在印刷术出现之前,文书长期局限于手写,效率低且传播规模有限,高额的成本使得书写和阅读成了王公贵胄、政府官吏等上层社会的特权,平民百姓难以负担起高昂的文书费用。

随着社会生产力的发展和民众观念意识的解放,印刷类大众媒介逐步涌现。印刷文字的出现促进了信息的大规模复制传播,突破了手抄文字的限制,促使人类进入印刷传播时代。印刷传播阶段的媒介源于中国发明的造纸术和印刷术,这是中华民族为世界文明和世界交往作出的卓越贡献。造纸术和印刷术传入东亚、中亚和欧洲,并在流传过程中得到进一步完善和改进。印刷技术的进步使得书籍、报纸、杂志等近现代媒介快速发展,这些媒介成为社会生活的重要组成部分,促进了科学文化知识的传播和普及,对世界文化的繁荣发展及世界交往的形成发挥了重要作用。

进入 20 世纪,印刷类媒介高度普及并广泛应用于人们生活的方方面面,印刷制品也成为人们传播思想、获取信息的主要渠道和媒介之一,在社会生活的各个领域发挥了不可估量的作用。如今电脑排版、激光打印、网络传输等技术的发展进一步提高了印刷传播的效率,但也给传统的印刷传播带来了严峻的挑战。

三、电子传播阶段

印刷传播虽然实现了信息的批量复制和大众传播,且彻底打破了王公贵胄、政府官吏在文书方面的特权,但是依然存在“高时延”“受时空限制”等弊端。[73] 随着科学技术和电子信息技术的发展,电子传播的诞生进一步打破了信息传播的空间和时间的限制,实现了信息的远距离快速传播,达成了人们一直以来的“千里眼”和“顺风耳”的神话梦想。

19 世纪是电子传播的爆发期,随着电报、电话、留声机等的相继发明,以电子信息技术为基础的新兴传播媒介取得了前所未有的发展成就,满足了不同地域之间对于信息传播速度更快、速率更高的需求。20 世纪,电视和卫星通信问世,使得电子传播信息的方式在突破地域限制的基础上,还在传播速度和传播范围方面实现了质的飞跃,人类传播知识和传承文化的能力也有了突破性的提升。

电子信息技术的不断进步,对信息传播方式和传播手段产生了重大影响,传播的形式不再是单一地将人推向信息，而是通常表现为将信息传播给人。电子媒介使信息传输摆脱了印刷传播时代的物质资源束缚，引领了一场无处不在、无时不有的全球化传播，电子传播阶段进一步拉近了人与人之间的距离，对个体和社会的广泛交往产生了里程碑式的影响，同时也激发了经济、文化、政治、军事等各方面的发展潜力，使人类迈入了高效、便捷的信息社会。

四、网络传播阶段

20 世纪 80 年代后，计算机和网络技术快速发展并广泛普及，互联网的诞生使得网络传播在信息传播发展日新月异的时代悄然兴起。网络信息成为与物质和能源同等重要，甚至在某些方面更为关键的资源，政治、经济和文化的发展都开始与网络信息相关。网络传播克服了广播、电视等其他电子传播形式单向传播的劣势，实现了多媒体传播和多向互动传播，促使传播的形态和结构发生了巨大变化，使得人的交往彻底挣脱了时间和空间的束缚。

网络传播和信息交换，使得大众的传播、人民的传播真正实现，极大地推动了全球一体化的进程。网络传播的发展使信息传输的成本逐步降低，从而使人们能够在信息的海洋中尽情遨游。网络传播与印刷传播相比，信息的传播更加迅捷，摆脱了实物载体的限制；与电子传播相比，信息的传播时效性更强，受众范围也更广泛，传播的形式不再局限于点对面的形式，而是既可以像电视、广播一样实现点到面的传播，也能实现个体之间点到点的信息传播，如电子信箱、即时通信软件等，还可以在一个群体中进行小范围的团体传播。

在网络传播阶段，信息传播的形式丰富多样，具备其他传播阶段不具备的鲜明特征，如高速度、大容量、强交互性、强动态时效性等，同时也更好地满足了大众对于媒介形式和载体的个性化需求。人人都是接收者，人人亦是传播者。互联网的应用和普及给媒介传播带来了革命性的变化。数字化、网络化媒介环境具有无限延展性，信息数量几何倍增，更新速度以秒为计，交互性前所未有地增强，人的交往空间和交往对象也得到了丰富与扩展，基于网络平台的信息传播方式已经深度融入社会生活的各个领域，成为现代社会生活中的主流传播方式。

技术的兴起带动了传播的更新换代，5G 技术的发展使信息数据的传播速度大幅提升，移动数据的全面覆盖大大提高了人们的生活便利度和获取信息的便捷度，各类新媒体平台逐渐趋向数字化发展。在大数据技术的加持下，传播亦进入了机器算法时代，通过对网络用户进行数据画像和行为分析，传播平台可以初步分析推测用户的观看或使用喜好，从而向用户定向推荐类似的内容。平台一改过去等待用户搜索的传统模式，提升了其自身的主导性，形成了主动出击的传播模式。对于视频平台而言，内容明确、主体明确的视频内容将获得更快速、确定的推荐，更符合垂直领域的需求，与去中心化的传播路径更匹配，能够获得较高的流量和进一步的平台推荐。在未来，人工智能领域的科技发展势必会逐渐引领全新的媒介迭代，人机结合等技术甚至将提供无屏化、意识化的传播形态。届时，智能化的传播媒介又将引发一场传播更新与交往变革，最终形成以电子化为基底核心，逐渐衍生出信息化、数字化和智能化的发展模型（图 3-1）。[74]

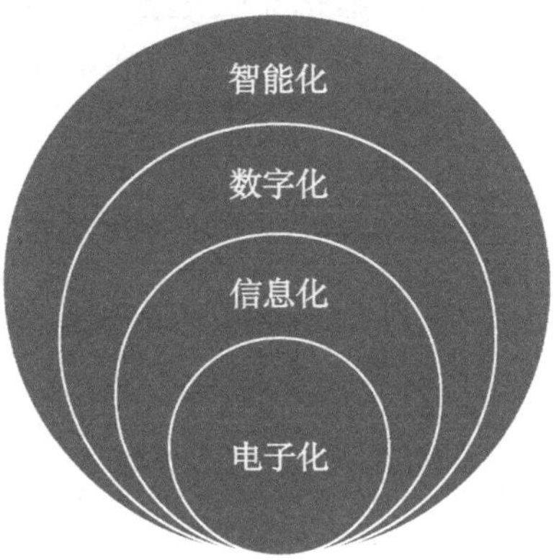

图 3-1　媒介技术迭代示意

第二节　认知信息：网络信息的传播变化与特征

一、网络时代的信息传播变化

数字经济高速发展使人类社会每个组织不得不面对变化，经历了从最初的电子化到 20 世纪 90 年代的信息化，随着互联网的介入和应用又进入数字化，在数字化技术和物联网的联通下向着智能化逐步前进。以上每个阶段都不是独立存在的，而是对前一个阶段的融合提升。媒介社会同样随着技术的发展而转变：从纸媒到智媒，从实体到虚拟，数字技术和互联网的发展对媒介社会产生了举足轻重的影响。2018 年 8 月，习近平总书记在全国宣传思想工作会议上特别指出，必须科学认识网络传播规律，提高用网治网水平，使互联网这个最大变量变成事业发展的最大增量。

网络环境和数字化技术的发展带动了人类社会变革。人类社会逐渐步入网络化生存模式，信息快速整合扩张的同时，大众媒介也开始趋向媒介建构的拟态环境，正如经典电影《楚门的世界》（*The Truman Show*）和科幻类剧集《西部世界》（*Westworld*）所展现的虚拟生活一般。进入融媒体时代，各类媒体平台已几乎与人们衣食住行的角角落落紧密相关，为人们构建了一个虚实交互的全新生存环境。迅猛增长的网络信息对人们的生活带来巨大影响，每个人作出的判断都不再仅仅基于自己的思考，也基于对网络世界信息的参照。信息数以兆计地流动着，影响着每个人的认知和行动，个体辨析这些外部信息、作出行为影响着整个社会的运转发展。融媒体时代，拟态环境的创造源头已经不再是某个媒介或者特定的个人，每一个普通民众都有可能成为拟态环境的创造人，网络传播面前人人平等，每个人都获得了自由传播的权利。

（一）信息传播源的多元化

网络公共空间中存在着大量的思想互动，体现着思想矛盾运动的对立统一，在多元主体参与的开放网络空间，多重观念产生了思想碰撞。[75]传统媒介时代，信息的生产和把关工作主要由记者、编辑负责，而在网络大数据快速发展的背景下，人们的一切行为几乎都以数据的形式在互联网中留存和传播，互联网信息的来源更为广泛和复杂。

1. 传播平台技术革新

随着技术的迅猛发展，各类新媒体平台层出不穷，承载信息源的传播平台如雨后春笋。网络信息不再仅仅通过传统媒体生产，还可以通过用户生成内容（User Generated Content，UGC）产生并发布，微博、哔哩哔哩、抖音等平台的自媒体账号纷纷涌现。不同形态的媒体正在改变着信息传播的方式和速度，由于受众更倾向于获取即时、生动、多样化的信息，传统的信息传播模式面临被边缘化的风险，迫使信息生产和传播速度更上一层楼。技术的不断升级使得信息传播更为复杂化和立体化，传统的文字报道已经不能满足受众的多样化需求，图像、音频、视频等多媒体传播形式逐渐成为新的主流，信息呈现方式更加多元。传播速度方面，技术的进步优化了传播节奏，使信息从制作到产出的速度可以精确到秒，信息的传递速度迅猛，但突发事件和热点话题的关注高峰的持续时间却极为短暂。

新技术应用也引发了信息传播的个性化趋势。个体用户更容易接触到符合其兴趣和偏好的信息,形成信息“过滤泡”和“信息茧房”。网络信息超载和短平快传播模式混杂的现状,对传播宣传从业人员提出了更为灵活的应对要求。传播宣传从业人员需要敏捷地捕捉关键信息,能够迅速作出反应,以多元化、即时性的方式呈现信息,确保信息在第一时间传达给社会各界,满足受众对于更丰富的信息和信息传播更高效的期望。当然,这对宣传团队的协同配合和高效运作也提出了更高的要求。

2. 传播主体的广泛化

话语主体间性的形成推进了传播过程中更为广泛的互动、多维、平等关系,传统意义上发布信息的官方媒体、传播信息的教师、接收信息的学生构成的单向传播主体结构被彻底击碎。传播主体不再是一元性的,而是呈现具有广泛度的多元性发展态势,去中性化的媒体时代已然来到。制作、发布信息的群体的范围和身份越发复杂,越来越多的“网红”、视频制作者迅速走进网民的视线,他们的现实身份可能是知识分子,也可能是无业人员,涉及的信息传播领域包括直播带货、美食短视频等。在多向的信息源推进下,信息的性质和种类都得到了极大扩充。自媒体在打破传统媒体对信息生产的垄断壁垒的同时也引发了信息把关的问题,导致网络信息乱象丛生,出现谣言、诽谤、人肉搜索等违法侵权案件。显然,即便是在技术的变革中,新技术的使用者也需要履行信息把关义务,成为信息的“把关人”。

融媒体发展逐步推进马克思所倡导的平等交往的形成,促进了网络交往的发展,在一定的传播圈层又形成了不同的网络意见领袖,带动了更多的信息传播与分化。一方面,高校积极引领学校党委宣传部门、发动基层党组织,统筹组建融媒体中心、新媒体工作室,着力打造官方新媒体团队,以高校教师为核心把关人,带领学生团队在信息发布、新闻和文化传播中发挥重要作用。另一方面,随着学生自媒体的广泛运营,各类新兴媒介平台又以解构重塑的方式,将个人接收到的信息进行转码和二度传播,作为信息接收者的学生转而成为信息的传播者,在一定程度上扩大了信息的传播领域和覆盖范围,激发各类信息的传播层次、传播广度扩展。师生协力完成广泛的主体传播的新态势,不仅提高了信息的整合度、解析度,还为面向不同群体的传播提供了合适的话语结构。更重要的是,各种场域中不同思想的交融、对话与互动,使得各类思想政治教育信息展现蓬勃的生机,从而赢得网络宣传战线的传播先机。

（二）信息传播方式的多样化

网络时代,信息生产方式发生了改变,信息传播方式也发生了改变,具体表现为信息生产与传播媒介分离、传播权利的分化与转移。与信息生产的变化相比,信息传播方式的变化对信息把关的影响更大。

1. 传播形态的多样化演变

融媒体时代,报纸、广播、电视等传统媒体可以通过各类前沿技术融合在一起,信息通过文字、图片、音频、视频、H5① 等多种方式传播,原有的传播结构被打破,技术割裂造成的信息不对称门槛被消除,强有力的自我革命得以实现。传播形式的多样性符合受众的审美导向与兴趣热点,网络环境下形成了风格各异、形态万千的传播产品,新媒体平台甚至可以提供个性化的定制服务,避免了传统媒体信息传播的单一性与局限性,拓宽了人们开展交往的平台,形成了自由开放的传播环境。网络传播满足了受众多样化的信息需求,也为思想政治教育提供了更加多元化的平台支持。

2. 信息生产与传统媒介分离

在网络时代,信息生产与传统媒介分离,信息主要通过转载、推送、直播等方式,在社交媒介等平台传播,新媒体平台取代传统媒介成为主要的传播渠道。部分社交媒体用户基数大、用户黏度高,吸引了传统主流媒体入驻并成为其内容供应商,改变了新闻业的传统利益格局。2019 年起,传统媒体对新闻传播途径的重视程度增强,主动加强与信息聚合类平台的合作,很快融入网络生态体系。一些官方主流媒体如央视(《新闻联播》节目)、《人民日报》已正式入驻抖音、快手等短视频平台,粉丝量超过千万人、单条视频点赞量超过百万次的现象屡见不鲜。

3. 传播权利的分化与转移

传统媒体时代,信息传播为一对多的大众传播;而网络时代,信息呈裂变式传播,公民拥有更大的传播权利。从理论上来说,每一名可以上网的公民都能够进行信息传播,并且能够针对信息发表自己的意见,社会大众从传统的信息接收者转变为信息的传播者和评论者。此外,信息传播表现出很强的交互性,人们可以通过网络接收信息,随时随地与信息的发布者和接收者互动交流,在各种网络

① 互动形式的多媒体页面。

信息传播平台，媒体与大众时时刻刻都在互动，信息的发布与交流不再受时空的限制。网络时代呈现出网络用户转发信息，门户网站转载传统媒体生产的信息，信息聚合类平台推送信息，视频平台制造直播活动的特点。信息传播媒介的多元化意味着不同的传播媒介要根据其自有传播属性自行把关，也要求相关部门针对转载、关注、转发、推送、直播等不同传播手段采取不同的把关措施。

（三）信息传播效果的全面化

2014年起，报纸、广播、电视等传统媒体整合资源、转型升级，利用传播技术的进步迭代加快融合步伐，建立融合传播矩阵，打造融合产品，推动了传统媒体和新兴媒体融合发展。在媒体融合的过程中，新媒体进入传播领域，不仅增加了新的渠道、平台和产品，也在提升传播形态的及时性、多样性和互动性的同时，大大促进了传播效果的全面化。

1. 传播的即时性

21世纪以来，随着微博、微信、微小说、微视频等新型传播方式的出现，依托智能手机、笔记本电脑、平板电脑等“微介质”的支持及互联网、移动通信等“微技术”的支撑，世界进入“微”时代。[76]与传统媒体相比，采用新媒体技术制作与传播信息的速度要快得多，即时性是其最为突出的特点。通过网络传播信息，可以跨过传统媒体的信息采集、编辑、审核等时间跨度较大的复杂环节，实现信息实时报道和瞬时传播，大大缩短信息传播的周期。这使得受众能够及时、高效地接收和阅读各类信息，不再受时空制约。例如在事件现场开启直播，可以采用图文或视频直播的形式使信息在第一时间、以最快速度得到传播，公众可以通过网络传播即时接收事件的即刻变化和发展情况，这拉近了观者和传播事件的距离，增强了信息的现场感。当前信息传播的成本越来越低，传播效率越来越高，对于一些时事热点信息的引导的时效性越来越强。

2. 传播内容的碎片化

在科技高速发展的今天，人们的生活节奏日益加快，只留下生活间隙的生存模式提出了碎片化的传播需求。随着微博、微信等自媒体平台“爆炸式”流行，部分信息传播在技术的带动下越发简约化，传播效率也越来越高。尽管这符合当下的时代要求，但不可否认的是，碎片化的传播方式也在很大程度上弱化了信息受众深入理解思考的能力，削弱了受众思维的逻辑性和连贯性，增强了受众思维的跳跃性和碎片化。因此，一旦多元、跳跃的碎片化文本、图片信息占领信息受众的阅读空间，信息受众将瞬间被无意义的信息包围，且无从找寻自身所需信息。在这种情形下，如果有敏感事件发生，公众对事实真相的焦虑将被瞬间“点燃”，进而引发舆情危机，如在高校范围内发生类似事件，将给思想政治教育工作的开展带来不小的挑战。

3. 传播过程的互动性

媒体融合发展改变了传统媒体单向传播、受众被动接受的传播方式，使得社会网络得到了大幅度的扩张，信息传播的范围和影响力都有所增大。在双向交互模式下，受众在信息传播过程中，不仅是信息的接受者、媒介的使用者和内容的反馈者，还是一切传播活动的出发点和落脚点，通过网络平台实现了人机交往的新局面。互动性不仅体现为传受双方的交流增强，还体现为整个信息传播过程的改变，信息不再依赖某一方传播，用户随时随地可以参与互联网行为，实现信息的流动和与他人交往互动，网络中不再有信息的把控者，而是处处都是信息传播的参与者。借助网络传播的优势，社会各界的信息传播渠道带动了信息传播的公开化、透明化，促进了社会的公正多元发展。特别是在思想政治教育领域，网络化媒体的大力发展和恰当应用，对于师生平等表达意见、随时沟通联络起到了重要作用。

信息在生活中随处可见，人们的日常工作学习和生活中充斥着网络信息。信息本身具有抽象的意义和内涵，延展极度广泛，且深度融合于社会生活，因此，在很长一段时间内，人们对信息并没有明确的认知。“人对外部世界相关信息掌握得越全面、越深刻、越丰富，人的实践活动也就越容易获得成功，一个人获得的信息是有限的，人们需要通过交往来交流信息。”[77]随着信息载体日渐丰富，信息的功能日益壮大，人们对信息的需求日益增长，现代信息趋于系统化发展后，信息才逐渐成为学界的研究对象。网络信息是对网络事物的呈现，既包括呈现了什么，也包含谁来呈现的基本命题，即主动反映的主体和被反映的客体。因此，网络信息是客观存在的，其所反映和表达的是某一属性、某一变化等。同时，信息又具有主观属性，传播人的传播方式、传播渠道和传播数量都会对信息的塑造产生影响。

二、网络信息的本质与特征

（一）人为构建的网络信息

网络信息不是自发存在的物质，往往是由传播者或者传播机构出于不同的传播目的,通过特定的制作实践和技巧完成的。从技术角度看,尽管互联网中的信息在网络前台表现为文字、图片、音频、视频等形态,但归根结底其都是通过后台编码呈现的。网络信息不是自发存在的,也不是凭空出现的,都是经过加工处理形成的数据。这些信息既是对网络世界各类事物运动状态和变化的反馈,也是对客观事物彼此之间相互关联和相互作用的展现,这些信息会根据使用者的需要被重新加工和整理。

网络信息具有间接存在性,网络传播本体和载体始终随着技术的革新、人的交往而不断地变化。网络信息的存在状态也在不断变化,尽管网络信息看起来并不是客观实在,但是,“任何物的直接存在的结构和状态都是由它所凝结的间接存在所规定的,同理也可以说,任何物的结构和状态都映射和规定着关于自身历史、现状、未来的信息。如此,任何物体都是一个直接存在和间接存在的统一体,亦即既是物质体,又是信息体”[78]。即网络信息呈现一种间接性和独立性,可以脱离传播本体而依托载体传播,跨越空间和时间的束缚实现转移。

网络信息还具有可存储性,海量的数据在网络数据库中得以留存,汇聚成人类知识和智慧的宝库,为每一代人类的发展提供借鉴。网络信息的可处理性提供了一种可能:人们可以根据自己的需要和认识,对信息进行具有共性或个性的加工处理。高校辅导员可以通过收集和存储网络信息,建立个体的思想政治教育信息库,存储的信息不管是文字、图片还是音频、视频,都可以在开展教育或个人需要的时候调取使用。

在构建网络数据库的过程中,人们需要特别关注网络信息的真实性和确定性。在未来,网络信息传播者可能是人工智能技术下的虚拟存在,也可能是更为高级的科技手段,网络信息的构建可能涉及新的伦理问题。而对于接受信息的人来说,对信息的解析就是一种解构再生产的过程,特别是对于信息的构成元素进行分解和重构,按照“接收—分析—反馈”形成完整的传播链条,也是信息接收者网络素养的实践全流程。

(二)网络信息背后的价值意义

网络信息的传递并不是冷冰冰的数据流动,每一条信息都传达着传播者的价值观。这些信息或是塑造了传播者的网络形象,或是表达了传播者的个人认知,在一定程度上表征着传播者的意识形态。从某种程度而言,网络信息代表某种世界观的分享与共生,尽管网络世界是无形的存在,但意识是实实在在的存在,其通过信息得到了传递。通过网络信息的传递,人们形成了对社会现实的感知。信息都是由主体构建而成的,信息构建的标准则是由传播人的意识形态、传播机构的生产活动和经济利益之间的关联决定的。网络信息传播和共享范围的扩大,降低了重复试验、重复劳动的频率,避免了各类资源的重复浪费,促进了更多有价值的信息的创造,为和谐社会的构建提供了有力的、无形的支撑。

网络信息具有引导性,可以通过背后的价值观和意识形态的传递,引导主体发展变化。"首先是劳动,然后是语言和劳动一起,成了两个最主要的推动力,在它们的影响下,猿脑就逐渐地过渡到人脑。"[79]马克思的论述蕴含着信息的引导作用,网络信息同样具有引导功能,能够利用主体的组织、各类资源的流动,引导客体呈现不同的状态。具有正能量、正确价值观的信息可以引导接收者向着好的方向发展,而有偏差的信息或负面信息则会将接收者引导至消极的方向。当下网络信息海量繁杂,一些不适合传播的网络信息对学生而言却触手可及。传统媒体中的把关人效应被削弱,自媒体传递信息的审核和把关存在漏洞,一些含有色情、暴力内容的游戏和视频平台引流页面等,随时有可能出现在应用弹窗,潜移默化地侵蚀学生的身心健康。不仅如此,学生群体往往具有情绪易受激化的特点,部分具有政治意图的网络信息甚至会引起学生的意识形态动荡,对社会稳定和学生成长造成不可弥补的负面影响。

(三) 网络信息传播的特定符号

相较于传统信息传播,网络信息传播的形式和类型更具复合性,不同的传播形式和类型往往采用更为特定的符码和规则。尽管网络信息呈现给大众的形态各异,但是究其本质,网络信息符号通常包括文本、图像、声音、动画和视频影像五种,这也是网络传播媒介的重要表现形式。这五种符号既可以单独使用,也可以通过技术手段整合运用。

文本符号主要用于对信息的描述性阐释。文字和字符是其信息形式,包括数字、字母、标点、文字等,这也是人们在网络空间存储信息和传播信息中使用频次最高的符号,在阐释定义、描述现场、显示操作等环节具有显著功效。

图像符号包括照片、图片、表格、图示等内容。图像符号对于信息接收者来说是较为直观的表现形式,能够在视觉层面简洁明了地展现现场和状态,对于知识和认知的要求相对较低。

声音符号往往包括语音、音乐和音效，是传递信息时较能传达情感的方式。声音符号中饱含着情感和温度，对于信息接收者的情绪的影响较文本符号和图像符号更大。

动画符号能够把抽象的信息塑造成更容易理解的形象，包括常见的缩放、跳跃和淡出等动画效果。动画符号通常用于信息的强调、引入，使信息的传递方式更加生动有趣，运用在较为抽象的信息的传递中可以起到事半功倍的作用。

视频影像符号则是更为直接和生动的信息传播符号。视频影像符号可以融合上述四种符号，既能展现文本符号，也能展示静态图片，还能融入声音背景、加入动画调解氛围，最终以综合的形态传递丰富的信息内涵，以更为立体化的形式交代事物的发展、明晰信息的形态。目前，视频影像符号已经成为网络信息传播的主流符号，为媒体信息的传播增添了生动形象的意义。

（四）网络信息汇聚成信息社会

任何一种网络信息都是在一定的社会语境下产生的，具有现实社会性，人们需要透过信息的表象看到信息背后的真实意义。网络信息的凝聚也会推动社会信息化的进程，最终改变信息社会的模式与生态。网络信息覆盖面的扩大减缓了信息垄断的趋势，信息的流动构建了新的经济结构。网络信息已经渗透到传统产业的各个角落，新型的生产力和生产关系在信息的架构中逐渐形成，网络信息在不同的产业链中发挥着不同的作用，网络信息的凝聚也会推动社会信息化的进程，最终实现信息社会的现实模式与舆论生态，汇聚成具有现代化意义的信息社会。

信息社会中，政治结构也受到了网络信息的冲击。网络的高速、快捷和便利打破了部分原始信息的垄断，权力不再是获取信息的唯一渠道，更为强大的社会监督氛围逐渐形成。人们可以通过交流信息开展网络问政，讨论网络舆情，充分地表达个人的政治交往意愿，这加深了大众对民主的认识，也提升了大众参与民主生活的热情。网络信息的传递改变了信息社会的管理模式，传统的“金字塔”模式逐渐转化为平铺的组织管理模式，管理参与的路径和手段更为直接和大众化，直接民主的演进尤为突出。网络信息的流动还促成了文化发展的全球化，“地球村”的内涵得到了真正的呈现。诚如马克思所预测的，“过去那种地方的和民族的自足和闭关自守的状态,被各民族的各方面的相互往来和各方面的互相依赖所代替了”[80]。正是网络信息的流动使得这样的预测得到了更全面的实现。当然,不可否认的是,在科技方面更为强大的国家对于弱势国家的文化输出具有一定侵略性,在信息资源和科学技术方面具有优势的国家确实更能在国际政治舞台上占据有利地位,这一点在精神文化的传承上有着更加明显的对照。

人的大脑可以随着环境变化和接受信息的变化而不断调试,网络信息的大量涌入改变着高校辅导员的内在认知,辅导员需要通过改变自我和调整认知模式去适应网络环境下生存的新需要。数以兆计的网络信息为高校辅导员提供了源源不断的思想政治教育素材,但并不是全部的网络信息都可以转化为思想政治教育信息,“只有在思想政治教育实践过程中应用或产生的,能够体现思想政治教育本质、展现思想政治教育功能的信息”[81],才是真正的思想政治教育信息,具有导向性、转化性的特点,可以被应用于辅导员的日常教育工作和交往实践活动。

第三节　认知网络媒介:常用的平台介绍

随着信息化数字时代的到来,网络在改变人们生活的同时,也重新定义着生活中的媒介。计算机、手机客户端等新型媒介及新媒体平台正在无形之中影响着高校大学生的学习交往和高校思想政治教育工作的形式和方法,正确认知并有效利用新型媒介也成为身处学生工作一线的高校辅导员的必备技能。在斯坦利·J. 巴伦(Stanley J. Baran)看来,媒介认知就是有效地理解和使用媒介内容的能力。作为最贴近大学生媒介生活的群体,辅导员在日常生活及开展网络思想政治教育的实际过程中,具备系统化的网络素养非常有必要,而对当下新媒体平台及网络媒体运营规律具有准确而全面的认知更是开展网络育人工作的重要前提与客观基础。

目前,高校大学生群体常用的网络媒介平台主要有四类,分别是社交平台、自媒体平台、视频平台和问答平台。其中,社交及自媒体平台主要包括微信、QQ、微博等,视频平台主要包括哔哩哔哩、抖音等,问答平台主要包括知乎、百度、豆瓣、各类人工智能平台等。

一、社交及自媒体平台:构建你的网络交往

(一)微信

微信(WeChat)由腾讯公司创立于2011年1月,其最初的定位之一是满足移动智能终端客户对于即时通信和网络服务需求的一款免费应用软件。从2012年3月微信用户规模超过1亿,到微信支付、微信朋友圈、微信公众号等主流社交平台功能接连登场,平台用户覆盖范围超过200个国家和20个语言地区,月活跃用户数量超过8亿600万,截至2022年第三季度,仅微信小程序日活账号数已突破6亿,同比增长30%。[82]可见,微信已经逐步发展成为世界主流的全球化社交平台,对当代青年的日常生活带来巨大影响。

微信平台包含如下主要功能:基本社交功能,如聊天、语音、视频通话等;微信支付,如红包、转账、提现等;公众平台,实时交流与素材共享功能;拦截系统,面向技术拦截、举报、辟谣的功能,目的是阻断谣言的广泛传播;城市服务,为日常生活提供便利的服务机制,如路况查询、水电费缴纳等;数据报告,用于信息公开的工具。

微信的运营模式是一种典型的新媒体营销模式。相较于传统营销追求“覆盖量”的本质,微信运营更关注用户的参与度,利用庞大的用户群体完成信息的发布与共享。这样的模式具有差异性、创造性、关联性等特有属性,其核心是为互联网业务的广泛、深入发展提供前提和保障。

微信的运营分为面向个人的运营和面向集体(公众平台)的运营,商家针对不同的用户采用不尽相同的针对性运营模式,以满足客户的合理需求。

语音的接入使微信在众多社交平台中脱颖而出。基于短信的传统交互模式是微信初创背景下多数社交软件的主流交互方式,语音的接入让用户有了新鲜感,推动了用户的进一步尝试和体验。

“陌生人社交”成为微信的用户增长点。在传统的社交平台上,用户一般只能与已建立某种联系的对象沟通和交流,这在一定程度上限制了用户网络交流的广度。因此,微信接连开发“摇一摇”“漂流瓶”“附近的人”“面对面建群”等业务和功能,促使微信用户的新增好友数及微信用户数呈现指数型的爆发式增长,为微信的成功奠定了坚实的现实基础。

“朋友圈”构建社交平台化。微信开通“朋友圈”功能是社交平台化的勇敢尝试，同时为自媒体的实现提供了先行经验。微信通过版本更新逐步实现了照片等日常生活记录的社交平台化发布，这使得用户可以更好地完成多对象分享和密集型交流。同时，微信还支持接入多平台接口，以面对跨平台的社交，充分地满足了用户的需求。在媒体接入平台后，即可达到更好的新媒体推广效果。特别是在小程序接入平台之后，微信成为聚集融合更多应用的超大型、综合性平台。

总体来看，微信因其出色的用户友好性、便捷的用户界面 UI（User Interface）设计、丰富的应用和精致的功能广泛占领了大学生市场。互联网时代背景下，智能移动终端在大学生群体的覆盖面接近 100%，大学生群体需要借助社交平台来满足部分学习、工作和生活需求，这在很大程度上奠定了微信在大学生群体所使用的主流社交平台中的主导地位。

微信公众号是目前辅导员在思想政治教育中最常用的社交平台。其一，使用微信公众号能够打破时间和空间的局限，突破传统思政教育的时空界限。思政微信公众号平台能够有效补充第一课堂和第二课堂，内容贴合年轻人，有助于彰显师生间、学生间的思想碰撞，通过移动终端可以随时随地传递信息，革新思政教育模式。其二，使用微信公众号能够去中心化连接师生，实现微信公众号互动载体功能。公众号是对信息粘贴性的利用，其传播形式在各行各业的广泛运用，使得思政教育模式更加丰富，推动了单项传播模式转变为双向互动模式，连接师生群体，提高信息传达效率[83]。其三，使用微信公众号能够及时引导热点，拓宽管理渠道。微信公众号具有及时性的特点，在开展高校思政教育工作中不仅可以在学生日常生活中渗透思想政治教育方面知识，更能在第一时间发布时事热点内容[84]，有助于拓宽获取大学生意见的渠道，助力辅导员正确引导学生舆论，全面了解学生动态。

近年来辅导员运营微信公众号的工作实践中也存在着一些弊端。其一，同质化严重。主要体现为大部分微信公众号通常直接转发各类思政教育类主流公众号推文，原创性较低，不能引发读者的共鸣，从而无法入脑入心，提供的平台服务也大致相同，思政宣传力度不足。其二，推送内容单调。部分推文标题严肃保守，使读者望而却步，不能开展深入的阅读和学习，部分公众号还停留在发布通知、转载文章，没有对公众号的功能进行主动发掘和运用，设计单调枯燥，无法给浏览者带来愉悦的视觉享受。其三，互动性较低。部分公众号缺少有效互动，仍将互动新媒体看作传统网页，往往呈现单向输出的特点，作为传受双方的师生之间缺乏交流，新媒体与实践结合度低，更新频率不高[85]，不能增强读者黏性和忠诚度，粉丝流失较严重。其四，运营人员能力不足。微信公众平台的运营团队需要具有较高的思想理论水平，同时还要对新媒体技术和互联网运营有一定理解，多数辅导员微信公众号以单打独斗的形式来组织和运营[86]，管理团队身兼数职，公众号管理存在漏洞，导致舆论引导难度增大，对网络思想政治教育的认识有待矫正。

（二）QQ

QQ 源于 1999 年 2 月，是一款腾讯公司自主开发的基于互联网的实时通信工具。二十余年来，QQ 的功能不断完善和优化，至今，广义的 QQ 已然发展成为以 QQ 为核心的多平台、多终端、多系统下的集多外接业务于一体的世界一流社交平台软件。[87]

QQ 的主要功能包括以信息、语音、视频为主的社交功能；以 QQ 群为支撑的群社交功能；以会员、等级、Q 龄为基础的级别功能。此外，QQ 还提供增值服务，如 QQ 音乐、腾讯游戏等；手机 QQ 支持移动终端的实时在线信息处理；QQ 轻应用，类似微信小程序；专为企业用户开发的企业 QQ；以及文件管理功能。

QQ 的运营模式和微信类似，二者有一个突出的共有运营特征，即前期通过免费应用吸纳用户，后期针对多样化的群体开发、关联、推送多种收费的附加服务，促进营业额快速提升。相较于其他社交软件，QQ 的优势主要体现在如下三方面。

第一，优秀的文件管理功能。QQ 的文件管理机制强于微信及其他多种社交平台软件，其几乎可以支撑一个办公自动化系统的所有工作，同时兼具实时性强、操作便捷等特点。因此，QQ 受到用户广泛的喜爱和应用，也因为这一点不同于微信的即时性文件传输，更多的高校学生和班团组织更惯于使用 QQ 联络，便于文件传输和储存查阅。

第二，强大的关联属性。QQ 作为腾讯软件体系的基础软件，几乎支持腾讯软件体系下所有应用的关联和附加业务功能，用户可以以 QQ 为基础，无障碍地使用学习、工作、生活所需要的部分腾讯增值服务。因此,QQ 大连接、强关联的特点值得称道。

第三,丰富的网络语言文化。目前,高校学生以“00 后”为主,作为网络原住民的“00 后”玩转各类新媒体平台,通过使用在 QQ 平台火爆的拼音缩写引发了网络语言热潮。部分辅导员甚至出现看不懂学生群聊天消息的情况,出现这种现象的根本原因在于辅导员与学生群体的网络语言结构相疏离,为改变这一现状,辅导员应在了解媒介的同时了解媒介所具有的新兴文化特性。

为了更好地与学生交流,辅导员应了解且熟记一些常见的网络缩写语:tql——太强了;drl——打扰了;ssfd——瑟瑟发抖;xswl——笑死我了;dbq——对不起;pyq——朋友圈;npy——男朋友/女朋友;bhys——不好意思;hhh——哈哈哈(h 越多,表示笑声越大);mm——妹妹,指代女生;gg——哥哥,指代男生;ETC——杠精(一种网络用语,形容习惯抬杠的人)。还有一些汉字缩写,例如:啨,表示叹气或恍然大悟;可,表示我都可以;辣,表示“啦”的谐音,适用于与亲近的人交流;宁,您的谐音。

QQ 的大连接和文件管理能力使其深受大学生用户的喜爱,并被广泛使用,保持着与微信并驾齐驱的发展趋势。调查显示,本科生更倾向于使用 QQ 开展学术交流,这是由于大多数本科生没有固定教室,彼此之间缺少现实接触的物理空间,同时,QQ 所具有的群文件存储功能,使得本科生能够更快速、简便地分享各类课程作业、PPT 等文件,并且可以随时随地查阅历史文件,为期末复习做好准备。而同一课题组、实验室的研究生往往处于实验室这一现实空间,且彼此间需要交换的学术信息的数据量往往较大,无法单纯依靠网络传递,因此传递信息时通常会选择移动硬盘、数据库共享等形式,因此,微信的即时社交功能对研究生而言更具有吸引力。

(三)微博

微博是以文字、图片、视频等多媒体形式,实现信息实时分享、广播裂变式传播的社交媒体平台。微博在国内的发展初始阶段曾对应多个门户网站,包括腾讯微博、网易微博、搜狐微博、新浪微博等,随着时代的发展,多个微博门户网站先后关闭,新浪微博于 2014 年正式改名为“微博”。作为目前全球最大的中文社交全媒体平台,2020 年,微博月平均活跃用户达 5.23 亿,日活跃用户达 2.29 亿。[88]

微博主要功能包含以下几方面:发布功能,实时分享文字、图片、视频、投票等多媒体形式的内容;转发功能,一键转发其他用户发布的微博内容,并可添加自己的观点和评论;关注功能,关注喜欢的用户,便于及时跟踪获取其在该平台上的动态;评论功能,对感兴趣的微博内容发表个人观点并可与其他用户交流互动;搜索功能,利用关键词搜索感兴趣的相关微博内容和用户;私信功能,为用户与用户之间进行私密交流互动提供依托。

微博区别于其他社交平台最显著的一个运营特点是其强大的名人效应。从政府机构到民间组织机构,从行业大亨到娱乐明星,各类网络意见领袖所在的圈子都有微博用户的身影,消息的传播具有整体广播性,同时存在局部有向性,导致意见领袖主导舆论导向。因此,在微博运营模式中,对于“粉丝—关注”关系的构建和维护是重要环节。

微博用户规模庞大,能够最大限度强化“粉丝”效应。依托网络知名人士、文娱明星等意见领袖与粉丝之间的纵向传播路径,通过微博转发的方式能够让消息在极短时间内形成大面积覆盖,因此,微博在政治、经济、文化等多个主流领域的信息发布和传播中扮演着不可替代的角色,在政民沟通、社会公益、信息公开、地方经济、社会文化等多种社会工作中贡献着不容小觑的力量。微博的优势主要体现在如下两个方面。

第一,微博能够突破“信息茧房”。目前部分主流社交平台尤其是视频类平台,为尽可能占据用户的碎片化时间,会根据人们主动检索的词条和反复浏览的内容进行针对性的推送,久而久之,用户往往只会收到自己感兴趣的信息,陷入一个封闭性的信息传播空间,针对客观事实收集信息的客观性和全面性受损,这就是所谓的“信息茧房”现象。而微博热搜、微博话题的筛选机制在于热度而非相关性,这使得微博更具开放性、思辨性,正是破除“信息茧房”的利器。

第二,作为全球最大的中文社交媒体平台,微博以其庞大的用户规模和完善的内容生态,广泛占据大学生市场。微博校园发布的大学生日常生活及网络习惯调研报告显示,微博平台在大学生群体中的覆盖率已经高达 87%,仅次于 QQ、微信,已成为大学生关注社会热点话题和时事新闻的首选入口。[89]微博也时常与各大高校联合主办线上线下活动,增强了虚拟现实的互动认同,逐渐成为师生即时了解新闻动态、关注名人信息的主要网络渠道，以其发布简单、文字简约的特点，更加具有新闻速递的功效。

二、问答平台：完成你的最佳问答

（一）百度

百度创立于2000年，是在互联网和英文搜索引擎快速发展的背景下形成的具有极大潜力的中文搜索引擎[90]。随着人工智能、大数据等技术的迅猛发展，百度不再局限于单一行业，发展成为一个全球知名的人工智能平台型高科技公司。[91]

百度主要功能包含：搜索引擎，快速获取网络信息的技术；百度地图，地理导航技术平台；百度知识库，包括百度百科、百度文库等内容；百度云，百度结合云技术的产物；百度车联网，百度AI赋能车场景的产物；小度，百度系人工智能生活助手；文心一言，人工智能大模型平台；等等。

百度的运营模式中最值得关注的是其盈利模式，主要包含手机移动搜索、竞价排名、技术授权、固定排名、服务收费等。百度是一家以技术为核心，通过技术获取附加利润的代表性企业，致力于通过技术创新为用户提供便捷可信任的搜索技术支持。针对中文信息理解准确度低和易产生歧义的应用痛点，百度研发了字词集合的信息处理方式，在一定程度上提升了搜索引擎的准确率和信息覆盖的全面性。百度搜索引擎对信息相关度的评价结合了基于内容和基于超链接分析两方面的指标，同时结合了多种人工智能算法实现信息、知识的匹配与推送，大幅度提升了推送结果与检索内容的信息匹配度，显著提升了检索准确率。在人工智能大模型的支持下，百度研发推出了“文心一言”AI创作平台，为用户提供了丰富的需求场景，能够解决用户现实痛点。

更值得称赞的是百度检索结果“内容聚类＋网络聚类”的搜索方式。“内容聚类＋网络聚类”的方式更大程度地节约了用户的搜索时间，提高了知识的检索效率，提升了搜索引擎的用户友好性，受到了更多用户的选择与信任。在数据网络化、碎片化、多样化的背景下，信息检索成为大学生群体的必备技能。百度作为最大且最先进的中文搜索引擎，必然得到广泛应用，可以说目前百度的应用覆盖面高达100％。然而，外文文献阅读、外语学习方面的必要需求，使得大学生群体的搜索引擎使用极具多元化特征，同时部分英文搜索引擎也兼顾中文版本。

因此,包括但不限于谷歌、微软、雅虎等英文搜索引擎在中国也同样被广泛使用。

（二）知乎

知乎推出于2011年1月,其定位是一个大型网络问答社区。近年来,以“知识市场”为核心的知乎不断改善应用场景,增加多元化应用程度以满足用户快速增长的需求。值得一提的是,2020年9月,由知乎和腾讯安全联合发起的“社区净化”计划隆重登场,标志着“网络治理战”全面展开。[92]

知乎最为核心的功能和业务就是提供网络社区问答服务。随着问答过程中跨领域、跨行业、跨层次等知识的不断积累,知乎的附加价值也逐步体现。以“知乎百科”为代表的知识库系统成为用户学习的重要平台,大学生群体也是其中非常重要的组成部分,这种趋势从“知乎市场”业务被冠以“知乎大学”的名号就可见一斑。

作为一个知识问答平台,知乎本身具有很强的专业性,因此其在内容运营方面有着天然优势。其用户“高学历、高价值、高收入”的典型特点推动知乎的公信力排名市场前列,这为“知识转化利润”的完成提供了天然的沃土。同时,用户信任并依赖平台进行提问,“高学历、高价值、高收入”人群乐于通过知识付费获得优质回答的机制构成了一个正反馈效应,这使得平台流量和信息量朝着极大值方向发展,保证了平台的热度和活力。[93]

知乎最为核心的特点呈现为“社区文化”。不同的用户显然存在不同的关注点和兴趣点,同时用户也非常关心其关注点附近区域的动态情况。知乎“社区文化”的建立为群体的划分和信息的聚合提供了保障,使得用户能更容易地获得其所关注的信息。

“社区文化”确实给知乎带来了多种优势,但其也是一把“双刃剑”,为违规信息提供了发布空间,导致违规信息频繁出现。用户个人圈子相对较小及用户的不可控性,加之隐私信息的保护策略等技术的应用,导致平台更容易滋生违规信息。因此,自2019年国家网信办开展专项治理以来,网络平台和社区变得越来越正规和透明,这也是增强网络平台公信力的重要举措。

值得一提的是,高校师生群体是知乎的核心用户之一。这一群体非常符合高学历的特点,也具有多学科的专业知识与广泛的学科技能,传受交替的师生主体更乐于参加网络知识交流问答活动。不容忽视的是,近年来屡次出现的网络热议话题和发生的网络违规信息传播，也常常会对社会经验不足的大学生群体产生相对较大的影响，这对网络净化进程的快速推进提出了新要求，大学生在使用此类平台的同时也应提升自身判断力，避免不良信息对自身产生消极影响。与此同时，部分高校辅导员应注册知乎账号，在线回复学生提问、分享工作经验、针对热点事件积极发声，为高校师生成长引路。

（三）豆瓣

豆瓣创立于2005年3月，其以书影音为基础，为用户提供关于书籍、电影、音乐等作品的相关信息，所有关于书影音作品的描述和评论在用户群体内部形成完整的闭环，即“源于用户，作用于用户”。[94]此外，豆瓣推出线上线下结合的模式，在线上推荐的基础上，还集成了线下同城活动等多种平台服务内容，覆盖具有良好教育背景的用户，例如大学生和都市白领[95]，致力于为都市人群发现生活中有价值的事物提供平台和机会。

豆瓣的功能架构中包含以下几个主要板块。豆瓣电影、豆瓣音乐、豆瓣读书、豆瓣阅读、豆瓣同城、豆瓣FM、豆瓣时间和豆瓣小组等。

豆瓣运营模式中最关键的环节在于用户参与原则，基于其“自产自销的闭环信息流”模式，参与平台交流的用户越多，用户能够在平台上行使的权力和享受的服务就越多。豆瓣的高质量用户具有共同的特性，就是爱阅读、爱观影、爱思考，拥有广泛的兴趣和强烈的交流沟通需求，且大多为想要发现和创造身边美好的年轻群体，而豆瓣的崛起正是瞄准了用户的这些重点要素，从庞大的用户数据中挖掘和创造新的价值。豆瓣没有官方编辑，平台内所有内容都由用户创造、传播和使用，采用的是典型的UGC模式。

在大批激流勇进的互联网平台间，豆瓣始终保持着最纯粹的产品初衷和理念，从不会为了盈利而降低用户使用体验和社区氛围，从未采用类似平台常用的积分、会员等运营策略。豆瓣主要依赖用户的口口相传来吸引新用户，更注重对产品的打磨和维护，而不需要投入太多用于推广的成本。[96]

豆瓣作为以书影音为基础的新媒体平台，具有非常鲜明的功能特色，其用户在平台使用过程中通常也有鲜明的需求。大学生作为豆瓣主要用户的组成部分，在书影音交流、同城活动等环节对豆瓣平台有较高的依赖性，因此豆瓣在该领域基本占据垄断地位。但是由于豆瓣平台的特殊性，其在大学生群体中的使用频率并不如知乎、抖音平台高,更倾向于作为用户在需要获取书影音相关权威信息时使用的工具。

(四) 人工智能平台

网络化的发展推进了人工智能技术提升,人工智能也在专业技术人员的调教下越发适应人类社会发展,人工智能问答平台随之兴起和发展,逐渐成为现代科技领域非常引人关注的方向。这些先进的算法技术使得计算机可以理解、分析和处理自然语言,还可以如同真人一般回答用户提出的问题,搭建个性化、高效化的信息服务平台。

用户通常在平台以文字或语音的形式输入问题信息进行提问,平台则利用前沿技术对用户提出的问题进行语义理解,分析问题的基本含义和内在结构。随后平台进行知识检索,通过查询其前期调教的大范围数据库或者连接外部数据资源,找到与客户提出的问题相关的信息或可利用的基础知识,再根据这些相关信息和知识,利用算法和模型生成相应的答案或解决方案,再以文字、图像或用户需要的形式生成反馈。一些平台还会根据用户的后续反馈,继续优化后台算法和模型,提高系统的准确性,满足用户的更多需求。其中,关键的技术包括自然语言处理、知识图谱构建、机器学习和深度学习、语言生成模型等。

自然语言处理(Natural Language Processing, NLP)是人工智能问答平台的基础技术之一。NLP 技术涉及计算机对人类语言的理解和处理,包括文本的分词、词性标注、句法分析等任务。这一技术的进步使得计算机能够更加准确地理解用户输入的自然语言,从而为用户提供更为智能的答案。

知识图谱是人工智能问答平台另一项重要技术,它是一个包含实体、关系和属性的图状结构,用于表示事物之间的关联。许多问答平台构建了知识图谱,使得系统能够根据用户问题在图谱中搜索相关知识,从而为用户提供更全面、准确的答案。

时常在各类平台出现的机器学习(Machine Learning, ML)在实现智能问答的过程中发挥着至关重要的作用。通过对大量问题和答案的训练,机器学习模型能够识别模式、提取特征,并对新问题进行预测或生成回答。决策树、支持向量机及深度学习中的神经网络等机器学习算法为问答平台的智能化提供了坚实的基础。深度学习是机器学习的一个分支,它特别适用于处理大规模数据和完成复杂的模式识别任务。深度学习模型,如循环神经网络(Recurrent Neural Network, RNN)和长短时记忆网络(Long Short-Term Memory, LSTM),在自然语言处理任务中取得了显著的成就,为问答平台的性能提升提供了有力支持。[97]

语言生成模型,如GPT(Generative Pre-trained Transformer)等,能够生成连贯、自然的语言,被广泛应用于回答用户的问题。这些模型通过预训练和微调,能够适应不同领域的问答需求。迁移学习允许模型将在一个任务中学到的知识迁移到另一个相关任务中,提高了问答模型的性能,这为平台在有限数据集上更好地适应用户需求提供了有效手段。

综合运用这些技术,人工智能问答平台能够更智能地理解用户提出的问题,从而为用户提供准确、有针对性的回答。应用于不同领域的各类人工智能问答平台展现了其广阔的前景,为用户提供了更为便捷和智能的信息交互体验。需要注意的是,由于不同平台的设计和应用场景存在差异,其具体的技术组合和工作机制也可能有所不同。

目前比较常见的人工智能问答平台包括约触、OpenChat、文心一言、ChatGPT等平台,特别是ChatGPT作为智能助手,可以辅助获取编码意见、回答教育提问、进行创意写作等。当然,尽管以上人工智能问答平台为人们的生活带来了便利,提高了人们生活的效率,但其也面临一定的挑战和限制。其一是模型基于大范围的互联网文本调教学习而成,由于覆盖面并不是全部文本,在处理复杂语境和文本时存在一定困难,所以可能生成一些不准确或者带有偏见的回答。其二是AI技术和版权之间具有复杂的关系,由于模型的日常训练和学习势必涉及文本或图片的复制使用,而部分用户又会将从问答平台获取的信息或知识用于个体的论文撰写或集体的课题申报中,对于学术伦理规范造成巨大冲击。辅导员在知晓这一技术背景后,需要紧跟时代发展,做好与AI技术相关的思想政治教育引领,针对学术规范、网络行为规范及时开展配套的宣讲和教育工作。

三、视频平台:丰富你的业余生活

(一)哔哩哔哩(B站)

作为视频类新媒体平台的典型代表之一,哔哩哔哩(Bilibili)视频网站(以下简称哔哩哔哩网站)成立于2009年,最初的定位是二次元ACG(Animation、Comic、Game,即动画、漫画、游戏)视频的创作与分享平台,上传视频的用户被称为"up主",是英文"upload"(上传)的缩略语。经过十多年的发展,尤其是2020年以来,随着"共青团中央""央视频"等主流媒体入驻,各类科普类、知识类的视频账号也陆续进入大众视野,哔哩哔哩网站的影响力螺旋式上涨,俨然成为一个年轻群体高度聚集的文化社区。

哔哩哔哩网站拥有高质量、多元化的内容资源。哔哩哔哩网站视频内容覆盖二次元等小众文化和主流文化,2020年以来,其内容呈现愈发丰富的趋势,知识、纪录片、影视、美妆、舞蹈、游戏、数码、生活、国创、音乐等各个板块的视频资源和信息资讯层出不穷,高质量的教学视频一度让哔哩哔哩网站跻身"在线学习"平台行列。值得一提的是,自2019年10月"中华人民共和国成立70周年""新时代"等主旋律频道入驻哔哩哔哩网站以来,平台推陈出新,在保持自身风格的前提下,推出大量与时代同步的高质量主流文化内容,聚焦当下热点社会事件,呈现更加接地气、正能量的内容特色,旨在建构年轻网友对主流意识形态的认同。哔哩哔哩网站具有以下两大特点。

第一,用户群体针对性强、黏性高。相较于传统视频平台,哔哩哔哩网站面向的用户群体在年龄、兴趣分布上的特点尤为突出。2020年,哔哩哔哩网站董事长兼创始人在哔哩哔哩网站成立11周年的直播演讲中提到,"过去三年,B站新增用户的平均年龄为21岁"[98],也就是说,在哔哩哔哩网站转型过程中,其用户群体依旧集中于以"Z世代"为主的年轻人群体。哔哩哔哩网站深入挖掘"Z世代"用户的兴趣点和爱好所在,使其逐步拥有越来越多的高黏性用户。每年举办的哔哩哔哩网站跨年晚会也成为当下大学生最期待的跨年晚会,该在线跨年晚会聚集了二次元人物、年轻人喜欢的明星、新颖的节目表现形式,以及时下最热门的网络元素,已经成为特色鲜明的网络新文化品牌项目。

第二,拥有独树一帜的弹幕文化。弹幕功能无疑是哔哩哔哩网站最鲜明的特征,其使用户在获取资讯的同时能够实时进行信息反馈,为用户提供与主播、其他用户互动的超强时效性体验。此外,弹幕在很大程度上能够放大、重复一些感动,能够推动主流内容的感性传播,增强受众的认同感。中华人民共和国成立70周年相关哔哩哔哩网站视频无一例外都滚动着"敬礼""这盛世如你所愿"等显眼的弹幕,满屏的豪言壮志和爱国情怀激发的情感共鸣是令人极为震撼的。哔哩哔哩网站内容资源的高质量、多元化带来的娱乐价值和学习价值,用户的相似性带来的安全感和归属感,以及实时弹幕反馈带来的交流价值和情感价值,让哔哩哔哩网站能够轻而易举地深入大学生群体的文化和意识形态中心。这个特点无疑是一把“双刃剑”。一方面,2018 年以来,哔哩哔哩网站对内容审查的力度不断加大,但仍存在部分低俗、暴力、消极的内容和弹幕,这些负面的内容输出极易对正处于价值观建设关键时期的大学生产生错误、偏激的价值观引导。另一方面,部分内容过分追求传播效果而过度强化娱乐功能,原本严肃的主题被功利化和浅薄化,容易对大学生的理想信念产生消极影响。

(二) 抖音

《中国网络视听发展研究报告 2023》显示,截至 2022 年 12 月,中国短视频用户规模达 10.12 亿,其中超过半数用户近半年内看过时长 3 分钟以内的微短剧、泡面番等,且用户年龄在 19 岁以下的比例超过五成[99]。截至 2023 年,短视频的市场规模将近 3 000 亿元,以抖音为代表的平台国内月活跃用户已超过 7 亿人,且用户边界不断拓展,用户画像更加丰富多元化,尤其是 5G 时代的到来及新冠疫情的暴发使得短视频平台迅速升温。[100]抖音是一款面向全年龄用户的音乐短视频分享平台,以“记录美好生活”为标语,创作者可以自由选择歌曲,借助平台提供的各种创造性特效制作自己的音乐短视频,并在面向所有用户的公共平台内自由分享。抖音上线于 2016 年 9 月,并在不到两年的时间内异军突起,井喷式的用户增长量让抖音成功跻身“双‘微’一‘抖’”的新媒体平台头部阵营。2018 年,国资委新闻中心与抖音签署战略合作协议,并携 25 家央企入驻抖音,不少与时代同步的“主旋律”短视频进入用户的视线,抖音正式承担起传播社会主义核心价值观的责任与使命。2020 年 12 月,抖音的规模再创新高,日均视频搜索次数高达 4 亿次,日活跃用户数突破 6 亿人。[101]综合来看,抖音具有以下三方面特点。

第一,用户群体全年龄段分布。抖音是一款面向全年龄段群体的应用,QuestMobile 于 2020 年 1 月公布的数据显示,抖音 35 岁以上的用户占比 39%,从牙牙学语的幼儿到饱经风霜的老人,几乎所有年龄段的人都能够在抖音平台找到自己感兴趣的娱乐内容。[102]

第二,视频内容整体多样化。全年龄分布的用户群体意味着抖音的视频内容势必呈现出内容多样、层次丰富的特征,以满足不同用户的需求。但是平台用户在观看视频的同时,无形中会被卷入一种复制和克隆的趋势,用户看到有趣的视频后,可以借助平台提供的便捷化工具拍摄相似的视频,多方传播后形成一种潜意识认可的潮流。抖音之所以得到年轻人的关注,是因为其互动方式丰富,创作门槛低。例如,用户可以通过动态人脸识别技术精准定位个体的五官,实时动态染发、变妆,也可以通过体感识别技术,精准识别人物的动作和手势,从而获得类似体感游戏的互动感受。其语音生成技术和音乐原创技术使得用户能够创作更多互动、模仿作品,让视频的创作和分享更接地气,更易引起传播裂变。

第三,算法精准地向用户推荐内容。精准的内容推荐是抖音在运营方面引以为傲的功能之一,应用后台根据用户点赞、关注等行为偏好进行分析,精准地推荐用户感兴趣的内容,使抖音成为"最懂用户"的应用之一。然而,从另一个角度来看,精准、强势的内容推荐,搭配短时且循环的视听刺激,构建了抖音令人又爱又恨的"成瘾机制"。

作为一款风靡全球的应用,抖音在新媒体平台的道路上,仍然有较多局限性。首先,虽然已有大量主流文化机构入驻抖音,但从整体数据来看,抖音平台的视频内容仍然以娱乐性质为主,甚至部分严肃主题被过分娱乐化、浅薄化,对大学生的价值观引导和判断力培养有负面作用。不少大学生习惯于即时快感的满足,使用短视频平台时往往不假思索地滑动手机屏幕,减少了对信息的必要深度思考和内化吸收。其次,抖音平台过于强势的推荐算法极易使大学生陷入内容高度同质化的"黑洞",大学生在无意识浏览的行为下,只能接触到抖音平台中的一小部分内容,不利于其创造更为多样化的信息,限制了其对新领域、新事物、新话题的探索,甚至有可能造成网络生存隐患。

第四章>>>

辨析：高校辅导员网络批判素养

随着网络世界的快速发展，海量信息扑面而来，网络信息的易获得性提升，传统信息时代传播内容搜索、查阅和流通不便的情况已然改变。但是，鱼龙混杂的信息池中不乏伪装性的信息。各类信息既给大众社会生活带来诸多改变，也在无形中对公共秩序产生一定影响。因此，网络的发展在提供更多信息渠道的同时也对网络使用者的综合素养提出更高要求。面对日新月异的网络世界，人人都处在自由与监控、真实与虚假的双重体验中，批判性的思维和实践将助力辅导员面对纷繁复杂的媒介环境。因此，辅导员需要明确影响信息传播的因素，知晓脱离传统媒介的网络传播仍然具有完整的传播过程，一些传统的因素仍能成为网络环境下影响传播的条件，由此搭建个人的网络批判素养体系。

第一节　一把利剑：网络批判力

一、网络批判力的内蕴

随着网络的发展，信息社会和网络社会的概念逐渐兴起，网络批判力概念也随之产生，网络批判力更像是一种批判性思维的工具，主要指网络使用者对网络本身及信息的辨析和解构。对于批判性思维的认知，美国哲学协会（The American Philosophical Association，APA）于 1990 年发表的《批判性思维：一份专家一致同意的关于教育评估的目标和指示的声明》（*Critical Thinking: A Statement of Expert Consensus for Purposes of Educational Assessment and Instruction*）明确指出，批判性思维包括阐述、分析、评估、推论、解释和元认知六个方面。[103]这六个方面具有如下内涵：阐述即为理解、整合并概述情状、事件等；

分析为鉴别阐述，提出个人的意见和概念；评价为根据自身的经验和感受进行陈述；推论为根据鉴别形成推测；解释为证明结果、证伪等；元认知为监控自我行为，对自我行为提出质疑和作出判定，进行自我检查和整改。网络批判行为并不意味着批判主体持悲观或怀疑的态度，其是从技术理性的视角对网络世界进行的思考和反思。基于批判力和批判思维的概念，网络批判力作为一种网络空间和现实空间相结合的能力综合体，是依托网络社会背景生成的产物，主要包括网络信息质疑能力、网络信息筛选能力、深度解读能力和核实反馈能力。

阿尔文·托夫勒（Alvin Toffler）在其所著《未来的冲击》（*Future Shock*）一书中提出“信息的超负荷”，认为人们欲在变化激烈、新奇动荡的环境中作出有效合理的决定，就需要处理更多的信息。然而，人的信息接收、处理与记忆能力是存在界限范围的，一旦外界信息数量超出了人体的承载限度，便会对人的理性思考能力与行为决策产生负面作用。[104] 在某种程度上，网络批判力是对网络社会的解构，也是当代高校师生必备的网络思维范式。公众的网络批判力，正是公众理性的体现。

了解网络的基本特点、性质后，透过网络内容呈现的表象深入理解相关内容的现实状态，是辅导员需要具备的网络批判素养。包括辨析网络信息的真伪、批判网络信息的现状，以及重构个体的网络信息体系。对网络的批判源于对网络文化的研究，网络文化从最初的大众化网络文化普及，到虚拟社区和身份认同崛起，再到批判性的网络认知的建构，不仅涉及文化领域，也囊括政治、经济、教育等多元化的社会领域。对于具有网络批判力的行为者而言，这种批判思维不仅表现在认知心理中，同样表现在生活中，要求信息接收者对事物有好奇心，敏锐捕捉机会，保持理性，有能力推理，能够理解他人的观点，诚实面对自己的偏见，乐于更新自己的认识。同时，要避免出现矫枉过正的现象，避免极端化看待各类网络问题。

二、网络批判力的解析

（一）信息质疑能力

信息质疑能力要求辅导员时刻保持对网络世界的好奇心和兴趣，并能够对媒介内容和接收的信息提出质疑，辩证地看待各类问题，不盲目信任，也不全盘否定。人人都是自媒体的时代,信息不再仅仅通过官方渠道发布,而是可以通过多种途径传播,这种情况导致了信息真伪难辨,从而导致网络谣言和虚假信息频繁滋生。早在 2017 年,微信就曾宣布其全年拦截谣言 5 亿余次,为 3.1 亿人次提供过谣言科普[105]。仅在微信这一个平台的网络谣言相关数据量就如此庞大,更不必说数以万计的媒介平台和网站网页的网络谣言相关数据总量。面对言之凿凿的虚假信息,网民如果没有质疑的意识和能力,选择全盘接受并随意传播,虚假信息就会几何倍增,传播至网络的各个角落,从而导致大面积的网络谣言传播。这一问题在部分社会新闻和伪科普文章的传播中尤为突出,甚至部分信息未经确认就被大量转载,登上各平台热搜榜单,经多方核实后才被确认为谣言,但已对社会秩序和公众信息安全造成了巨大的影响。

网络信息中,具有猎奇性、颠覆性的信息通常更容易引起关注和传播,而这类信息中虚假信息的比重非常大。这就要求辅导员具有初步质疑其接收到的信息的意识和能力,掌握判断信息真实性的方法。信息的真实性往往包括两个部分,其一是信息中涉及的内容主体是客观存在的,其二是构成这一信息的所有要素都是准确真实的。辅导员应对过于热门、过度令人震惊和经过过多雕琢的信息提高警惕,避免全盘接受类似信息。让消息"飞一飞",慢一些点击转发功能键。在重新提取信息时也要多加考量,以减少反复传播可能造成的广泛影响,跳出虚拟的信息困境,提升针对网络信息的思考和质疑能力。辅导员需要增强自身批判性思维能力,避免不假思索地全盘接受信息,提高对接收到的校园信息和社会信息的敏感度,常在心中提出疑问。作为各类校园信息的主要传递者,辅导员更要严格履行把关人的职责,帮助学生对可传播的信息进行初步筛查。

(二) 信息筛选能力

信息筛选能力要求网络使用者能够对海量信息进行辨识与甄选,根据信息的内容和个人的经验,判断信息的性质,并基于此选择满足个人需要的或有价值、有意义的信息。互联网的万联性质构建了普遍交互连接的新生态,传播渠道日益畅通,传播主体个性自由,传播信息分散广泛,信息的内容和形式可以通过网络迅速被包装,进而大范围扩散。互联网成为人类知识积淀与信息流通的"百宝箱",信息和知识都在互联网的作用下越发趋于公开,获取免费和知识共享也为使用者带来便利。但是,网络去中心化的特点塑造了较为繁复的网络信息流,面对加工再加工的海量信息池，辅导员群体具有取其精华、去其糟粕的能力，能够快速、准确地汲取信息，对个人发展和素养提升具有重要意义。而对于大部分辅导员而言，个体专业性认知不完善，社会生活经历不丰富，造成了对信息的筛选过多依赖主观的判断，而不是基于科学的认知和冷静的思考。

信息筛选能力包含对信息的辨认、判断和评价等综合能力。辅导员需要根据信息的内容、信息的源头对信息的价值和真实性进行判断，在对信息进行初步筛选后，厘清杂乱无章的信息、梳理信息结构体系，这对于进一步识别信息有着深刻的积极影响。这要求辅导员掌握信息知识，积极开发和利用各类信息资料，培养健康的信息认知。

信息筛选能力的影响因素主要包括三类。其一是信息需求者的个人知识水平。知识水平并不等于学历，这里的知识泛指各类科学知识、生活知识等。任何信息的筛选辨析都要基于基础的知识水平，信息知识是信息筛选的基础手段，不同的阶层对谣言的判断和认知存在一定差异。当然，为了更加明确信息的需求目标，一定的专业知识也有助于提高信息的针对性。其二是信息需求者的辨析能力。在海量信息中去伪求真，对虚假信息、伪科学信息进行辨识，从而满足个人需求。其三是信息需求者对信息的评价能力。经验使得信息需求者能够透过信息的表面看到其内在，积累的经验可以让需求者更加准确地抓取真实的信息。但是，经验具有特殊性，并不能作为评判信息价值的核心标准。对于辅导员而言，围绕日常的学生工作，提高信息筛选能力需要增强日常的理论学习和工作实践，在学生发布的各类信息中敏锐捕捉到学生需求，预判可能产生的传播误区，将谣言和伪科学扼杀在萌芽阶段，阻断其指数传播的可能性。同时，辅导员应增加自身知识储备，掌握跨学科的科学知识和专业技术，在准备课程资料的过程中，学会借助各类平台和知识筛选信息，选取学生喜闻乐见的案例和故事，增强思想政治教育的核心感染力，促进正能量的传播。

（三）深度解读能力

对信息的深度解读能力，是指对信息进行深入而细致的理解，清楚地认识网络信息的本质，透过信息的现象解析本质，从而获取更深层次的知识的能力。深度解读信息的能力的核心在于：判断信息真实、正确与否，辨析信息的公正性和客观性，基于以上两点对信息的价值内蕴进行透视认知。

在互联网的背景下，人们所能接触到的信息的总量不断攀升，知识碎片化成为人们必须面对的挑战。在网络传播碎片化的背景下，部分媒介使用者习惯了快餐式的学习和阅读，失去了整合思考和深度解析的能力，浮于表面的个人解析对于信息的辨析百无一利。受众能否透过其接收到的网络信息的表面状态，解读信息的深层意义，对能否顺畅开展交往和信息传播尤为重要。在当下的网络信息社会中，部分新闻、广告都涉及一定的政治内容和商业运作，被刻意遮蔽和掩盖的信息数不胜数。这就要求信息接受者加强深度解读信息的能力以巩固网络批判力，做深、做实信息的解读与分析，不被当作传播的"子弹"或为自己的无知买单。深度解读网络信息的能力可以化解信息不确定性给信息接受者带来的信息焦虑，从而过滤掉焦虑对判断的负面影响。认知鸿沟固然对个人价值判断和社会认同都具有深刻影响，但是通过一定的训练和有意识的引导，个人的信息认知能力能够得到有效提升。

提升深度解读网络信息的能力，需要从以下几个角度实践。其一，加强主动批判性思维的构建。主动地尝试挖掘信息背后的应有逻辑和实然真相，放弃对某些信息固执己见的偏见认知，以坚固的、科学的逻辑思维模式击垮虚伪信息的城墙，以广博的学识筑牢信息解读的基石。其二，尝试从多角度思考。例如实现宏观和微观的信息对比，或者是从不同的学科领域构建信息学习体系。其三，加强信息对比和校验分享。对获取的信息进行不同来源、不同平台的比较，对所接触的信息进行广泛的求证，将不同的观点与事实进行对比分析并求同存异，有助于更好地理解和评估信息的内在意义。也可以通过与他人交流分享，获取新的提示，加深对信息的校验和理解。其四，善于总结和反思。在对信息进行综合的分析后，对同一类信息进行汇总解析，并梳理可能存在的问题或误区，规避类似问题或误区。

对于辅导员而言，脱离学生身份后仍须继续加强个人的学习能力，时常锻炼个人的解析能力，特别是从价值观的角度对文件政策类信息、学生日常生活热点信息进行深入解析，明确信息的立场和导向，只有自己吃透、弄懂，才能做到触类旁通。同时，辅导员通过深入解读网络信息，可以培养自身教育力，提升个人网络思想政治教育的实效。辅导员将有价值、有意义的信息进行再加工，进而传播给广大学生，能够引领学生思想，促进学生创新，加深学生对信息深度和广度的双重认知。

（四）核实反馈能力

核实反馈能力是指主动检验和查证网络信息，追击信息的客观性和真实性的能力。辅导员不仅要对信息进行深入求证和辨析，更要将信息转化为自己的认知，对信息进行回应，主动参与合理、有效、真实的网络信息传播过程，如实地发出自己的声音。信息接收者对于信息的核实批判能力，将直接影响其对信息的接受认知程度，而在群体互动及信息接收者主动发起的信息搜索过程中，核实反馈能力有助于增强对信息的批判。一般而言，公众的核实反馈能力越强，其对信息的内涵和状态的呈现就会越接近真实，也更加能够体现信息主体的确定性，这一点对于降低谣言的传播度和生命力具有深刻意义。[106]

核实反馈网络信息的作用主要体现在以下几个方面。其一，能够明确可供核实信息的路径。大众能够接触到的网络信息通常由个人或组织平台发布，面对扑面而来的海量信息，辅导员需要保持冷静、理性思考，通过查询信息的来源综合判定信息的真伪和价值，包括对信息源的核实、对信息内容专业性的核实、对数据库和文字图片的比对等。其二，能够明确认知不实信息。在明确可供核实的路径后，辅导员应具备明确认知不实消息的能力，当遇到信息不明晰或信息源非官方、信息比对陷入误区的情况时，可以先对接收到的信息持疑问态度，再综合各个路径进行核实评析。特别是对于不确定的信息，切勿随手转发，应再三确认其内容及形式。其三，能够主动对信息构建反馈。对于有传播价值、正向的信息，给予积极的反馈，并借助各类平台传播，在传播的过程中，能够加入自己的评价和推介目的，对于其他信息接收者而言也能够起到引导、教育的作用。对于已经确定的虚假信息或不良信息，需要主动地质疑或举报，各类媒介平台均设有举报功能，有助于净化网络空间环境，构建清朗的网络信息氛围。对于辅导员而言，主动传播反馈信息尤为重要，作为学生最直接的信息来源，经过辅导员核实反馈再发布的信息，一般具有引导意义和教育价值，特别是对当下热点信息的解析、对当下广泛传播的谣言的辨析评述等，对于大学生理解社会、融入大学生活来说是非常有益的媒介信息，对于学生个人成长和日常汲取信息养分具有重要的作用。

三、网络批判力的对象

技术与文明是不断进步的，也是彼此伴生的，知识人所能做的无非是担当警戒角色[107]，承担批判的责任。网络与人类社会的方方面面都有深刻关联，网络已渗入人们生活的每个环节。以网络为纽带形成的虚拟世界不仅包含现实社会的各类现象，也包括自网络诞生的新鲜事物，极大丰富了网络批判的对象，也为网络批判力的实践指明了方向。[108]

（一）对数字鸿沟的批判

网络系统的技术性和结构化特点为人们的便捷交流提供了支撑。人们可以通过网络自由平等地交往与生活，数字鸿沟现象随着网络的发展越发突出。数字鸿沟是在全球化进程中网络信息和网络技术的拥有程度、使用能力造成的落差，这种落差主要集中在信息和物质财富两方面，数字鸿沟的进化往往会造成两极分化现象。这种落差不仅集中在个人层面，同样会产生于国家层面，继而对全球社会的稳定发展及和谐共进带来深刻影响。对数字鸿沟开展批判不仅要理解其内涵，更要对其产生原因和后续影响有所认知。

对数字鸿沟的批判主要集中在明确网络技术造成的社会各个领域的差距，关注数字鸿沟可能带来的社会效应，警惕在网络应用过程中可能形成的差距，对各类网络技术的使用、网络素养的普及提出反思，集中力量探索实践路径。数字鸿沟有很多类型，从宏观意义来看主要有如下三类，包括国家间接入网络引起的全球鸿沟、社会中信息拥有者和匮乏者之间的社会鸿沟，以及利用网络和远离网络参与民主活动的民主鸿沟。[109]而从微观来看，数字鸿沟产生的因素包括区域文化差异、个人认知差异和物质基础差异等，大学生之间的网络数字鸿沟是由不同角度、不同因素的合力造成的，因此，在对学生的思想政治教育中，也要关注数字鸿沟可能带来的影响。对网络数字鸿沟的批判有助于构建更为公平、公正、公开的网络世界，也将映照出现实世界的种种弊端，为网络思想政治教育打开新的思路。

（二）对网络技术的批判

对网络技术的批判是网络批判的核心与起源。从历史的视角来看，在互联网的发展历程中，可以观测到网络技术带来的影响，其快速发展为人类历史社会的更迭助力。网络技术本身具有独特的技术逻辑，同时也能够推进社会的建构。网络技术没有终结历史，反而在塑造更为丰富多彩的未来世界。对网络技术的批判通常分为三类：其一，对网络技术工具的属性进行认知，认为网络技术工具并不是冷冰冰的、中性的存在,其后饱含着社会的、政治的意蕴,是人的思想的阐述。其二,对于技术工具论的抨击,这一观点推动了技术决定论的形成,也催生了这一理论的呈现形式。其三,对技术的批判扩展引导人们关注技术带来的社会效应,充分认知信息技术的特质与能量,继而关注信息技术牵连的或一致或对立的结果。

当然,对于信息技术的批判不应该局限于负面的排斥或割裂,也不能不加分析地全面接受。辅导员需要通过批判的过程让自身保持警觉,对"技术从哪里来、技术是什么、技术能为我们带来什么"形成一种敏锐的认识,摆脱技术理性对人和社会的操控。对网络技术的批判认知有助于辅导员构建科学的知识架构,降低因数字化崇拜而迷失自我可能性。在进行网络思想政治教育时,辅导员要更加明确各类信息技术的适用场景并做可行性分析,避免一味地依托网络平台,忘却思想政治教育对教育温度的需求,提醒自己注重网络技术和现实教育的有效结合,事半功倍地提高思想政治教育的时效度。

(三) 对网络文化的批判

随着网络的扩展,新兴技术与文化领域的融合逐渐形成规模,网络文化的概念应运而生。广义来看,网络文化是指网络时代的人类文化集合,是传统文化在网络时代的数据延伸。狭义来看,网络文化主要是指基于信息技术和现实条件,限定在网络空间形成的精神文化成果和文化活动,其中包含传播者的心理状态、道德修养、审美认识、个人观念等各方面的价值观和情绪心态。[110]网络文化是技术和文化的复合,从技术的特点看待文化或从文化的视角看待网络,都是技术变革下的文化变迁的呈现。网络技术对社会和文化的控制与影响日益增强,文化的转型对技术革命的推动意义甚大,这也使得受众在接触网络文化时呈现出不同的心理和情绪状态。网络文化传播速度快,更新和转型的效率高,对社会的影响力也远远大于现实产物。网络文化的提升,主要基于网民的思维方式转变和美学认知的提升,尤其是创新在推进网络文化发展中起到关键作用。值得关注的是,现实资源与网络技术的有效融合同样具有重要意义。

网络技术的更新势必会带来网络文化的更迭。在网络文化的推进下,网络社会也将逐步更新,形成更为全面、丰富的新世界。对网络文化的批判主要集中在对网络文化现象的批判。辅导员群体要勇于接纳网络文化现象,同时也要对其提高警惕。一方面,要善于利用网络文化开展思想政治教育,择学生之所择,积极将具有正能量、学生喜闻乐见的网络文化纳入思想政治教育案例库,在日常教育中转换个人身份,掌握学生的网络文化话语体系,以微信公众号推送文章、短视频、H5 页面等成熟网络技术构建网络文化圈,努力成为学生的网络文化伙伴。另一方面,网络发展拓宽了文化产品的输入渠道,电影、动漫、电子书等电子类网络文化产品通过各种路径进入中国互联网世界,部分作品涉及违法信息或传播不良思想,挑战正统文化范式,甚至挑战主流意识形态。因此,要关注负面文化信息的渗透,警惕部分别有用心的群体开展的文化输入活动,避免这类活动对高校师生构成潜移默化的文化侵入与思想侵染。

(四)对网络政治的批判

网络政治相关概念源于 20 世纪 90 年代,互联网的高速发展,带来了网络民主、信息政治、数字民主等一系列与政治相关的议题。在网络信息技术的支持下,政治制度、政治载体、参与政治的方式都得到了改变,形成了政治现象和政治特点的总和。由于发展的平台不同、传播的内容不同,网络政治具有一定的特点,主要体现为直接性、平等性和渗透性。[111]网络的快速发展使得网民可以随时、随地直接地表达其诉求和意见,参与政治动员和政治组织,不再因不能抵达现场而需要他人代劳,且网络信息扩展速度非常快,极易形成网络舆论,从而对网络生态和政策指导产生影响。在网络政治空间中,只要是能够上网的人都能够平等接入网络,人人享有参政议政的客观权利,在法律允许的范围内,每一个公民的言论都是民主平等的体现。网络政治在互联网的作用机制下成为一种虚拟的社会力量,作用于现实政治环境的发展与递进。

对于网络政治的批判可从以下三个角度考量:其一,对于作为虚拟联合体的网络政治本身的认知;其二,网络政治对现实主体和社会的影响;其三,现实政治主体对网络政治的反作用。我国公民对网络政治的兴趣更为浓厚,我国的网络政治发展水平也较其他国家更高。对于高校辅导员而言,批判网络政治和借力网络政治同样重要。

一方面,网络政治作为一种直接的民主政治,在一定程度上具有直接民主制的缺陷,例如,网民的意见变化较快、异议较大,抨击社会现实的同时,往往图一时之快,长篇大论或随意跟帖,通常缺乏深思熟虑,也并没有从政治生态的视角进行全面思考。大学生参政议政的意识和能力通常尚不完善,面对一些热点问题时,很容易被网络舆论所裹挟,这对意识形态教育构成了较大挑战。但另一方面,一定引导教育下的网络参政议政对学生思想认识社会化、政治素养培养具有一定功效,从技术逻辑转向政治逻辑,辅导员不仅要形成网络批判意识,更需要以实践为工作导向,带领学生一起分析、建构网络政治参与路径,培养社会主义建设者和接班人形成成熟的政治素养,为我国的民主政治氛围和制度发展建言献策。

第二节　四层迷雾:常见网络问题辨析

一、若隐若现的网络谣言

(一)网络谣言特性

第一,网络谣言具有一定诱导力,往往是超乎现实的存在。在信息化时代,丰富的信息传播渠道使得网络舆情传播呈现点多线杂面广、爆发式传播、即时性强等特点。具有交互性的移动新媒体准入标准降低,多样化的传播形式使得受众节点数呈几何倍数增长,从而导致信息的裂变传播。信息传播主体通过展示看似科学的数据或理性分析来诱导受众,使受众对其进行具有倾向性的思考。此类网络谣言通常会混淆公众视听,将不确定的网络信息升级为简·鲍德里亚(Jean Baudrillard)式的“超真实”(hyperreality),比真相更像真实信息的谣言最终会导致舆论走向错误。

第二,网络谣言的信源通常模糊不清,通常隐晦地指向各类权威机构。网络谣言的内容侧重于接受者个人对真相的理解,带有主观意见,且容易被带着“先入为主”态度的受众在传播中加工。源头不明的信息很容易被大众接受,并通过各种方式进行二次传播,从而导致社会大众对信息的认知产生偏差。谣言不仅有违真相,同时还以错误舆论博取大众眼球,将大众与政府导向对立面,进而引发网络空间下的群体性舆情事件。

第三,网络谣言的传播通常反复不定。其实,网民所关心的通常并不是事实的真相,而是自己希望看到的信息。网络谣言从出现到淡化需要一定过程,且其经过一段时间后，往往又会以不同的表达方式重复出现。网民紧随热搜进行评论，容易陷入评论集群的集体盲从模式，既不关心也不关注信息的真实性，这将导致更多谣言随意传播，加剧了网络谣言的反复扩散程度。

第四，网络谣言已进化为一种营销方式，网民须审慎面对各种“谣言营销”。当下，网络中充满了“天天签到、天天赚钱、邀请好友赚钱”“集 50 赞参与××直播活动”“转发×次送××红包”等劣质广告，还夹杂着“微波炉辐射致癌”等耸人听闻的谣言。此类营销方式正是利用了谣言“锁链式传播”的模式，网友通过简单的复制粘贴便有可能在无意识中成为谣言的传播者。

（二）网络谣言的分类

对网络谣言进行解构是揭示其谬误和缺陷的重要过程。网络谣言往往源于各种思维谬误，这些谬误涉及对事实的曲解、武断的因果关系分析、人身攻击、词义混淆及非黑即白的二元对立思维。深入了解这些思维谬误有助于我们更深入地理解和解构网络谣言的本质。

第一，观点扭曲是网络谣言中常见的思维谬误之一。它表现为对他人的看法进行扭曲，夸大或编造他人的意见，从而使得自身的观点看起来更加正确。这种谬误往往通过刻意改变他人言论的语境或意图来达到误导的目的。辨别和纠正这种思维谬误需要对言辞进行仔细分析，挖掘事实真相，防范因谬误而导致的信息误传。

第二，归因错误是网络谣言中的突出思维谬误。如对两个可能存在关联性的事物进行分析时，武断地认为二者之间存在因果关系。解构这种谬误需要进行细致的推理和论证，明确事物之间的关系，并提醒人们不要轻易将相关性误解为因果关系。

第三，人身攻击是网络谣言中极为常见的思维谬误。它通过对某一方的人格、思想、地位等进行抨击，试图来质疑或推翻对方的观点，或者强调自身的正确性。解构人身攻击谬误需要关注言辞的攻击性和情感色彩，强调讨论的理性和客观性，使人们更加关注事实和论证，而非个人攻击。

第四，词义混淆是网络谣言中一种狡猾的思维谬误。它通过使用具有双关语意义或易于引起误解的词语，试图对事实进行歪曲和曲解。解构这种谬误的关键在于审慎对待言辞，准确理解词语的含义，防止被误导。

第五，非黑即白是网络谣言中常见的二元对立思维模式。它表现为只看到事物的两个极端，而忽视了其他可能性存在的概率。解构这种谬误需要拓展思维，考虑多种可能性和观点，以更加综合和全面的方式思考。

除了常见的逻辑谬误，网络谣言根据内容对象和性质可以分为多个类别。这些类别包括网络政治谣言、网络恐怖谣言、网络灾害谣言、网络犯罪谣言、网络食品及产品安全谣言，以及网络个人事件谣言。[112]深入理解这些网络谣言的性质对于增强辅导员和学生的谣言辨别能力及维护社会稳定至关重要。

1. 网络政治谣言

网络政治谣言是指对官方机构的不确切信息的传播和对完全虚假信息的捏造。这类谣言通常瞄准政治人物或是涉及社会政治事件、重大政策等。网络政治谣言的存在严重扰乱了网民的正常心理活动，导致网民对政治的认知和态度发生扭曲，对国家秩序和政府形象构成潜在威胁。

2. 网络恐怖谣言

网络恐怖谣言主要包括虚构的恐怖信息或对公共安全造成威胁的事件信息。这种谣言可能会导致公众对政府管理产生不满，引起恐慌，扰乱社会正常秩序，对社会稳定造成负面影响。

3. 网络灾害谣言

网络灾害谣言指的是未经核实的或捏造的灾害信息，抑或夸大已发生灾害的危害性，扰乱民心、引起公众恐慌、影响社会治安的信息。

4. 网络犯罪谣言

网络犯罪谣言是指通过编造或夸大形成的骇人听闻的、引起公众恐慌与谴责的虚假的恶性犯罪事件信息。这类谣言在未经核实的情况下，可能对当事人产生巨大影响，严重影响当地居民的正常生活，以及引起公众对官方机构工作人员或某些群体的不满。

5. 网络食品及产品安全谣言

网络食品及产品安全谣言指的是捏造或者夸大某类食品或者产品的劣质质量，引起公众对该类食品或者产品的抵制的谣言。这类谣言可能给食品及产品的生产者和销售者造成巨大损失，也可能对公众的食品选择产生负面影响。

6. 网络个人事件谣言

网络个人事件谣言是针对一些个人特别是名人编造的引人注目的虚假信息，这种谣言侵犯了当事人的隐私权，对当事人的声誉和经济状况都可能造成负面影响。

（三）如何应对网络谣言

在教育公众正确对待网络信息时，应引导公众深刻理解和解构上述思维谬误，提高信息辨别能力。这不仅能够为增强网络信息的合理传播提供参考，而且能够降低公众被网络谣言误导的可能性。在这一过程中，提升公众对谣言的认知和辨别能力至关重要，能够使公众在网络世界中更理性、客观地对待信息。

1. 明确获取信息的渠道

在信息爆炸的当今社会，正确获取信息变得至关重要，能够避免落入谣言的陷阱。以下四类渠道是在海量信息中寻找真实可信信息的可靠渠道：各级官方机构，专业组织，权威媒体，专家、专业期刊和专业机构等。

各级官方机构能够提供相对可靠的信息来源。官方网站发布的信息具有极高的权威性和参考价值，政府部门通常会发布官方公告、政策文件和统计数据，这些信息能够提供对特定事件或政策的权威解释。

专业组织在各行各业中扮演着重要角色。这些组织通常由行业内的专业人士组成，致力于推动行业的规范和发展。专业组织的网站和公告通常提供有关专业领域的最新发展、研究成果和标准，是公众获取专业信息的重要渠道。

权威媒体也是重要的信息源。央视网、人民网、新华社等国内媒体在报道新闻前通常会审慎核实信息，其报道客观、真实，是公众了解国内重大事件的重要途径。面对国际媒体报道的信息，则需要进行更为复杂的分析，考虑媒体的真实性、独立性及报道的角度，以防被歪曲的信息误导。

专家、专业期刊和专业机构是公众获取深度专业知识的关键渠道。专家通常在其领域内具有权威地位，他们的见解和观点中包含对特定问题的深刻分析。专业期刊和专业机构发布的研究成果和报告也是公众了解学术和专业领域发展的重要依据。

除了以上渠道，各类知名的综合开放数据平台也是重要的信息来源。联合国、国际科学理事会世界数据系统等平台拥有大量开放数据，这些数据通常通过了权威机构的验证，可以提供全球范围内的各类信息。

在信息社会，通过正确的渠道获取信息对于个体和社会的发展至关重要。通过深入了解各级政府，专业组织，权威媒体，专家、专业期刊和专业机构的信息，公众可以更好地应对复杂多变的信息环境，避免被误导和产生误解。

2. 对比多渠道信息

根据相关研究和实践，有八种方式可以帮助人们在海量信息中快速辨析一条信息是否有谣言的嫌疑。

第一，考虑信息来源，对发布信息的公众号或机构进行确认调查。了解信息的来源是评估其可信度的第一步，权威的新闻机构和官方发布渠道通常更可靠。第二，查询作者信息，以为明确信息源头提供重要依据。了解作者的资历、专业领域和背景有助于判断其发布的信息的可信度。那些由专业人士或有相关深度研究的作者发布的信息往往更值得信赖。第三，不要仅依赖标题来判断信息的真实性。网络信息的标题往往为了吸引公众点击或制造轰动效果而夸张化。公众在判断信息真伪之前，应先阅读整篇文章，了解详细内容。第四，如果信息中包含链接，务必点击链接并核实相关信息。链接的来源也是评估信息可信度的一部分。但需要注意的是，有时信息发布者可能故意提供虚假链接以支持其立场。第五，核实信息的发布日期，当心移花接木。在特殊日期，有些人可能会故意重新发布旧新闻，以求获取更多关注。了解信息的时效性有助于避免被误导。第六，对于出乎意料的新闻提起警觉：如果某一信息过于出乎意料，要提高警觉性。该信息的发布有可能是一种刻意的炒作，需要更仔细地核查信息渠道。第七，要摆脱自己的偏见和刻板印象，确保自己的观点不会影响对信息的客观判断。要对信息要保持开放的心态，不要受到个人好恶的左右。第八，可以求助专业人士。如果对信息的真实性仍有疑虑，可以求助相关领域的专家。专家具有更丰富的知识和更强的信息辨析能力，能够提供更专业的意见和建议。

3. 借助一些辟谣工具

在信息泛滥的时代，借助一些辟谣工具是保证信息清晰度高的关键。下文将介绍一些可以帮助人们更有效地辨别信息真伪的工具和平台。

首先，可以通过辟谣网站和小程序搜索验证。中国互联网联合辟谣平台、人民网、微博等平台均推出了辟谣网站和小程序，果壳网的谣言粉碎机和流言百科都具有较为全面的谣言文本数据库，有助于公众第一时间获取文字类及图片类谣言辨析结果。

其次，巧用在线识图网站。如果遇到需要辨别真伪的图片类信息，建议使用在线识图网站。这类网站可以通过上传图片或提供图片链接，帮助用户迅速确认图片的来源和真实性。这对于防范图片类谣言尤为有效。针对突发事件或热点图片，通过在线识图可以迅速了解其真实情况，防止误传和恶意传播。图像搜索引擎如百度图片搜索，是日常生活中比较常用的在线识图工具。

最后，尝试图书馆在线咨询业务。国内外各类知名图书馆也可以提供在线咨询服务，如果有疑惑或需要对特定信息进行深入了解，可以向图书馆工作人员咨询。图书馆工作人员通常具有专业的信息素养，能够提供更深入、更全面的信息辨别方法。图书馆的在线咨询中心通常通过电子邮件、在线聊天或电话为公众提供服务，这使得公众可以方便地获取专业建议，图书馆还能够指导公众如何利用图书馆资源进行信息辨别和研究，帮助用户提升个人的信息素养。

日常生活中人们在常常看到使用华丽的或是触目惊心的文字做标题的信息，这类信息的标题可以有效激发公众的阅读欲望。所以，遇到此类华而不实的信息时，公众应多加思考，不要轻易相信或随意转发。通过在辟谣平台搜索可以看到很多类似推送文章，这也提醒我们在日常生活中不仅要保持对信息的敏感性，也要时常使用专业平台搜索不确定的信息，及时更新个人的知识储备。

二、驻足张望的网络围观

在以互联网为联结的虚拟社会中，网络围观现象的出现是必然的。随着社交自媒体平台的兴起，网络围观的含义进一步演化。自媒体平台通过弱化主动传播和被动接受这两种角色之间的界线，有效激发了互联网参与者的主动性和创造力。在一定程度上，网络围观代表了当今社会的舆论动向和民众关注的热点风向，是一股必须重视的舆论力量。但与此同时，网络围观所引发的网络暴力等隐患同样不容忽视。

（一）网络围观特性

网络围观实质上是舆论场的延伸，是社会民众对现实事件的进一步关注。

相比较于传统媒体,及时性是网络传播最突出的特点。任何地区的新闻几乎能够瞬间传达至全国各地,互联网的使用大大减少了信息在传播中的失真,让社会事件能够更真实、完整地展现在受众面前,但同时也带来了转瞬即逝的网络围观。网络世界中爆炸性信息内容涉及面广,网友围观事件层出不穷。网络围观事件最明显的特点就是瞬时性,不同的网络热点事件层出不穷,这是因为网民对热点事件的关注的转移往往和网速一样快,他们的注意力会瞬时转移到新的网络事件上,并会乐此不疲地挖掘、传播新的热点。微博甚至为此设置了实时热搜榜,这也从侧面凸显了网络围观的瞬时特点。在数据和信息爆炸的互联网时代,任何一件事都有可能引起广大网民的关注。一个事件发生后,人群蜂拥而至,但他们来不及深究,便匆匆赶往下一个事件的讨论现场。很少有人过一段时间后会再去看看自己之前参与围观、热议的事件有什么新的进展,呈现怎样的结果,因为当下正在关注的事件,尚且来不及评论。[113]

(二) 网络围观产生原因

网络围观作为互联网时代的新兴产物,实际上也是现实社会中围观现象向互联网的延伸,公众街头看热闹的市侩心理也在网络世界得到了体现。线上热点事件的网民和线下的围观者也许仍然是同一批人,只是因换了看似隐匿的场所而变得更加随心所欲。除了技术带来的瞬时性、便利性之外,从网民的心理情态来看,网络围观现象愈演愈烈的根本原因包括以下三方面。

1. 群聚心理

在网络围观现象中,大部分网民的参与都是自发的。参与网络围观的网民在现实生活中可能没有任何关联,但他们会因为一次网络事件而聚集,然后在网络事件热度下降后分散,接着消失在互联网的浪潮中。这样的心理群体中的个体的个人素质、职业、教育背景可能完全不同,但他们因为观点意见相似而在网络平台上形成了一个群体,这会使他们形成一种微妙的群体心理。这个群体中的个体的情绪很容易受到感染,进而影响其个人行为。这些心理群体通常不太注重分析推理,只是迫切地想要行动,是一种非常特别的存在。因此,当面对同一个网络事件时,分散在网络各个角落,但观点相似的个体会不自觉地形成心理群体,表现出高度一致的心理特征和行为动态,个体的理智、情绪统统被群体裹挟,网络围观常常在人们不经意间演变为网络暴力,甚至产生较严重的负面影响。[113]

2. 哄客心态

哄客心态，顾名思义就是以看热闹或起哄的旁观者心态对待网络事件。网民有时会为了证明自身在互联网上存在的意义而加入围观的行列。需要注意的是，在一些带有娱乐意味的网络围观中，很多围观网民都持有哄客心态。他们中的大多数只是想看热闹，甚至希望事件朝着更复杂的方向发展。只要不发生在自己身上，他们就无所谓事件最终会发酵成什么样，仅仅为了满足自身的畸形心理而起哄。当下，“起哄”已经成了人们发言的一种典型形式。无论是“草根”还是精英，每个人都遵循基于网络平台的逻辑形式，都有可能从事件中自由发现符合自身逻辑分析的片段，而不去探究真相和细节。很多持有哄客心态的参与者缺乏责任意识，甚至在围观事件的过程中会为了激发事件升级，不负责任地制造流言。哄客心态常常决定事件走向，当话语权被下放到媒介素养较低的哄客手中时，如何有序地建立公众的信任，如何维护法治社会的环境，是社会和监管机构需要深思的问题。[113]

3. 情感宣泄

网络围观现象在一定程度上体现的是公众在现实生活中的焦虑和不满。自媒体的出现和发展带动了网民对网络事件的围观和关注，使一些被官媒低调处理的新闻再次成为网民关注热点。[113]通过搜集相关碎片信息，舆情的真实性在二次传播中不断被削减，甚至可能导向错误立场。网络围观群体可能在现实社会压抑了个人的某种情感，而这种情感在网络世界中的宣泄，仅仅通过转发或评论就可以完成。类似于青年一代的调侃：“现实唯唯诺诺，网络重拳出击”“键盘侠”等。在虚拟的网络平台中，人们积极地围观城管打人、反腐举报等事件，但在现实生活中，人们也许对于城管打人只敢怒不敢言，对于官员腐败现象只敢骂不敢举报。而这样的情绪，可以在微博平台以围观的形式宣泄。

（三）网络围观是把“双刃剑”

1. 众声喧哗狂欢场

让-雅克·卢梭(Jean-Jacques Rousseau)曾经说过，罪恶不是最大的危害，打着正义旗号的伪正义才是。在我国的网络现状下，以宣扬正义的名义满足个人心理的伪正义的现象同样存在。在某一案件中，犯罪嫌疑人受到了法律制裁，而在网络围观者看来,这是远远不够的,应该"让犯罪者体会到与被害者相同的痛苦"。在表演正义的狂欢中,围观者往往会忽略,他们所谓的"正义",有时其实是和罪犯一样残忍的行径。微博与论坛成为"菜市口",敲击键盘的网民变成了"法场"外的围观民众,法律判处了一次违法者,网友却无数次对其"处刑",一时间网络变成了网民参与围观的狂欢场。[113]

2. 公民社会新途径

网络对于社会进步的推动作用是毋庸置疑的。网络围观是网民发表言论的重要途径,与传统媒体相比,网络围观塑造了极强的现场感,因为围观事件往往具有图片、视频、文字等信息,能够轻而易举地激发受众感同身受的情绪。中国处于法治社会建设阶段,在这样的背景下,网络围观在一定程度上发挥了维护道德及推进社会发展的积极作用。例如,某地曾发生一起幼儿园校车交通事故,众多幼儿重伤或离世,这一关于校车安全的事件在微博得到了广泛关注。大众舆论也从单纯关注这一校车事件转向关注校车制度建设相关问题,继而促成相关部门制定校车相关法规要求。网络围观与现实围观相辅相成,网络围观推进现实围观,现实围观又通过微博平台得到了延伸,受众通过围观呐喊,群众不再是沉默的大多数。[113]

任何事物都有正反两方面的意义。我们不能一味地认同网络围观是一种负面力量;也不能单纯地指责网络围观存在的弊端,低估网民的力量和媒介素养。正是借由网络围观这种行为方式,人们才得以进入公共领域,由近似乌合之众的个体聚合成公众。在这一过程中,围观只是第一步,理性对话是第二步,形成公共意见并参与公共事务、影响公共决策则是最终一步,而在所谓两个舆论场的二元对立中,自然生出新的场域。[113]

三、快速发酵的网络舆情

(一) 网络舆情特征

高校相关网络舆情的参与主体是一群思想活跃的青年学生,他们有着极强的好奇心和责任心,渴望通过网络表达自己的意见。如今的学生所接触的事物非常丰富,个人的知识素养也很高,他们希望能最大限度地利用自己所学的知识来实现自己的价值,而在网络上发表意见就是其实现自身价值的有效途径之一。

将网络作为学校与青年学生交流的窗口，是提升学校管理水平的有效途径。利用校园网络平台不仅能及时公开校务信息，在面对校园突发事件时，也能以时效性最强的方式沟通和处理。

高校相关的网络舆情事件通常具有以下几个特征：一是高校学生作为参与群体，易引发群体化效应。高校学生往往处于青春鼎盛时期，个性鲜明、思维活跃，广泛接触社会和网络，但对于情绪和情感的控制力相对较弱。因此，当遇到舆情事件时，在互联网快速便捷的联通下，很容易形成事件交流圈，进而不断强化舆情内容主体的发展倾向性。二是网络信息传播广泛，传播范围瞬时扩大。新媒体发展加快了网络信息的传播速度，高校师生与互联网的高度黏合，带动了网络舆情的快速发展，通过网络传播的信息往往能够瞬时扩散，"助燃"舆情。三是虚拟世界与现实世界紧密连接，线上线下影响相互叠加。高校学生参与意识强烈，通过互联网交流互动极易将虚拟世界与现实世界连接，出现线上表达与线下行动同步的倾向。[114]

（二）网络舆情分类

面对不同类型的网络舆情，辅导员应作出不同程度的响应。因此，明确网络舆情的分类可以为高校辅导员高效应对网络舆情问题提供行动方向。按照涉事主体划分，网络舆情可以分为机构舆情和个人舆情，政府舆情、企业舆情和社会组织舆情都属于机构舆情，个人舆情则包括公众人物舆情和一般公民舆情。按照社会类别划分，网络舆情可以分为政治舆情、经济舆情、文化舆情、社会舆情和生态环境舆情。按照发生领域划分，网络舆情可以分为公共舆情和专业舆情，一般来说，公共性事件是公共舆情，专业舆情只涉及特定领域，如学术不端、医患关系等，如果专业舆情的覆盖面变广、影响力增大，就有可能转化为公共舆情。按照事件评价划分，网络舆情可以分为对事件作出肯定的正面舆情和对事件作出消极评价的负面舆情。

从舆情内容来看，与高校师生相关的网络舆情可以划分为如下类别。一是意识形态方面的舆情。意识形态安全主要涉及政治安全、国家安全等情况，高校意识形态领域是社会政治安全的前沿阵地，具有极端重要性。辅导员要准确把握当前意识形态工作面临的形势，始终保持政治清醒和政治定力，牢固树立"四个意识"，切实增强"四个自信"，在舆情应对工作中坚决维护意识形态安全。二是民族宗教方面的舆情。辅导员要着重关注各类宗教节日、民族庆典等,了解民族宗教文化和历史背景,深刻认识做好网上涉民族宗教问题言论处置引导工作的重要性,扩大宣传我国民族宗教政策法规的声音。三是社会热点方面的舆情。高校是社会的“晴雨表”,大学生是社会的敏感“神经元”。大学生虽然在处于相对封闭状态的校园学习和生活,但他们普遍能够敏锐地关注社会的发展、社会的热点和个人在社会中生活的未来空间。辅导员应关注就业、就医、社会保障等相关热点,抓牢事件关键词,全面系统地应对舆情挑战,避免以偏概全、随波逐流。四是学生利益方面的舆情。随着依法治校的扎实推进和学生主体意识的增强,学生涉及的利益关系变得更加敏感。辅导员在处理学生管理事务时,要注意依据的恰当、程序的正当、结果的适当,积极地在现实生活中解决实际问题,避免问题延伸至互联网,从而产生不必要的争议和舆论。

此外,按照事件重要程度,高校相关网络舆情可以划分为微小级、一般级、关注级和重大级。明确舆情等级分类对辅导员开展应对工作极为重要。微小级舆情一般还没有在特定时间形成集聚表达,也暂时没有形成情绪热点,经过短暂热议后就会趋于平稳,暂时不需要辅导员进行网络维护。一般级舆情中的某些信息有一定程度的重合,但是重合度并不高,传播速度相对较慢,此时辅导员仍须保持警惕心理。关注级舆情需要辅导员高度关注并采取相应措施,因为此时舆情已经形成了一定的规模,网络关注度较高,并存在转化为更高层级的舆情的风险。重大级舆情一般已经在网络热度和关注度方面形成了广泛态势,甚至可能已经受到境内外媒体、官方机构的广泛关注,随时可能爆发性地发展,此时,已不只是辅导员个体应知晓和应对,相关组织机构和各级部门需要共同应对、处理。[115]

四、消解主体的网络交往异化

(一)交往异化的概念

交往一词在不同时代、不同语境都具有不同的含义,有学者曾总结,“交往是指在一定历史条件下,现实的个人及诸如阶级、社会集团、国家等共同体之间在物质、精神上互相约束、相互作用、彼此联系、共同发展的活动及其形成的相互关系的统一”。[116]人类的交往形式并不是一成不变的,在历史的最初阶段,以人的依赖为基础,形成了交往的最初形式。随后,社会生产力发生了翻天覆地的变化，技术的革新使“以物的依赖”为基础的交往逐渐形成，并打破了区域的界限，推进了世界历史的演进。进入现当代，在追求物质生活的过程中，人得到了极大的锻炼，进而产生了对普遍交往的向往。马克思认为，交往包括了一切的社会关系和社会形式，“为了不致丧失已经取得的成果，为了不致失掉文明的果实，人们在他们的交往方式不再适合于既得的生产力时，就不得不改变他们继承下来的一切社会形式”。[117]这也是马克思第一次界定自我语境下的交往的范畴。在马克思看来，不受血缘、物质和地域的影响，向着个体的自由全面发展，将是交往的最终目标。网络交往是在新媒介技术下借助社交媒体平台衍化出的人的交往形态，它既是科技时代潮流发展的必然产物，也是当代人的发展中不可避免的空间延伸与意义拓宽，具有时代性、虚拟性和交互性的特点。

随着科学技术的变化、现代化社会的变迁，交往的范围愈加广泛，交往的内容愈加丰富，而交往异化也随之产生。所谓异化，最早作为哲学术语存在，具有脱离、转让、受异己力量统治支配等意义。异化是一种分离，本应作为人的活动的结果或物质成果的产物，反而脱离了活动本身获得了独立，成为束缚、约束作为主体的人的力量。其中，交往异化的本质是人与人之间的关系发生了变化，即交往双方不再从事主体间平等的交往活动，而是产生了主客体关系，甚至都作为客体存在。马克思认为，异化是对人性的扭曲，对人格的否定。网络交往异化是对现实世界的冲击，而沉迷虚拟世界、追求他者利益、催生不健全人格等问题都将导致网络交往异化的产生，对社会稳定、人的发展具有广泛影响。

（二）网络交往异化的特征

网络交往异化虽然是社会和时代发展中出现的一种新现象，但其根本仍是交往中人的异化。从马克思交往异化思想中提取关于异化的认知，对于解析网络交往异化特征有着类比性的作用和表现意义。网络交往异化具有以下三方面特征。

第一，个人所有的外化即为交往的外化。交往的异化源于私有制及以私人所有为中介的交换。人们通过劳动创造个人所有物，拥有所有物的人也成为私有者，人们通过交换私有物满足自身生活需要，使得人与人之间的关系变成了私有者之间的关系。人与其类本质相异化，物与物之间的交换逐渐替代了人与人的交往，交往的价值被忽略，交换的价值占据上风，作为交往主体的主体间性日益消解。在网络空间，信息技术的虚拟化也催生了人的虚拟化，在二进制代码的建构下，所有在网络中的群体对于现实中的自己而言是真实的，但是对于在网络上与其有交往的其他人或群体而言则是虚拟的，人们在网络空间通过符号来交换信息，这些符号逐渐替代了主体，取代了人在现实生活中所独有的社会性意义。在这一背景下，部分人因缺失日常的现实交往而对网络产生了依赖，造成行为和心理的错位，主体性逐渐减弱，价值理性日渐消亡，人的个性和社会属性逐渐被吞噬。

第二，货币本身就是交往的异化。从最初的语言到现在的货币，人与人之间的交往从精神层次的交流向物质商品的交换转变。交往是人的“社会本质”，是人真正的社会形态，人原本就处于这种“相互补充”的关系中，真正的交往是人格与人格之间的交往。当下社会，依赖货币产生的交往，使得货币对人产生了真正的支配力量，人与人的关系沦为了物与物的关系。人在这样的交往中逐渐失去本性，货币本身体现着交往的异化状态。网络空间普遍存在着打赏、点赞、送礼物等形式，使得部分网络使用者为了获取上述利益，使用各类扰乱网络空间秩序的手段。打赏、点赞、送礼物等网络形式所具有的价值意义取代了现实社会货币的价值意义，以另一种存在物化了人的交往，都是使得交往关系异化的中介手段，逐渐造成了人在网络空间的交往异化。

第三，交换本身就是交往的异化。在实体或虚拟产物的交换过程中，由人创造的劳动产品不仅成为自身对他人的支配的体现，也展现着物对创造主体本身的支配。人与物的关系发生了颠倒，物反而凌驾于人之上。“我们每个人都把自己的产品只看作是自己的、对象化的私利，从而把另一个人的产品看作是别人的、不以他者为转移的、异己的、对象化的私利。”[118]当侵略其他私有者的所有物逐渐成为交往目的时，人与人的交往异化产生。在网络世界，破坏行为和沉迷行为与日俱增。部分人员利用人与人之间的交往和信任，借助网络技术手段制作假照片、假视频等，从而对广大群众实施电信诈骗，骗取大量钱财。出于一定的经济目的或政治目的，具有一定技术手段的科技人员也会从事黑客工作，他们通过邮件、社交平台等网络交往媒介，大肆散播网络病毒，通过短视频、直播等形式传播网络暴力等行径，这些行为都给高校师生的生活带来巨大影响和困扰，异化了人的网络交往行为。

第三节　十项新解:网络环境下的传播效果概念转变

理论源于生活。传播学概念广泛存在于人们的日常生活中,但是人们往往只看到传播学现象,并不知晓其背后的理论意义。传统的传播学理论在互联网环境下有所变化,通过对传播学概念理论的解析,辅导员群体可以提升个人的理论素养,以批判的视角重新审视身边的网络行为和传播现象,对网络世界做出更为理性的辨析。

一、把关人:传播底线的守门员

(一) 基本概念介绍

美国社会心理学家、传播学的四大先驱之一——库尔特·卢因(Kurt Lewin)于1947年在其著作《群体生活的渠道》(*Channels of Group Life*)中首次提出了"把关"(gatekeeping)这一概念。第二次世界大战期间,美国为了节约战争开支开展了一场号召人们食用牛下水的大规模宣传活动,卢因通过对这场宣传活动进行研究发现,除非家庭主妇接受了宣传,把牛下水买回家并做成菜肴摆上餐桌,否则她们的丈夫或孩子很难有机会接触并接受这种不习惯的食品。在这个过程中,家庭主妇实际上扮演着"把关人"的角色。卢因认为,群体传播过程中存在着一些把关人,只有符合群体规范或把关人价值标准的信息内容才能进入传播的渠道。这就是传播学中的把关人理论。[119]

卢因认为,信息沿着很多"门"发生流动,这些"门"就像一个个检查点,每个检查点都有一名守门人,信息经过这些检查点时守门人需要发表个人意见或作出公平公正的评定,进而决定信息是否可以进入"门"或继续流动。著名的传播学者威尔伯·施拉姆(Wilbur Schramm)也曾提出信息系统中随处可见把关人的观点,他认为,把关人并不是特定的某一审核信息的个人,这个角色可以由信息发出者、采编记者、后期编辑等与媒体相关的从业人员扮演,甚至可以由一些媒介组织或机构扮演,诸如报社、电视台、媒介公司高层团队等。把关人概念的出现,使得人的作用和人本身所具有的性质被纳入传播学的考量范畴,使把关成为传播过程中举足轻重的决定性环节。

把关人现象普遍存在于各类传统的传播过程中，把关人决定着信息可以流通或者被中止，其往往处于传播者和受众二者之间，仿佛一个信息的阀门。从宏观角度来看，把关人可以是某一类媒介，这些媒介平台充当了信息流通过程中把关人的角色。从微观角度来看，媒介本身也拥有很多把关人，不同的媒介也对应着不同身份、职责的把关人，把关人往往需要负责搜集、整理、筛选和加工处理信息。例如，在新闻节目的制作过程中，新闻编辑、新闻节目制片人、电视台台长等的后期加工和审核环节都具有把关人作用，其中，编辑工作对新闻的选择最为直接，也是最能体现把关人作用的环节。其实每一个把关人都有自己对信息的评价标准和评价体系，信息接受者能够接收到的信息都是经把关人筛选呈现给社会的内容[120]。

把关人对于信息的把关行为具有双面性，一方面，把关人可以疏导信息流动，准许某些新闻信息流通；另一方面，把关人也可以抑制信息的运作，拒绝某些信息流通，将信息封存起来，起到阻隔作用。

（二）网络时代的影响

在传统媒体时代，把关人因为在信息传送过程中具有重大的过滤功能，在整个传播过程中占据着极为重要的地位，其专业度、规范性都将影响信息的传播。因此，传统媒体垄断了信源，比较容易扮演好把关人的角色。但是，随着新媒体的崛起，每个人都可以成为一个自媒体，成为信息的发布源头，不受职业、能力和外在环境的约束，自由地表达个人言论，甚至逐步占据传统媒体所处的位置。新媒体崛起对把关人理论的冲击集中体现为以下几方面。

第一，弱化了把关人的角色。在传统媒体时代，把关人可以由新闻编辑、主编或负责人担任，信息需要通过层层把关人审核才能传递。但在新媒体时代，网络呈现去中心化的状态，每个人既可以是信息传播者也可以是信息接受者，把关人的功能往往被后置，过去是在信息发布前进行审核，而现在则需要在信息自由发布后再进行把关核实，对特定信息进行判断。从发送信息到审核信息期间，信息可能已经被持续转发、传播，这无形中弱化了把关人在信息监管中的作用。[121]

第二，减弱了把关的时效性。互联网具有快速、便捷、低准入的特点，这使得信息的传递往往以秒为计，无形中大大减弱了信息把关的时效性。个性化的传播主体已经成为网络社会最核心的群体，微信、微博和抖音等新媒体平台都在取代传统媒体,负责信息把关的新媒体平台编辑无法逐一审核每分钟新发布的成百上千条信息。一方面,这为受众直接、快速地获取信息提供了便利条件;另一方面,具有专业背景的把关人审核环节的缺失,为谣言的产生铺设了温床。

第三,瓦解了把关人的权力。把关者角色弱化,时效减弱,其权力从以下三个层面逐步瓦解。一是信息发布者本身。享有高度自主传播权的网民都可以做自己的把关人,自行判断信息的有效性和真实性,再判断是否要发布信息,这一过程也等同于传统媒体的把关环节,只是对于大部分网友而言,在发布信息前是否能够进行专业的思考、全面的衡量,值得深思。二是各类新媒体平台的后台编辑。尽管新媒体平台倡导自主互动,但其仍有一支编辑队伍,负责审核、监理各类言论,创造热点内容等,这类群体扮演着创立者和引导者的角色,虽然无法做到对每一条信息进行审核,但当舆情大面积爆发时,他们可以准确识别显而易见的谣言、违反国家法律法规的信息,并对这些信息作删除处理,从而维护网络空间健康、有序的发展态势。三是媒介外部环境。这主要体现在网络新媒体的管理制度建设方面,在国家政府和相应的行业法律法规的监管之下,强制性约束或软性的自律规范成为信息传播中把关的底线和后卫军。这类非实体的把关人可以保证网络信息传播的有序开展,也能为网络信息传播托底,打造风清气朗的新媒体环境[122]。

二、议程设置:对大众关注的引导

(一)基本概念介绍

议程设置是传播过程影响传播效果的重要传播学观点,最早可以追溯到沃尔特·李普曼(Walter Lippmann)。1922 年,李普曼提出了一个极为核心的问题,即外部世界和人们大脑中对世界的认知为何仿佛存在屏障。他认为媒介应当对人们头脑中的景象负责。而真正对这一概念进行实证和提炼则始于 20 世纪 70 年代,美国传播学者马克斯维尔·麦克姆斯(Maxwell McCombs)和唐纳德·肖(Donald Shaw)根据实证观察得出结论:议程是指在某一时间点,按照重要性等级进行传播的一系列问题。这里的问题主要指比较宏观的社会问题,而不是某个具体的小话题。他们通过探索传播媒介对公共事务的重视度与公众对该公共事务的重视程度之间的关系,发现二者具有紧密的关联,公众往往更容易对传播媒介着重报道的问题有深刻的印象，传播媒介对某一事件的强调程度越高，公众对该问题的关注度越高。

因此，马克斯维尔·麦克姆斯与唐纳德·肖得出一个结论，即大众传播具有设置社会议程的功能，强调传播媒介运用不同的传播力度传播议题信息，从而影响公众的关注力，继而塑造公众对周围社会环境的认知。“新闻媒介所挑选报道的话题强烈地塑造和导引着公众的议程——或者说是人们讨论、思考和关心的事情。”这一理论研究的正是在新闻话题的相对重要性方面，媒介的优先顺序和受众的重要性顺序有何关系。

议程设置理论的提出明确了大众媒介可以通过安排相关议题的数量、传播时间、传播频次影响受众的关注度和关注顺序，创造了信息传播过程中的梯度。例如，报纸通常将一些重要新闻放在第一版，购买者拿到报纸后即可看到这些重要新闻；杂志往往通过调整新闻的字体大小和颜色进行议程设置；而电视媒体通常将一些重要新闻安排在较早时间段播出，引导受众重点关注该新闻的内容，同时，一些收视率较高的节目往往被安排在晚上八点的黄金档等。虽然大众媒介无法左右受众接受信息的方式方法，但其在为受众特别设定的关注区域内左右着受众接受信息的内容，这些内容往往是传播方最想让受众关注的问题。大众媒介对某些议题的强调程度越高，受众越关注这些信息，常接触大众传媒的人的个人议程与大众媒介议程的一致性就越高[123]。

议程设置理论的提出突破了传统的、一直占主导地位的媒介有限效果论认识，粉碎了媒介无用论的古板认知。这一理论既让大众媒介从业者明确了不同议题显著度能够影响受众的判断，也让受众明白了自己所见之关键往往源于大众媒介的规划。

（二）网络时代影响

随着互联网的快速发展，网络环境下的大众更容易关注、获取各类信息，公众议程似乎正在影响大众媒体议程，传统的议程设置在新媒体信息传播者与接受者结合的过程中发生新的变化，中介因素越来越多，传播过程越来越复杂。在技术的不断革新中，受众对于媒介议程设置的认知不再是表面的，而是逐渐向着更深层次发展，更倾向于态度和行动转化，同时，网络议程设置具有时效短、有效程度低、范围窄的特点。在网络环境下，议程设置理论的主要变化如下。

第一,议程不再只由传播媒介设置。毫无疑问,议程设置在新媒体环境下仍然存在,而这一议程不再只是传统媒介中的"大事",也可能是人们身边极小的一个社会热点。以网络推手、网络公关公司为代表的运营团队,仍在充当着部分热门话题或公众议题背后的特定权力运作集团,操控着大众对议题的关注,把握着议题热度和曝光度。各大网络平台出于社会关怀、获得经济利益等目的,都通过首页推荐、大数据计算等技术手段提高平台使用者对相关信息的日常关注度。但这一行为不再只由传播者(大众媒介)完成,议程设置者具有广泛化、自由化的发展趋势。在部分自媒体平台中,议程设置是由既是信息接受者也是信息传播者的平台使用者与平台共同完成的。例如,微博热搜榜就是由微博后台为用户提供的网友热搜事件、话题榜单,其包括不同领域的分类热搜榜,如综合热搜、时事热搜、影视热搜、名人热搜、财经热搜、体育热搜等,实时为用户提供大众正在搜索的热点信息。热搜榜在各类大众娱乐事件、社会热点新闻的传播中赚足了关注,为普通网民对网络空间的关注提供了指引[124]。

第二,新媒体环境下受众倾向于从态度到行为的转化。传统媒体时代,受众对议程设置中的新闻内容往往停留在认知层面,而在新媒体时代,受众开始自行开展网络信息的加工、整合及传播,对议程设置的态度向着行为层面深入。网民根据媒介提供的事实进行个人判断,并通过讨论升华个人的认知,点赞、评论、转发等都是网民对议程设置内容的行为反馈,体现出网民在选择自己认为正确的态度和行为。在匿名的网络世界,受众不再只是简单地思考信息,更乐于通过互动和自主传播表达个人对议程设置信息的观点。自媒体传播更容易营造平等均势的传播环境,同时自媒体的匿名性使得网络上意见相同的人群更容易认同彼此从而结成传播共同体。在这里,议程设置的信息影响着受众的网络行为,受众通过一系列网络操作,实施新一轮的个人议程设置行为,点赞量、转发次数、评论数量等数据也直观且有冲击力地展示了大众议程设置的力量,议程设置的形式呈现简明化的特征。[125]

第三,影响范围窄、影响时效短。传统的议程设置往往注重重大主题的长期、宏观效果,而在网络环境下,传播主体多元性、传播实时性和用户准入标准低等特点,使得网络议程设置的影响时效短。例如,微博的热搜榜在一定程度上即时为广大网民设置议程,但在海量搜索和信息传播的影响下,榜单几乎实时变化,某些议题可能刚刚上榜,却很快消失不见。而某些信息中虽然含有热门议题的标签和关键词,其内容却与主题完全不符,蹭热点、做广告的现象时常可见,动摇了网络议程设置的权威性。与此同时,部分在网络中受到大量关注的热门议题,在网络之外可能无人问津,成为网络特有的议程设置主题。同样的社会新闻,在大众媒介和互联网中的传播效果通常并不相同,而针对同一议题,不同的媒介平台往往也会从不同的角度吸引受众关注,大众可以通过不同平台获取不同信息,对于议题是否重要的判断标准也更加多元化,这极大地削减了议程设置对公众的制约性,二者在新媒体环境下的正相关性显著弱于传统媒体环境。

三、魔弹论:媒介的“恐怖”威力

(一)基本概念介绍

魔弹论又称“靶子论”或“皮下注射论”,是大众传播效果研究的早期理论之一,盛行于20世纪初至20世纪30年代末。这一理论的代表学者包括西多尼·罗杰森(Sidney Rogerson)、哈罗德·拉斯韦尔(Harold Lesswell)等。魔弹论认为,大众传播媒介拥有不可阻挡的强大威力,受众就像一个被固定在射击场上的靶子,对于身边的信息或内容毫无反抗能力,只能接受。“枪口”只要对准“靶子”,“子弹”就会迅速发挥惊人的作用。作为信息接收者的受众只能消极、被动地等待和接受大众媒介灌输的各种思想、感情、知识,这些来自大众媒介的信息不仅能够左右人们的意见和态度,甚至能够支配人们的行为[126]。

第一次世界大战爆发至第二次世界大战结束的三十余年间,技术的演进与文化的传播相叠加,人们的生活被报刊、广播、电影等媒介填满,源于本能心理学和大众社会理论中的魔弹论,诠释了人们被大众传播的强大力量所折服的惊人效果。本能心理学认为,人的行为和动物的遗传本能反应一样,是受“刺激—反应”机制主导的,对人施以某种特定的刺激就必然会引起人的某种特定反应。赫伯特·斯宾塞(Herbert Spencer)等学者的有机体思想结合工业化社会理论形成了大众社会理论的雏形,他们提出,个人会因在心理上处于被孤立的状态而加强对媒介的依赖感,媒介对社会大众的影响力因而形成。哈罗德·拉斯韦尔所著《世界大战中的宣传技巧》(*Propaganda Technique in World War I*)、保罗·F.拉扎斯菲尔德(Paul F. Lazarsfeld)的“火星人入侵地球”研究等,都从理论视角对大众媒介影响社会公众的现实情境进行了深刻剖析。

综合来看，魔弹论具有一定的时代意义，但阐释这一理论的相关研究大都是建立在观察基础上的，并未经过严密的科学调查与验证。客观来看，这种理论过分放大了媒介的力量，却对受众的能动性视而不见。[127]然而，受众是具有辨识能力的自主个体，不仅可以选择信息，也可以对信息作出取舍，并不是完全受媒介操控的木偶。同时，社会因素也对媒介的传播有着重要影响，传播效果和社会背景、媒介条件、人的群体性等现实状态紧密关联，并不是如真空一般的存在。

（二）网络时代的影响

21世纪后，随着网络媒体的快速发展，用以反馈社情民意的平台也越来越多。公众通过互联网平台可以对其着重关注的或者与其自身利益相关的各类社会现象与问题发表意见和建议，从而使许多原本仅有寥寥数人关注的事件跃升为被成千上万人“围观”的社会公众事件，网络空间逐渐呈现与公共领域相似的特征。互联网对热点事件的传播带有些许魔弹论的意味，主要体现在以下几个方面。

第一，信息发布源头单一。网络环境下，受众获取新闻信息的渠道不再局限于单一的传统媒体，而是来自不同传播主体，但在这样的传播环境下，信息源单一的问题仍然存在。如果某些具有媒介影响力的个人或组织对媒介信息的传播过程实施强有力的干预，限制或强制媒介发布一些信息，受众面对在这一情况下发布的消息时，比较容易基于基本信任不假思索地相信，而不是去积极思考和求证信息的真实性与可靠性。在特定传播环境下，受众如果缺乏相关专业知识和理性思考能力，不对信息进行深入研究，依然有可能会像魔弹论所描述的那样被“击中”。[128]

第二，互联网信息发布存在主观性、匿名性。在新闻报道过程中，媒体和新闻从业者力求客观公正。但在实际的报道中，媒体对信息的选择、表述难免会受到其自身倾向性的影响，更有甚者为了吸引受众的注意力，不惜践踏新闻工作者的职业道德和底线，成为网络中的“标题党”或编造假新闻。此类情况会对受众对相关事件的认知产生影响，极有可能借由某类热点激发受众的极端情绪，导致社会出现不稳定现象。同时，随着信息技术的普及，各类自媒体日益活跃，互联网中每个人都可以是匿名的记者，普通公民发布信息越来越便利。如今，当突发事件发生后，如果政府发布信息不及时，甚至隐瞒事态，各路流言、谣言就会乘虚而入。面对各路流言、谣言，如果受众没有较强的辨别和验证能力，便会倾向于对此类信息持“宁可信其有”的态度，此类信息便像弹药一般向受众“开炮”，煽动受众的负面心理情绪，触发受众的应激行为，使受众成为“被击者”。

第三，受众并未改变自身认识。报纸作为一种新型媒介时，曾一度深深地吸引了大众的视线，大众可以通过阅读报纸了解更为广阔的生活世界。广播、电视等声像设备的普及与发展进一步扩展了新奇、多元的新鲜信息世界。而随着互联网逐渐进入人们的日常生活，每个受众不再只是一名单独的收听者和观看者，而是成为一名能够参与互动、担当发言人的个体，通过网络向外界传达自己的所见所闻所想。而在网络互动中，网民个体也可能会对新媒体形成依赖，进而对互联网环境形成盲从心态。因此，在网络时代，受众一旦对媒介产生依赖，无论是在虚拟世界还是在现实生活中，都有可能不假思索地接受网络上的相关信息，“魔弹论”在网络空间依然能够发挥作用[129]。

四、沉默的螺旋：不再保持沉默的大多数

（一）基本概念介绍

“沉默的螺旋”理论由德国社会学家伊丽莎白·诺埃尔-诺依曼（Elisabeth Noelle-Neumann）于1974年首次提出。1980年，她在《沉默的螺旋：舆论——我们的社会皮肤》（*The Spiral of Silence: Public Opinion—Our Social Skin*）一书中对该理论作了细致的概括。具体而言，“沉默的螺旋”理论描述了这样一个现象：人们在表达内心想法前会先观察周围的意见环境，发现个人意见处于劣势地位的一方倾向于保持沉默，导致优势意见占领舆论的大方向，从而形成一种循环往复的螺旋状态。劣势意见方的沉默助长了另一方意见的势头，使得优势意见方的声音越发响亮，而劣势意见方的声音越发微弱，甚至完全消失。

“沉默的螺旋”理论由三个命题组成：其一，个人意见的表明是一个社会心理过程；其二，意见的表明和“沉默”的扩散都是螺旋式的社会传播；其三，大众传播可以通过营造“意见环境”来制约并影响舆论。从舆论产生的角度来看，“沉默的螺旋”描述的便是有关舆论生成的一种模式。在诺依曼看来，大众传播、人际传播和自我感知构成了舆论的生成与传播，具有公开性和广泛性的大众媒介助推了意见的广泛繁殖，被着重强调的意见更容易成为能够被受众认知的优势信息。

而出于对人际传播中的压力和环境的感知,人们倾向于压制劣势意见,扩展优势意见,使得优势意见成为螺旋式扩散的、具有压倒性的信息,即生成舆论环境。

"沉默的螺旋"理论诞生于强效果时代,诺依曼经历了希特勒执政时期,因此,她对单一的社会声音有强烈的恐惧情绪。这一理论将社会心理分析引入舆论研究,强调大众传播对舆论的强大作用,对人们重新评判大众传播的效果具有重要意义。但是,这一理论也具有一定的局限性,如其前提之一"个人对社会孤立的恐惧"是否成立有待进一步讨论,又如忽略了舆论"多数意见"的变化过程与"少数派"的作用,特别是"中坚分子"的存在[130]。

(二)网络时代的影响

"沉默的螺旋"理论在大众传播时代具有较大的参考价值,但在互联网视域下似乎存在一定的争议,甚至被判定即将消逝。但近年来,学者研究发现,"沉默的螺旋"的理论前提在新媒体时代并未发生颠覆性的改变,在互联网空间中,"沉默的螺旋"虽然在一定程度上被削弱,但显然仍然存在,主要原因体现在以下三个方面[131]。

第一,"对社会孤立的恐惧"在网络空间依然存在。许多学者认为,虽然人们在进入网络空间后会变得大胆,但这并非因为人们克服了对于社会孤立的恐惧,而是因为网络的匿名性使人们对社会孤立的恐惧的前提暂时缺失,人们可以躲在"面具"之后,在不暴露个人身份的情况下表达看法,没有充分的证据能够说明人们在网络空间会摆脱对社会孤立的恐惧。[132]此外,网络中制度规范和法律的控制和约束,以及网络暴力、"人肉搜索"现象频发也使得人们在表达意见时往往处于"想说不敢说、愿说不能说"的状态,仍然无法完全跨越对社会孤立的心理恐惧,也使得所谓的劣势意见无论是在传统媒体环境下还是新媒体环境下,都仍然处于劣势地位。这说明"沉默的螺旋"在网络社会中依然存在。

第二,网络空间中"优势意见的大胆表达"依然存在。虽然互联网的普及让个人成为"没有执照的电视台",能够自由地在网络中发表自己的看法,降低了大众媒体对意见氛围的主导能力,但是,互联网空间中也形成了再中心化的趋势,坐拥巨大影响力和充足社会资本的网络意见领袖能够更轻易地将自身观点包装成优势意见,推动其产生左右舆论的传播与爆发的力量,形成新型的螺旋。与"大 V"等网络意见领袖的观点相比,普通网民所发表的意见则难以获得较多的关注,极易消失在互联网的汪洋大海之中,导致大部分公众从传统媒体时代的"沉默的大多数"变成新媒体时代的"沉没的大多数"。

第三,大众媒体通过"传播矩阵"实现优势意见的增强。传统大众媒体的传播渠道较为单一,而网络技术的普及与发展进一步拓宽了传播渠道,大众传媒能够借助互联网打造包含纸媒、广播、电视、网站、"两微一端一抖"(微博、微信、新闻客户端和抖音)及其他 App 的"全媒体传播矩阵",实现自身意见信息的全方位、全天候、立体式传播,增强其所要宣扬的优势意见,强化网络环境中的"沉默的螺旋",使劣势意见继续沉默。

新媒体时代,"沉默的螺旋"也呈现出一些独特的发展变化现象,具体体现在以下两个方面[133]。

第一,"反沉默的螺旋"的出现。网络空间中的个体拥有自由表达看法的权利,许多持劣势意见的"中坚分子"并不满足于保持沉默,而是勇于向大众媒体所代表的主流意见提出挑战,表达自我的不同意见。在话题演变扩散的过程中,也许会有更多群体对他们的观点或意见表示理解或认同,使得曾经的劣势意见得到更多群体的支持,甚至大有超过原有优势意见的势头,进而形成了"反沉默的螺旋",凸显了诺依曼提出的"中坚分子"概念在新媒体时代的意义所在。

第二,"双螺旋"现象的出现。"双螺旋"分别强调了网络空间中"自上而下"和"自下而上"两种信息传播模式。"自上而下"的螺旋是传统大众媒体在新媒体环境下,利用立体的传播渠道与充足的传播经验,自上而下地传播自身打造的优势意见,使受众逐步认同并接受这些优势意见而形成的一种"沉默的螺旋";而"自下而上"的螺旋则是社会公众利用新媒体平台主动参与公众议题讨论,积极发表意见,反映自身诉求,并逐渐吸纳更多持相同观点的人加入,从而形成的一种充满情感因素、具有批判和反思色彩的"自下而上"的"沉默的螺旋"。[134]有学者认为,如今针对特定事件的舆论已不仅是单一螺旋作用的结果,而是"双螺旋"不断互动、博弈、妥协的产物,能够对事件的发展产生巨大影响。[135]

五、使用与满足:受众对媒介的需要

(一) 基本概念介绍

使用与满足理论研究始于 20 世纪 40 年代,是针对受众心理和行为进行的微观代表性研究之一。以20世纪70年代为分水岭,使用与满足理论研究可以划分为传统时期和现代时期[136]。在传统时期,学者主要试图解释人们为什么使用某些媒介和内容,如赫塔·赫佐格(Herta Herzog)对广播剧的研究、伯纳德·贝雷尔森(Bernard Berelson)对书籍和报纸的研究等。麦奎尔(McQuail)等人在20世纪60年代对电视媒介进行了细致研究,并提出了电视媒介能够提供的四种"满足"类型:心绪转换、人际关系、自我确认、环境监测。[137]20世纪70年代,使用与满足理论进入了一个新阶段,即现代时期。在现代时期,学者们在研究了人们的动机、期望及传媒作用下人的行为后,开始重点阐释它们之间的关系。传播学家伊莱休·卡茨(Elihu Katz)于1974年出版的《个人对大众传播的使用》(*Personal Influence: The Part Played by People in the Flow of Mass Communications*),总结了受众接触媒介的模式,即由社会因素叠加心理因素产生媒介期待,推动受众接触媒介,从而满足个体的需求。在后续研究中,日本学者竹内郁郎对卡茨的研究成果进行了补充,并提出了"使用与满足"的过程。[138]

媒介的作用曾被认为主要是在传播的过程中说服处于被动状态的受众,而使用与满足理论则认为人们接触媒介是为了满足自身的特定需求。社会背景和个人心理状态引起了需求,个体通过接触媒介和建构对媒介的印象触发媒介行为。人们会在接触媒介时参考原有的媒介印象,从而选定符合自我标准的特定媒介及内容,这就可能导致媒介及内容最终能够满足人们的需求,或无法满足人们的需求。无论需求是否被满足,人们都会以媒介接触结果为新的标准,再次修正既有的媒介印象,并对后续的媒介行为进行适度转换。

从受众分析的视角来看,使用与满足理论分析了受众的媒介接触动机,以及接触媒介满足个人需求的程度,从而观察分析大众传播对人的心理和行为产生的不同程度的影响。这一理论更强调受众的能动性,认为人并不是完全被媒介所掌控的,而是具有自主性的个体,能够主动地选择媒介。媒介与其他资源一样,为了被选择、被关注和被使用而相互竞争。在媒介的积极作用下,受众出于满足个体需要的目的而使用媒介,会在一定程度上制约信息传播的过程。

使用与满足理论的诞生为传播学研究开启了新篇章,具有划时代的重要意义。首先,使用与满足理论的研究对象群体是受众,开启了从受众的视角对传播效果进行研究的大门，并认为受众的媒介接触行为是基于自身需求进行的活动，打破了传统理论认为受众处于绝对被动状态的认知。其次，使用与满足理论体现了受众对媒介多种多样的使用形态，认为传播效果受制于受众的需求，在一定程度上纠正了魔弹论的观点。最后，使用与满足理论也认为大众传播对于受众存在一些基本的影响，是对 20 世纪 40 年代至 60 年代盛行的“有限效果论”的有力矫正。但是，使用与满足理论也存在一定的局限性，例如过分夸大了受众的媒介选择的多样性和主观能动性，且忽视了传媒内容的生产和提供过程，只是单纯考察了受众的媒介接触行为[139]。

（二）网络时代的影响

随着互联网技术的普及与发展，使用与满足理论也在新媒体视域下不断变化和发展[140]，主要体现在以下三个方面。

第一，受众最初的需求发生变化。传统的使用与满足理论认为，受众在了解自身需求的前提下进行媒介接触，会对媒介产生一定的期待。然而，在信息传播技术发展日新月异的今天，面对 VR（虚拟现实技术）、AR（增强现实技术）等新媒体技术，人们可能只是出于好奇心、占有欲或者对先进技术的向往，在并不明确自身需求的情况下就迫不及待地进行媒介接触，而通过这种媒介接触获得的满足感在很大程度上源于媒介技术本身，并非媒介所提供的信息内容。此外，在网络时代，随着大数据和算法推荐技术的成熟，受众所接触到的信息大都是算法认为公众需要的内容，而并非公众自身能够清楚认识到的真正的需求。正如马克斯·霍克海默（M. Max Horkheimer）和西奥多·阿多诺（Theodor Wiesengrund Adorno）所提出的“文化工业”理论认为，大众文化中的需求都是“伪需求”，受众的需求是被决定、生产出来的需求。[141]

第二，受众从“使用”媒介到“参与”内容生产。受众对媒介的使用具有积极认同，可以根据自身需求主动选择并使用合适的媒介。传统媒介时代，受众通过阅读报纸、收听广播、收看电视等方式接触媒介，从媒介中获取信息，但并未拥有参与信息制作和生产环节的机会。如今，随着互联网和数字技术的不断发展，受众不仅可以使用媒介本身并获取信息，还可以参与信息生产，例如，在各类热门新媒体平台上曝光违法事件或商业黑幕、展示自我、制作并发布新闻等，每个人都成为一个自媒体。新媒体环境下的受众不仅出于“工具性”的目的来使用媒介，而且介入和参与内容生产的过程，在这一过程中，传受关系实现了新的构建和融合，受众的主观能动性得以进一步发挥。

第三，新媒体带给受众新的满足。互联网和新媒体的出现促使媒介环境发生改变，受众不仅通过新媒体平台接收信息，也在反复接收信息的过程中加强了对新媒体平台的使用，同时在这一过程中得到了新的满足。[142]例如，人们可以在微博、微信等新媒体平台上自由表达看法和观点，记录自己的生活，以此来满足自我表达需求；新媒体平台也给网民提供了很多“成名”的机会，受众可以通过信息和观点的表达与传播，在互联网中塑造个性化的自我形象，成为人尽皆知的头部“网红”，满足自我实现的需求；此外，如今网络空间中种类繁多的娱乐性内容也让受众的娱乐和互动需求得到了更大程度的满足。传统媒体时代，受众只能通过收听、收看娱乐节目来获得娱乐上的满足，而新媒体时代的网民能够主动“参与”娱乐互动，例如，通过在观看视频时发送弹幕、与网友在评论区实时交流、联机网络游戏等，进一步满足自身的交往互动和娱乐需求。

六、涵化理论：潜移默化的媒介影响

（一）基本概念介绍

涵化理论是考察大众传播的潜移默化的影响效果的一种理论，又称作“培养理论”“教化理论”“培养分析”等。这一理论源于20世纪60年代后期，代表人物是美国传播学者乔治·格伯纳（George Gerbner）。在当时，美国政府专门成立了“暴力起因与防范委员会”，来研究探讨如何解决美国社会严重的暴力和犯罪问题。格伯纳主持的“培养分析”研究就是在该委员会的支持和赞助下展开的。[143]

涵化理论最初的研究问题有两个：一是电视画面上的凶杀、暴力内容与现实社会犯罪之间的关系；二是这些内容对人们认识社会现实的影响。经过一系列实证调查和分析后，格伯纳等人认为，电视节目中充斥的暴力内容会显著增加人们对现实社会环境危险程度的感知。在现代社会，人们对现实世界的认识和理解会受到大众传播媒介所建构的“象征性事实”的巨大影响，人们观念的形成会受到大众传播媒介的影响和制约[144]。

涵化理论由五个基本观点组成：第一，统一协调的社会发展要求社会成员达成共识，在这一基础上，人们的认知、辨析与行动才能够建立共同的标准。第二，以电视为代表的大众传媒在“共识”形成的过程中发挥了不同凡响的作用。第三，基于大众传播所展现的倾向性，人们的主观现实和其实际面对的客观现实存在的极大差异，大众传播所带来的影响看不见、摸不着，却在一点点影响着人的成长，也逐渐制约了人的现实观。第四，大众传媒拥有特定的价值和意识形态因素，这些信息将通过“报道事实”“提供娱乐”等形式传达给受众，对人的现实观产生进一步的影响。第五，大众传媒的“涵化”效果主要表现为形成当代社会的主流价值观念，但“主流化”并非对所有人都有效，其效果也因传播的内容而异。

涵化理论揭示了大众传播对社会“共识”，以及人们的“主观现实”的形成具有潜移默化的影响。这一理论代表着学者对于大众传媒长期、潜在影响的认识，对效果研究具有重大意义，并揭示了“大众传播为统治阶级和意识形态服务”的本质，包含了对资本主义大众传媒的批判和要求其改革的观点。涵化理论对特定的视听节目有一定影响，但并不会对全部电视内容和全部观看者产生影响。

与其他大众传播理论一样，涵化理论自诞生之日起就面临着来自各方的批评和质疑。有学者认为，涵化理论的证据是“高度猜测性的”，其结论并非基于实验测试，而是先入为主的印象[145]。尽管如此，我们无法否认现代社会大众传媒对现实生活的影响越来越明显。在面对如潮水般涌来的信息时，人们难以准确判断信息的真伪，而大众传播理论的提出能够帮助人们更深入地认识大众传媒，从而提高自身媒介素养，而不是单纯地为大众传媒所主宰。

（二）网络时代影响

涵化理论所提出的时代，信息传播呈现单向传播状态，大众只能在线性传播中成为信息的接收端，在意识形态和权力体系的压制下，人们对信息的获取并没能完全占据主体地位。网络发展下的大众媒介形式更为广泛，受众获取信息的渠道也不再局限于传统媒介。新媒体时代，往日被动接收信息的受众成为网络世界中的“产消者”，开始积极与媒介互动，参与媒介内容的生产。不同于传统的单向线性传播环境，新媒体环境具有传播渠道多元化、受众参与度高且交互性强等新特点，在此环境下，涵化理论也随之发展，产生了一些新特征，主要体现在以下三点[146]。

第一，由“单向涵化”转变为“双向涵化”。传统的涵化理论认为，“涵化”是媒介向受众的单向传播过程。在新媒体环境下,不仅媒介可以借助多样化的网络传播渠道,继续对受众进行“涵化”,受众也拥有极大的表达权,能够在网络空间自由表达自身看法,参与网络虚拟空间的建构过程。受者本位的新媒体环境下,受众的需要和喜好决定了媒介内容和传播方式,反而体现出受众对媒介的“涵化”。进而,新媒体环境下形成了“媒介涵化受众”和“受众涵化媒介”共存的双向涵化过程,这种不断循环、互相影响的多向度涵化进程,佐证了新媒体时代单纯线性的涵化已不复存在。[147]

第二,媒介对受众“涵化”影响的整体性降低。不同于大众传播时代受众信息选择和接收的单一性和一致性,在新媒体时代,信息的爆炸式增长为人们带来了海量的新鲜内容。同时,受众的信息需求呈现出多样化、分众化的特征,人人都可以借助大数据与算法技术为自身打造一份个性化的“我的日报”,满足自身独特的口味与需求,每个用户所关注和接收到的信息各不相同,沉浸在一个个“过滤气泡”中。因此,媒介对于受众“涵化”的整体性影响得以降低。

第三,媒介涵化效果的“破坏性”特点显现。传统的涵化理论认为,大众媒介承担着推动社会“共识”形成,以维系社会整体性的重要任务。而在新媒体时代,个性化的内容推送机制可能会导致人们发展出更为多样的个人心理和行为方式。网络空间中充斥着低俗信息、拜金主义、享乐主义内容,这些信息带有一定的思想侵蚀性,可能会导致人的思想偏离社会共识,消解人的社会认同感。此外,由于大数据推送信息的精确性,受众很容易对感兴趣的议题观看成瘾,并可能因此投入过多时间,进而可能会忽略与身边亲人和朋友的现实交往,破坏人与人之间的现实交往关系和社会关系网络,导致“群体性孤独”现象的发生。

七、第三人效果:他人比我更易受影响

(一) 基本概念介绍

1983年,美国学者W.菲利普斯·戴维森(W. Phillips Davison)于《公共舆论季刊》(*Public Opinion Quarterly*)上发表了《传播中的第三人效果》(*The Third-Person Effect Communication*),正式提出了“第三人效果”理论。“第三人效果”理论探讨的问题是:大众传播更容易在什么人身上起作用?在我、你和“他人”之间,谁更容易受到大众传播信息的影响?戴维森认为,人们在判断大众

传播的影响力时普遍存在着一种感知定势,即倾向于认为大众媒介传播的信息(尤其是说服性信息、宣传性信息以及负面信息)对“我”或“你”未必会产生多大影响,但是会对“他人”产生不可估量的影响。[148]由于这种感知定势的存在,大众传播的效果通常不是在媒介指向的表面受众身上直接产生的,而是通过与受众相关的“第三人”的反应和行为实现的,戴维森把这种现象或效果的发生机制称为“第三人效果”理论[149]。

我们可以从以下三个层面来理解“第三人效果”理论:第一,人们通常认为大众传播不会对自己产生影响,往往只会对别人有效,低估了媒介对自己的影响,也高估了媒介对他人的影响。第二,“第三人效果”可以被看作一种宣传技巧,呈现的是第三方的意图与他者意愿。第三,在一定情况下,“第三人效果”也是大众传播的发生机制,大众传播的表面受众往往并不是信息传播的直接反应人,而第三人才是信息传播的直接反应人。例如,担心媒介中的低俗、暴力、色情内容会对未成年人成长产生不良影响的往往不是未成年人自身,而是未成年人的父母、专家学者等,正是他们的呼吁、批判和采取的一系列措施促成了各类媒介内容管理条例的制定与推行。

“第三人效果”的产生有一定的心理学依据。20 世纪 90 年代末,经研究发现,“自我强化”倾向是“第三人效果”产生的重要原因。“自我强化”倾向包含三方面内容:第一是对自身盲目乐观,即觉得与他人相比,自己遇到坏事的概率较小,或认为自己不太容易受到负面事件的影响。第二是虚幻的优越感,即每个人都倾向于认为自己很优秀,惯于给予自己正面评价。第三是自我服务式的归因,即人们在面对好事时,往往会夸大自身的作用,而遇到坏事时,则更倾向于推诿责任。“自我强化”倾向说明,人们普遍认为自己在接收大众传播信息时较有主见,不会“随波逐流”,不易受负面信息影响。[150]

“第三人效果”的产生同样受到部分因素的制约,例如信息的性质、信源的性质、社会距离的远近和其他个人因素(年龄、学历、预先立场和对相关信息的专业理解程度)等[151]。戴维森的“第三人效果”理论的提出具有重大意义。从现实意义来看,已有的许多研究已经证明,诸如“抢购”事件、“群体逃难”等突发性社会集合行为,都与大众传播信息引发的“第三人效果”有着或多或少的关系。这说明,面对突发情况时,大众传媒既要及时传达真实、准确、客观的危机信息,防止不实报道、炒作报道引发社会混乱。从学术意义来看,作为一种强效果理论,“第三人效果”理论展现了大众传播的强大力量,也阐释了多样化的媒介认知,具有复杂意义和间接传播效果,以及思想认识层面的影响转向行为的逻辑机制,等等。对“第三人效果”理论的深入理解和研究有助于我们加深对人类社会传播行为及规律的理解。[152]

(二)网络时代影响

随着以互联网为代表的信息传播技术的飞速发展,相较于20世纪80年代,当今我们所处的信息传播环境已经发生了革命性的变化。在网络时代,新媒体的广泛使用使得“第三人效果”理论的影响因素发生了一定的变化,主要表现在以下三个方面。

第一,新媒体的使用有助于个人对媒介信息形成正确认知,提高对信息的辨认能力。受众对大众传媒所提供信息的专业感知是“第三人效果”的重要影响因素之一。在传统大众传播时代,报纸、广播和电视是受众获取信息的主要来源,甚至是全部来源。在那个时代,受众如果对于大众传媒提供的信息存在疑问,或想进一步了解信息,没有太多的渠道可用以寻求真相,因此流言与谣言极易滋生。而在新媒体时代,互联网和相关新媒体技术的普及使公众主动搜寻信息变得极为便利,人们在对大众传媒所提供的信息产生质疑时,可以通过网络搜索或提问快速求证信息真伪,公众科学认知传媒信息的能力增强,“第三人效果”所引发的突发事件将有效减少。

第二,新媒体能够提升政府组织、机构及传统媒体的反应速度,快速向公众传达权威、准确的信息。研究发现,信源的性质会影响“第三人效果”的强弱,面对权威客观的信息,受众表现出的“第三人效果”较弱。[153]在传统大众传播时代,大众传媒无法较为及时地对相关紧急事件作出反应,媒体与受众之间的互动受到时间和空间的限制,信息难以高效、全面地下达,权威信息的影响力被削弱,导致“第三人效果”加剧。在网络时代,政府机构、大众媒体能够借助新媒体,及时、准确地将权威信息推送给受众,公众也得以通过新媒体平台与权威信源互动,进一步了解信息,从而有效降低自身的恐慌感,降低“第三人效果”现象的发生频率。

第三,新媒体平台为受众间的意见交换与共享提供了空间,使受众能够更清楚地了解“他人”的想法。“第三人效果”中的受众多处于一种“多元无知”的状态,即受众无法判断他人会不会受到、在什么程度上受到大众传播信息的影响,却会由于某些特定的原因或感觉,倾向于认为他人比自己更容易受到大众传播信息影响,进而会形成误判,导致许多突发性集体事件发生。随着网络技术的普及,新媒体的出现在一定程度上消弭了时间与空间的限制,拉近了人与人之间的社会距离。面对未知情况时,公众可以在新媒体平台上与他人实时交流互动,了解陌生人的观点看法,发现与自己意见相同的人,消解自己与“他人”的传播隔阂,减少自己的“盲目乐观”和对“第三人”的误判,从而更加理性地对待大众传播信息。[154]

八、知识沟理论:难以逾越的信息差距

(一)基本概念介绍

1970 年,美国传播学者 P. J. 蒂奇诺(P. J. Tichenor)在《大众传播流动和知识差距增长》(*Mass Media Flow and Differential Growth in Knowledge*)一文中提出了“知识沟”假说。20 世纪 60 年代,美国社会要求实现教育机会平等的呼声不断高涨。在强大的压力下,美国政府提议通过大众传播手段来改变贫困儿童的受教育的条件,其中一项措施便是推出名为《芝麻街》(*Sesame Street*)的儿童启蒙教育电视系列片。随后,人们发现,尽管《芝麻街》对贫富家庭的儿童都产生了良好的教育效果,但是富裕家庭的儿童能够更好地利用节目资源,从而有更多收获。因此,这一类举措不但没有促进平等,反而扩大了差异。基于这一现象,蒂奇诺等人通过一系列实证研究得出结论:社会经济地位高的人能够比社会经济地位低的人更快地获得信息,因此,大众媒介传送的信息越多,这二者之间的“知识沟”的扩大趋势就越明显。[155]

“知识沟”理论由四个基本观点构成:第一,社会经济条件好的人能够比社会经济条件差的人以更快的速度获取信息,因此二者之间的“知识沟”扩大了,而不是缩小了。第二,一段时间内媒介大量宣传报道某话题,文化程度高的人能够比文化程度低的人更快吸取该话题的相关知识。第三,人们从媒介大量宣传报道的话题中获取的知识,比从那些未经大量报道的话题中获取的知识多。第四,在人人都感兴趣的领域,“知识沟”特别容易出现,而在某些基于特定兴趣与专业的领域中,“知识沟”产生的概率较小。[156]

蒂奇诺等人认为，除了接触媒介和接受教育的经济条件这一关键因素之外，“知识沟”产生和扩大的因素还包括：传播技能上的差异，譬如个人的阅读理解能力差异；已有知识储备量的差异，已有知识储备量越大，理解新知识就越快；社交范围的差异，人际交流越活跃，获得知识的速度就越快；信息的选择性接触、理解和记忆因素，个体需求与媒介内容越接近，个体对媒介的接触和利用程度就越高；大众传播媒介的性质，一般来说，大众传媒的受众主要集中于高学历阶层。[157]“知识沟”理论的提出反映了人们对于信息社会中阶层分化问题的关注与担忧。随着媒介技术的不断发展，学者们在“知识沟”理论的基础上，在后续研究中又根据数字媒体的发展、信息传播的演变提出了“信息沟”“数字鸿沟”及“信念沟”等理论，进一步探讨了“知识沟”在不同信息环境下的变化。

“知识沟”理论的提出对社会发展具有极强的现实意义。首先，社会作为一个整体而存在，必须通过一些合适的措施，确保全体社会成员都能够通过各种方式平等地获取各类信息。其次，对于国家硬件发展而言，政府需要面向欠发达地区及收入相对较低的群体实施一定的扶持政策，进一步推动信息设施和媒介设备的应用与普及。再次，在软性支持方面，组织机构需要对每个社会成员提出增强个人媒介素养的核心要求，缩小各类群体之间的媒介认知差距，侧重为老年群体提供指导，培养其正面认知媒介、通过媒介获取知识的能力。最后，不同人群出于各不相同的目的去选择和接触媒介，因此，对于从事信息传播的组织者和决策人员而言，在充分研究受众群体后做好传播平台的选择很有必要。综合来看，要想从根本上解决“知识沟”问题，需要改善社会经济结构，探寻能够抑制社会过度分化的方式方法，形成配套机制政策，使资源进一步向相对不发达地区的信息教育和技术教育倾斜。

（二）网络时代影响

随着互联网与新媒介技术的普及与飞速发展，如今各类新媒体平台已经成为人们获取知识信息的主要渠道。新媒体时代，“知识沟”理论也因信息环境的变化而出现了许多新特征，主要表现在以下三个方面。

第一，“知识沟”理论背景发生改变，新媒体使用可能有害于受众的知识获取。传统的“知识沟”理论认为，大众媒介所提供的内容有利于使用者知识的积累和提升。然而，在新媒体时代，信息的爆炸式增长使受众身处纷繁复杂的信息环境之中。面对良莠不齐的信息海洋，人们不仅会遭遇信息过载危机，越来越难以获得有价值的知识信息，还可能会被各类不良信息所侵蚀，认知与健康发展受到阻碍。此外，受众长时间使用新媒体还会对新媒体产生媒介依赖，出现精神无法集中、焦虑等问题。因此，人们的确能够通过新媒体获得更加广泛、多样化的知识，但同时新媒体所导致的各种负面影响也会损伤受众的认知能力，妨碍受众知识的增长。[158]

第二，新媒体环境下，常识类知识的"知识沟"缩小，而专业性知识的"知识沟"扩大。在传统的"知识沟"理论中，"知识"被定义为常识性的"知晓类知识"，而大众媒体所传播的知识也多为此类常识类的信息。随着互联网等信息技术和基础教育的普及，社会各阶层、各地区人们的媒介接触率普遍有了很大提高，广播、电视和新媒体为公众带来了丰富多样的信息，人们有更多机会接触和了解这些通俗易懂的常识性知识。因此，面对这一类知识，人们的"知识沟"差距逐渐缩小。但在专业性知识的获取方面，拥有较高的新媒介素养、掌握更多媒介使用技能的用户能够在新媒体上获取更多的专业性知识，不断提升自身的学习、理解能力，继而在"马太效应"的作用下不断巩固知识优势，导致不同人群之间的专业性"知识沟"进一步扩大[159]。

第三，个性化推送导致"信息茧房"现象加剧，进一步扩大人与人之间的知识差异。在传统媒体时代，报刊、广播、电视等大众媒体是受众获取信息的主要渠道，处于不同社会阶层、教育背景的公众所获取的信息具有较强的一致性。而随着新媒体时代的到来，各类新媒体平台成为用户获取信息的便捷渠道，基于大数据和算法技术的信息推送机制为每个用户提供了定制化的资讯套餐，人们的个性化信息需求得到了极大满足。[160]从另一角度来看，这种高度精准的信息投放也会使用户深陷于同类信息的束缚，越来越习惯于看到自己感兴趣的内容。由于用户媒介素养与使用习惯的差异，那些常常利用新媒体进行娱乐消遣的用户会接收到更多的同质化信息，沉浸在泛娱乐化的内容之中。而具备更高媒介素养的用户则会利用新媒体获取更多知识，久而久之，人与人之间的知识差距会进一步扩大。随之而来的数字鸿沟又成为网络化时代"知识沟"的全新形态，对互联网的接触程度和使用状态都将产生影响，数字鸿沟的扩大甚至可能加剧社会分化，导致网络时代下的交往主体阶层化。

九、意见领袖:舆论的引领者

(一) 基本概念介绍

意见领袖又称舆论领袖,最早由传播学者拉扎斯菲尔德(Lazarsfeld)等人于1944年发表的《人民的选择》(*The People's Choice*)一文中的“两级传播”理论中提出。他们认为,意见领袖是大众传播中的信息中介,人际传播中的活跃分子,是经常为受众提供信息、观点、建议,并对他人施加影响的人物;大众传媒所发出的信息并不是直接传向受众的,而是先由大众媒体传至意见领袖,再由意见领袖扩散到社会大众之中。随着研究的深入,他们又发现,不仅在政治领域,其他各种社会生活领域中都活跃着大量的意见领袖。在信息传播的过程中,意见领袖作为媒介信息传播的中继者和过滤者,会对大众传播的效果产生促进或阻碍作用,是大众传播中不可或缺的一部分。[161]

在大众传播时代,人群中的意见领袖往往具有以下特点:第一,意见领袖往往与被影响者是平等关系,而非上下级关系,他们一般是人们在生活中所熟悉的人。第二,意见领袖往往均匀地分布于社会各群体和阶层,不会在某一阶层或群体中集中性地出现,每个群体都有自己的意见领袖。第三,从影响力角度来看,意见领袖可以分为“单一型”和“综合型”两种,现代社会的意见领袖以“单一型”为主,这类意见领袖通常在特定领域具有深厚的专业知识或享有较高声望。第四,意见领袖的社交范围较广,拥有的信息渠道较多,且对大众传播的接触频率高、接触量大。第五,意见领袖会时常关注身边的事件和新闻,并适时向身边的人发表自己的观点,发挥一定的舆论引导作用。[162]

在大众传播效果的产生过程中,作为媒介信息传播中介的意见领袖发挥着重要的作用。首先,意见领袖发挥着信息加工与解释的作用。他们会优先于普通公众接收到的大量信息并对信息进行加工与解释,然后以人际传播的方式将信息传达给其他受众和追随者。其次,意见领袖发挥着信息扩散的作用。大众传播媒介的信息有时并不能直接传播给广大受众,这时意见领袖需要把信息扩散给他们周围最普遍的大众,扩大信息传播范围。再次,意见领袖能够起到支配和引导受众的作用。意见领袖的言行能够对追随者的态度、行为起到支配和引导作用。意见领袖不仅能够影响受众说什么、看什么,有时甚至还能直接支配受众的态度与行为。最后，意见领袖能够对大众传播的效果起到干扰或促进作用。对于意见领袖来说，如果大众传播媒介传递的是符合他们需要的，或者能够被他们所接受的观点，那么意见领袖就会促进大众传播效果的形成，反之，则会干扰阻碍大众传播效果的产生。[163]

（二）网络时代影响

新媒体时代，由于互联网技术和传播媒介的变革，以及社会化媒体的普遍发展，互联网空间中的意见领袖在生成机制、社会功能、特征属性等方面都发生了较大的变化，这些变化主要体现在以下四个方面[164]。

第一，意见领袖的社会影响力在外延中得到扩展。不同于大众传播时代，新媒体时代的意见领袖类型越来越多元，意见领袖概念的内涵和外延都有所扩展，出现了单一的即时型网络意见领袖、单一的稳定型网络意见领袖、综合的稳定型网络意见领袖等多种新的意见领袖类型。[165]此外，相较于传统的意见领袖，网络意见领袖的社会影响力得到了巨大的提升。在社会化平台上，网络意见领袖的受众和追随者数量能够到达百万级、千万级甚至更多。新媒体赋予了网络意见领袖远超以往的影响力，他们所发表的内容能够在网络空间中广泛传播，而网络意见领袖与受众之间的关系也变得更为不平等。

第二，意见领袖的媒体属性凸显，其在新媒体平台上扮演多种角色。传统的意见领袖是作为大众传播的中介与过滤主体而存在的。在新媒体时代，受众已经变成了网络空间中的“产消者”，拥有发表自身看法、传播信息的能力。网络意见领袖不仅能够作为大众媒体与受众之间的中介点，还能够成为信源，依靠广泛的信息渠道及自身积累的公信力、影响力，为社会公众提供新鲜及时的新闻资讯，从而具备一定的媒体属性。此外，网络意见领袖还能够在与受众的互动中为受众提供看法和建议，并能够发挥一定的舆论引导作用，在各类新媒体平台上扮演着媒体、信息中转站、意见提供者、舆论引导者、议题设置者等多种角色，具备多样化的功能。[166]

第三，意见领袖出现聚集化、群落化趋势。大众传播时代的意见领袖均匀地分布在各社会阶层和群体之中，而新媒体的崛起与普及也让意见领袖之间的互动更为便捷，网络时代的意见领袖之间的互动频率更高，知名网络人士之间的“梦幻联动”更为常见。当某些社会事件成为舆论后，以知名学者、媒体评论家、业界精英为代表的意见领袖常常会出现在相关新闻的评论区,他们点赞、评论、转发彼此的观点,有时还会因为意见不合而发生言语冲突,这都显示出互联网中的意见领袖具有明显的"聚集化""群落化""圈群化"趋势,意见领袖的扎堆出现已然成为网络空间中的独特景观。

第四,意见领袖掌握的话语权力更大,并且出现"跨界"特征。相较于传统的意见领袖,网络意见领袖拥有数量庞大的追随者,而那些坐拥大基数粉丝的网络知名人士也更容易获得更多的关注,从而进一步扩大自身的影响力,这也导致网络意见领袖掌握巨大的话语权,他们的一言一行、一举一动都有可能引发公众的广泛反响,并对受众的思想、态度和行为起一定的引导作用,拥有强大的社会动员能力。[167]因此,在新媒体时代,合理运用网络意见领袖的影响力成为主流媒体引导舆论的关键因素。此外,不同于传统意见领袖主要精通于某一特定的领域,网络意见领袖常常会做出"跨界"举动,对其他专业领域的话题"指手画脚",时常引发公众的热议。如今,"跨界"也成为新媒体时代网络意见领袖的一个突出特征。

十、群体极化传播:裂变的社交网络

(一)基本概念介绍

群体极化传播对信息传播机制进行了深入的探讨,关注的核心是人际网络中信息传播的集体性质。这一理论认为,人们不再是信息的被动接收者,而是通过社交网络的互动,积极参与信息的传播过程,从个体来看就是成员间通过信息沟通,将共同目标和协作意愿加以连接和实现的过程,从更广泛的角度而言也包括群体和群体之间的信息传播。[168]即群体极化传播并不仅是信息从个体到个体的简单传递,更是通过社交网络的交互,形成一个信息扩散的集体。这个集体内的成员相互影响,形成信息的传播集群,进而影响整个社交网络。

群体极化传播强调群体的动态性。群体极化传播中的社交网络的结构并非静态的,而是在信息传播的过程中发生着演变。群体成员之间的联系可能随着信息的涌入而发生调整,新的关系可能在信息传递的推动下形成,旧的联系也可能因为信息的冲击而发生裂变。这种社交网络的动态演变影响着信息在群体内的传播路径和速度。如果有重要信息涌入群体,群体内部往往会迅速开展讨论、辩论和交流。这种互动不仅是信息的传递,更包括群体成员之间对信息的解读和反馈。这种互动不断激发着新的观点和看法，形成了一个动态变化的信息扩散过程。群体动态性的一个重要方面是信息传播对群体成员的态度和行为的影响，一条信息可能在群体中引发支持或反对等不同的态度。这些态度的形成和演变会影响信息在群体中的传播速度和路径，使信息扩散过程变得更加复杂和立体[169]。

群体行为的反馈效应是群体成员的行为和态度在互动中相互影响形成的一系列反馈效应。在群体极化传播中，这种反馈效应对于信息的传播和群体的动态演变至关重要。群体行为往往在群体成员对于某一信息或事件的情感共鸣的基础上产生。这种情感共鸣可以进一步强化群体认同感，使得群体成员更倾向于与群体持有一致的态度并做出与群体一致的行为。群体行为的反馈效应在舆论引导和态度影响方面具有显著作用。信息扩散往往会引发群体内的共同行动，当一部分群体成员表达出明确的观点和态度时，这种表达往往会引导其他群体成员朝着相似的方向发展。这种态度影响效应可能会进一步加强群体内部的一致性，使群体行为更加统一。群体成员可能通过集体行动表达其对某一信息的支持或反对，从而在社交网络中形成更为明显的信息传播路径。这种反馈效应使得信息扩散不再是简单的信息传递，而是群体共同行为的体现，形成了一个相互影响、相互作用的动态系统。[170]

群体行为的反馈效应也影响着信息的扩散速度和聚焦程度。当群体内部出现某一引人关注的行为或观点时，这种行为或观点可能会迅速扩散，形成信息的聚焦效应。反之，如果群体成员对某一行为或观点缺乏兴趣或产生反感，这一行为或观点可能难以在群体中扩散。在群体行为的反馈中，一些具有影响力的群体成员可能会发挥领导力，通过其言论和行为引导整个群体。这种领导力的作用使得群体的行为更加有序和一致，意见领袖通常是群体中具有较大社交影响力的成员，他们的观点和行为会对整个群体产生显著的影响。在社交网络中，一些群体成员可能因为其在某一领域的专业性或影响力而成为意见领袖。这些意见领袖通过其在社交网络中的活跃参与和影响力，能够在一定程度上引导群体的看法和态度，影响信息的传播路径。

（二）网络时代影响

在新媒体时代，群体极化传播理论经历了一系列变化。社交媒体崛起，成为信息传播的主要场所,为群体传播提供了更为迅速和广泛的途径。用户生成的内容通过社交网络迅速传播,形成庞大的信息集群。个性化推荐算法使用户更容易接触到与他们已有观点相符的信息,加强了信息的集群化传播。在线社交媒体上形成的虚拟社群使信息传播更为迅速,成员之间更容易形成紧密的关系[171]。

第一,群体极化传播理论更加强调社交网络的重要性。社交网络的结构对信息的传播路径有着深远的影响。不同类型的社交网络,如紧密连接的小圈子和松散连接的大网络,会对信息传播的速度和深度产生不同的影响。群体内部的信息传播路径往往会受到社交网络结构的制约,而社交网络的不断演化也会改变群体内部信息传播的格局。在社交网络中,群体成员不仅是信息的接收者,更是信息的解读者。通过在社交网络中互动,群体成员对信息进行点赞、评论、分享,形成对信息的集体解读,这种集体解读又会影响信息在群体中的传播路径和集体对信息的态度倾向。[172]

社交网络的特性促进了群体成员之间的互动和反馈。在信息传播的过程中,群体成员通过评论、分享等方式参与信息的交流。这种互动和反馈不仅使得信息更加生动和丰富,也推动了信息在社交网络中的更广泛传播。社交网络在群体极化传播理论中扮演了多重角色,不仅是信息的传播平台,更是信息互动、反馈和解读的重要场所。深入理解社交网络的特性和作用,有助于有关部门更好地把握信息在群体中的传播机制,从而更好地进行舆情管理和信息引导。

第二,技术改变下的社群重构状态。社交媒体成为信息传播的主要场所,为群体极化传播提供了更为迅速和广泛的途径。传统媒体的单向传播模式被打破,社交媒体的互动性和用户参与性使信息传播变得更加民主化。这种开放式的信息传播环境使得群体极化传播的规模和速度都大幅度增加。社交媒体上用户生成的内容通过迅速的网络分享机制,可以在短时间内传向数百万甚至数亿用户。这种用户生成内容的传播机制催生了更为庞大的信息集群,使得群体极化传播的规模和影响力不断扩大。

个性化推荐算法使得用户更容易接触到与他们已有观点相符的信息,加强了信息的集群化传播。这些算法基于用户的历史行为和兴趣,将相关性较高的信息推送给用户,形成了“信息茧房”,加深了用户对于某一信息的集群化认知。

在线社交媒体上形成的虚拟社群使信息传播更为迅速，成员之间更容易形成紧密的关系。这些虚拟社群不受地域限制，可以迅速聚集拥有相似兴趣或持有相似观点的用户，从而推动更为紧密的群体传播网络形成。新媒体时代，数据分析成为群体极化传播研究的重要工具。[173]

通过大数据技术，可以对社交媒体上的信息传播进行深入分析，揭示信息在群体中传播的路径、关键节点和影响力，为群体极化传播理论的研究提供了更为精细和全面的视角。社交媒体的崛起催生了新的群体极化传播模式，传统的信息传播模式被重新定义，群体极化传播不再仅是信息在群体中的扩散，也涉及用户的参与、互动和反馈。随着社交媒体平台的多元化，用户生成内容、社交分享、评论互动等因素相互交织，形成更为复杂和多元的群体极化传播模式。跨平台传播增强了信息传播的多样性和广泛性，同时也对群体极化传播理论的理论性提出了挑战，需要大众更好地理解信息在跨平台环境中的传播机制。

在新媒体时代，影响力传播成为群体极化传播理论研究的一个重要方向。社交媒体上的一些用户因其较强的影响力成为信息传播的关键节点，对于群体极化传播的形成和发展具有重要作用。因此，影响力传播的机制和效应成为新媒体时代群体极化传播理论研究的热点之一。在这一新的背景下，群体极化传播理论不断发展，研究者努力理解新媒体时代信息传播的复杂机制，为人们应对信息社会的挑战提供理论支持。

第五章>>>

巧解：高校辅导员网络实践素养

辅导员在对网络新媒体和媒介相关内容有了理论层面的充分认知后，开启实践的大门更为重要。辅导员需要善用媒介，一方面，辅导员可以通过个体网络行为参与媒体的构建和文化的传播，另一方面，辅导员也可以通过网络实践来完成群体的网络素养教育，达到网络素养要求的更高层次。具体来说，既通过利用网络媒介实现个体全面发展，亦通过网络媒介促进群体协同发展的良好态势形成。对高校辅导员来说，了解并融入学生日常使用的网络平台（主要包括微信公众号和网络视频平台）对于开展网络思想政治教育而言具有决定性意义。而在使用网络平台的实践过程中，辅导员群体应进一步深入研究与密切关注如何更好地优化传播内容，并及时根据传播效果调整传播方式和传播内容。本章将详细介绍高校师生常用新媒体平台的使用方法、教育内容的传播策略和传播效果的评析等内容，希望为辅导员群体提供一看就懂、一用就会的实践指南。

第一节　微信公众号使用指南

微信公众号自 2012 年 8 月上线以来，迅速融入人们的日常生活，在网络思想政治教育领域一度成为重要工具。高校辅导员应了解如何应用公众号辅助自身的日常工作。

一、微信公众号注册流程

（一）登录网站

在网页地址栏输入网址：http://mp. weixin. qq. com，或用搜索引擎搜索“微信公众平台”，进入官方网站，之后点击“立即注册”（图 5-1）。

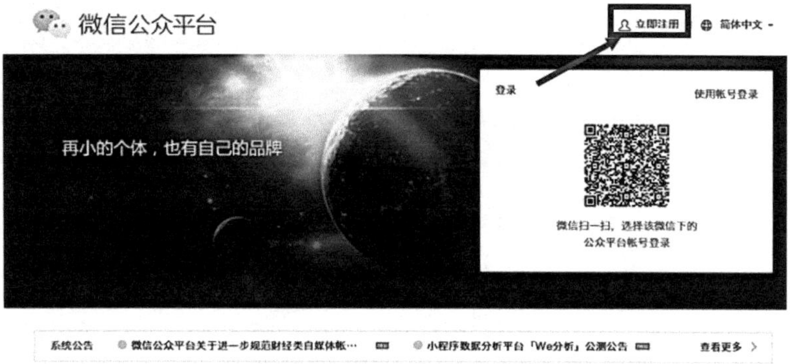

图 5-1　微信公众号登录界面

（二）选择账号类型

点击“立即注册”后，有四种注册类型可供选择，分别为订阅号、服务号、小程序和企业微信(图 5-2)，用户应根据自己的工作需求来选择。需要注意的是，用户一旦选择了账号类型，将无法更改账号类型。

当前，高校辅导员每天收到的与工作相关的微信推送信息基本都源于订阅号，订阅号倾向于信息传达，其运营主体可以是个人或组织。但如果需要引入特殊接口以实现一些功能，例如支付功能，那么就要选择注册服务号，服务号通常需要以组织身份注册，用于用户管理和提供配套服务。

从可扩展性来看，服务号优于订阅号。订阅号每天可推送 1 次，每次可以推送 1～8 篇公众号文章，消息通知不会直接显示在聊天界面，而是会显示在订阅号文件夹中，且被折叠，与其他订阅号消息置于一处，用户不会收到消息提醒，而是需要点击进入订阅号新推送列表才可以看到消息。服务号一个月可推送 4 次，每次可以推送 1～8 篇公众号文章，支持一天内用完全部推送额度，推送的消息会直接显示在用户微信号的聊天界面。一旦服务号给用户发送消息，用户就能即时收到消息提醒。

（三）填写相关信息

输入正确信息完成注册，并验证常用邮箱，完成“邮箱激活”。之后等待审核，审核一般即时完成，有时需要 1～2 天，审核通过之后用户可通过输入密码或由绑定的微信账号扫描二维码登录微信公众号。

图 5-2　微信公众号可选择类型

（四）设置微信公众号头像和名称

注册新微信公众号需要设定一个名称,以便受众通过名称搜索微信公众号。如果微信公众号名称复杂,会给受众的搜索带来不便,因此,微信公众号名称应简洁易懂。确定微信公众号名称后,需要上传一张图片作为微信公众号的头像。

如果为学院或学校注册官方微信公众号,建议直接使用学院或学校的官方名称,便于各方人士搜索,头像可以使用学院或学校的徽章、建筑等具有辨识度和纪念性的图片。如果为学院或学校思想政治教育组织或团学组织注册微信公众号,可以尝试变形名称,即基于学院或学校名称的用字、特色,结合公众号职能创设名称,能够拉近与学生的距离,同时又能够代表学院或学校身份,头像可以选择更为活泼、可爱的图片。如果注册个人思想政治教育微信公众号,则可以根据个人平台特点设置具有特色的名称,既可以传达账号的核心主旨,也可以根据个人姓名妙用谐音,头像既可以选择围绕个人外貌或标志性特点设计的形象,也可以选择生动有趣的图片。

二、微信公众平台日常功能介绍

微信公众平台首页左侧是菜单栏,包括"内容与互动""数据""广告服务""设置与开发"共四个大类的功能,也可以添加诸如付费功能和红包封面生成等不定期功能。

（一）内容与互动

1. 草稿箱

通过草稿箱功能用户可以新建发布素材,类似于使用电子邮箱发送邮件时,已经编辑好但尚未发送出去的电子邮件会出现草稿箱里，公众号编辑器中的内容会保存在微信公众平台的草稿箱中。草稿发表后即从草稿箱中移除，须进入“发表记录”查看。如需再次使用已发表内容，应在首页点击“选择图文”—“从已发表选择”。原图文素材移入历史图文素材后，用户需要点击“草稿箱”右上角的“历史图文素材”查看，同时，历史图文素材可转存为草稿供用户继续编辑和发表(图5-3、图5-4)。

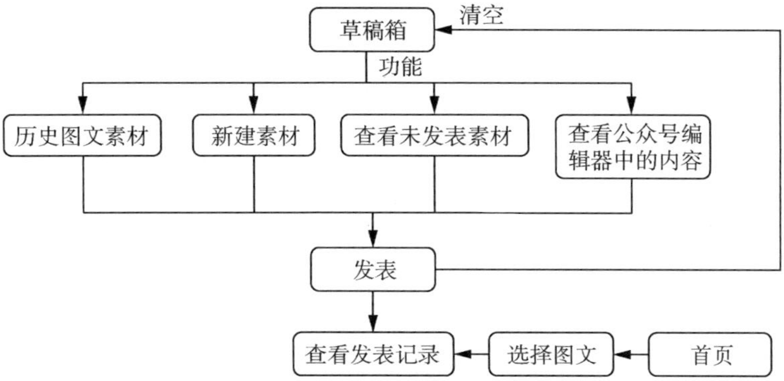

图5-3　微信公众平台草稿箱使用逻辑

图5-4　微信公众平台草稿箱示例

2. 素材库

素材库用来储存推送文章中会用到的图片、音频、视频等，公众号运营者可以点击“上传”按钮将电脑文件上传至云端素材库，也可以将日常搜集到的各类新媒体视听素材保存至素材库，供需要使用时及时调取，保证素材资源充足，特别适用于即时热点的策划与快速制作。

3. 发表记录

发表记录功能可用来查看已发送的文章记录，可以查看每一篇推送文章的具体群发数据，包括总阅读(次)、总分享(次)、阅读后关注(人)，根据这些数据，可以对推送文章的传达效度进行综合分析评判。点击进入发表记录界面，还可

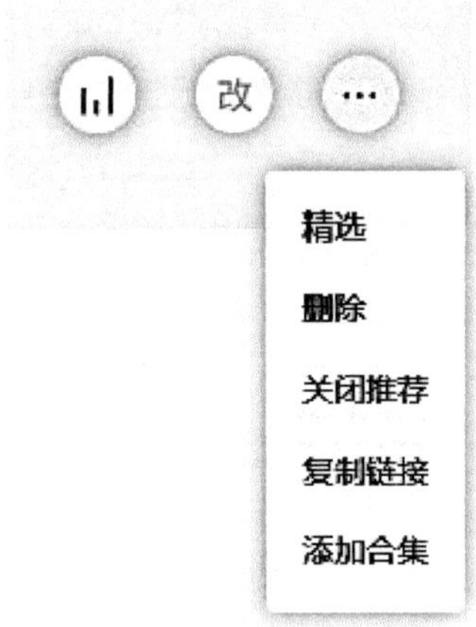

图 5-5 微信公众平台发表记录功能

通过右上角的数据分析直接链接到内容分析(这部分内容将在内容分析环节做详细解析)。通过检索发表记录,公众号运营者还可以利用修改功能对文章进行一定字数范围的调整。此外,设置精选文章、删除文章、关闭推荐文章、复制文章链接和将文章加入合集均在此部分查阅和操作(图 5-5)。这一环节如同售后服务,对已发送文章的修改或其他操作均于此进行。

4. 原创

原创功能鼓励公众号运营者积极策划和发布源头信息,包括图文原创、视频原创及全局可转载账号三个选项。通过图文原创功能,运营者可以看到账号中所有有原创标记的已发送的图文信息,图文消息一旦有了原创标记,未经授权的其他公众号不可以直接复制转载该图文消息。原创功能充分保护了原创作者的智慧成果,避免了抄袭、盗用等侵犯知识产权的不良行为。如果作者允许其他公众号或组织转载,运营者可以利用图文消息转载设置功能设置白名单。通过视频原创功能,运营者可以看到所有有原创标记的已发送的视频,“视频原创”设置步骤同“图文原创”。

转载设置功能包括“单篇可转载账号”设置和“全局可转载账号”设置,“单篇可转载账号”可以转载对其开放转载权限的某一条推送;“全局可转载账号”则可以转载对其开放转载权限的微信公众号发表的任意一条图文消息(图 5-6)。如

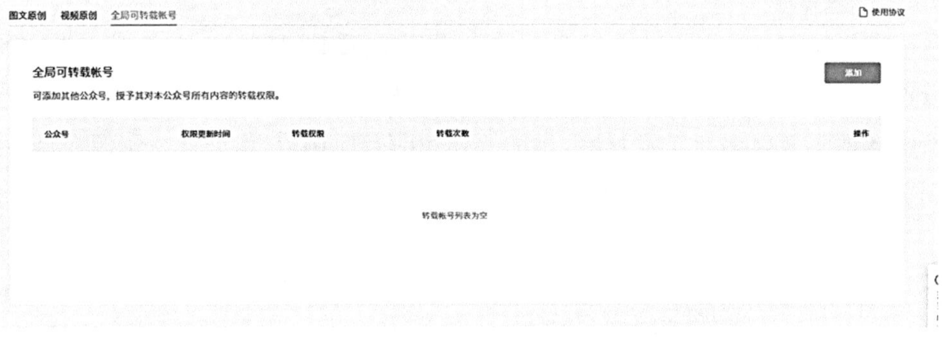

图 5-6 微信公众平台全局可转载账号设置界面

果需要修改“全局转载账号”的权限，需要使用“全局转载权限管理”功能进行修改。高校辅导员在日常工作中，应做好学院、学校各传播平台的联动工作，将各类思政相关微信公众号列为“全局可转载账号”，形成传播合力，互相支持和助力推广，推动网络思想政治教育的全覆盖与全平台合作模式形成。

5. 私信与自动回复

公众号运营者可以通过私信功能查看、回复每一条推送的读者留言，且可以随时对任意一条留言进行“精选”“回复”“置顶”“删除”等处理。运营者可以在后台看到近 5 天的微信号文字私信和近 3 天的微信号多媒体私信，并对相关消息进行“回复”“收藏”“删除”等操作。

运营者应特别注意自动回复功能，公众号订阅者可能会在某界面触发相关条件，公众号后台就会自动回复其相关内容，这些内容的形式包括文字、图文、音频、视频等。自动回复主要包括关键词回复、收到消息回复和被关注回复三类。

公众号阅读者在公众号后台私信某一预设词后会触发“关键词回复”功能。回复内容可以设定为学生日常生活指南、学习小攻略等信息。该功能也可用以搜索某一类型的推送合集，使阅读者可以第一时间便捷地获取信息。阅读者输入无效的文字后，公众号会引导阅读者输入有效关键词。阅读者后台私信任一内容后将触发“收到消息回复”功能。阅读者关注公众号将触发“被关注回复”功能，即粉丝关注公众号后会自动收到一条平台官方回复，内容一般为公众号主体或主题简介，语言形式根据公众号风格定位设置，可以是生动有趣的“打招呼”，也可以是严肃认真的“自我介绍”，为用户营造亲切的第一印象。

6. 用户管理

公众号管理员可以对公众号的粉丝账号逐一进行管理，包括“修改备注”“新建标签”“添加星标”“加入黑名单”等操作。用户管理功能便于后续推送消息时按照分组定点发出，并关注重要的粉丝动态，同时可以屏蔽扰乱平台秩序的关注者，保障公众号公开有序地运行。

7. 视频弹幕

视频弹幕 2010 年代开始在中国流行。发弹幕是当下大学生极为普遍的网络情感表达方式，用户可以通过发送弹幕表达个人情感、对视频的独到见解等。作为学院或学校微信公众号运营者的辅导员可以根据视频形式及内容决定是否开启弹幕功能，弹幕的加入可以增加视频的趣味性，也有助于聚集更多具有相同意见和想法的受众，使视频内容得到认同或引起新一波的热烈讨论。

但需要注意的是，一旦为视频开启弹幕功能，就需要在后台及时跟进了解弹幕内容（图 5-7），避免部分不合规、不恰当的文字和语言出现，从而对相关视频的内容传播和思想引领造成影响，甚至引起较为强烈的社会讨论和意识形态冲突。

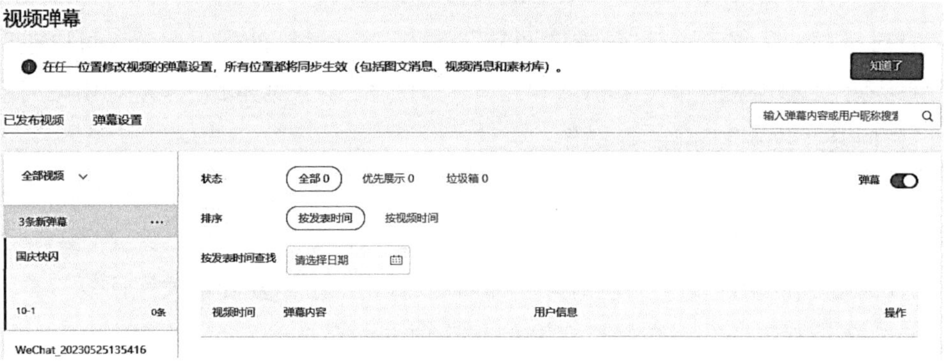

图 5-7　微信公众平台视频弹幕查看界面

8. 自定义菜单

自定义菜单位于微信公众号聊天框下方（图 5-8），关注者通过点击自定义菜单选项触发回复、接收图文消息等。自定义菜单对于关注者了解公众号、深入阅读公众号起到一定实际作用，以更为便捷、互动的方式为关注者提供日常帮助，这也是新媒体平台相较于传统媒体平台的革新之处。高校公众号运营者可以在自定义菜单中设置一些学生比较感兴趣的或经常搜索的内容，如班车信息、医疗信息、权益反馈、考试信息等，使公众号潜移默化地成为学生学习生活、获取信息的得力帮手，稳固公众号粉丝规模，提高粉丝黏度。

9. 合集标签

合集标签通常位于公众号主页，最多可设置 10 个，所有用户可见。通过设置合集标签，可将推送文章归类，一是便于用户搜索相关信息，二是有助于集中反馈热点信息。通过以上功能，可以形成矩阵式的传播规模，扩大信息传播的范畴和广度。公众号还开通了文末连续阅读功能，公众号运营者通过编辑合集即可开启该功能，便于粉丝全面掌握和了解相关内容。

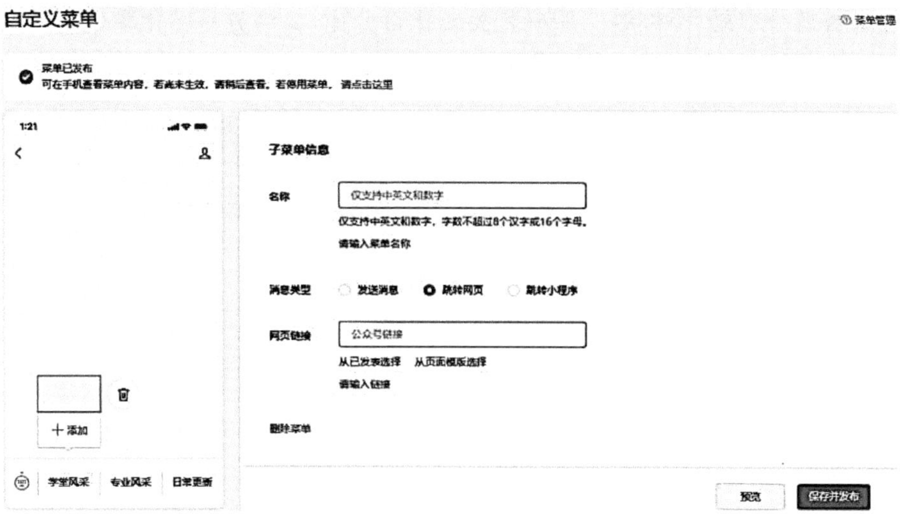

图 5-8　微信公众号自定义菜单设置界面

（二）数据类

1. 内容分析

微信公众号运营者可以在后台通过内容分析功能查看前一天全部推送的点击量、分享量、阅读量，同时可以归纳总结流量来源，分析阅读趋势、文章阅读渠道等。微信公众号运营者也可在后台逐条查看推送详情和 14 天阅读趋势，该功能对于后续推送文章的内容、形式和推出时间的决择具有重要参考价值。在对逐条推送的分析中，微信公众号运营者应着重关注以下几个方面。

(1) 送达转化与分享转化

送达人数指消息群发时，信息可以送达的人数。公众号消息阅读次数指群发消息在公众号会话界面及订阅号消息列表中被关注者点击进而阅读的次数。首次分享次数指用户通过公众号会话界面及订阅号消息列表阅读完消息后，将消息转发或分享至好友会话、群聊、朋友圈及点击“在看”的次数，不包括非粉丝点击“在看”的次数。总分享次数指用户将消息转发或分享到好友会话、群聊、朋友圈及点击“在看”的次数，包括非粉丝点击“在看”的次数。分享产生的阅读次数指由用户分享带来的阅读次数，即阅读来源为好友会话、群聊、朋友圈、朋友“在看”的阅读次数(图 5-9)。分享转化率较高的推送文章往往能够吸引更多关注，获得更多次阅读与传播。微信公众平台后台即时呈现分析图标，运营团队可以随时查看分享转化柱状图,明确相关转化百分比,关注分享转化率较高的推送文章的特点,及时调整推送文章策略。

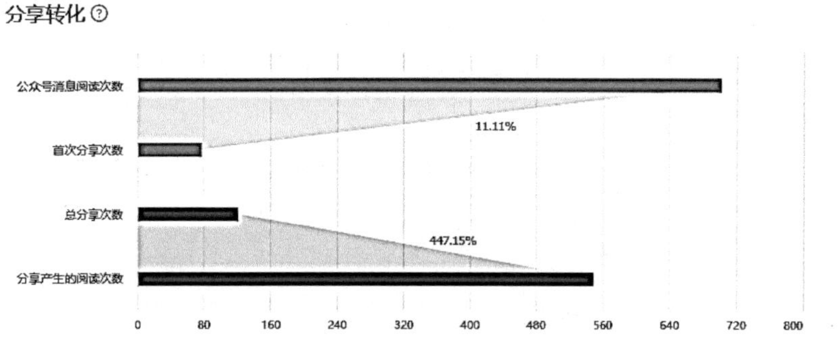

图 5-9　微信公众平台分享转化数据界面

(2) 数据趋势与渠道构成

图文阅读数据统计的主要是通过不同传播渠道阅读消息的人数及次数;图文分享数据统计的则是通过不同传播渠道阅读消息的人数及次数。传播渠道主要包括公众号信息、聊天会话、朋友圈、朋友“在看”、推荐、搜一搜、公众号主页等(图 5-10)。以上用户阅读渠道分类对辅导员开展传播关注和数据提取具有一定指向意义,辅导员在运营公众号的过程中切忌只发送不复盘,务必认真查看和分析各类数据,从而提高下一次推文规划的有效性。

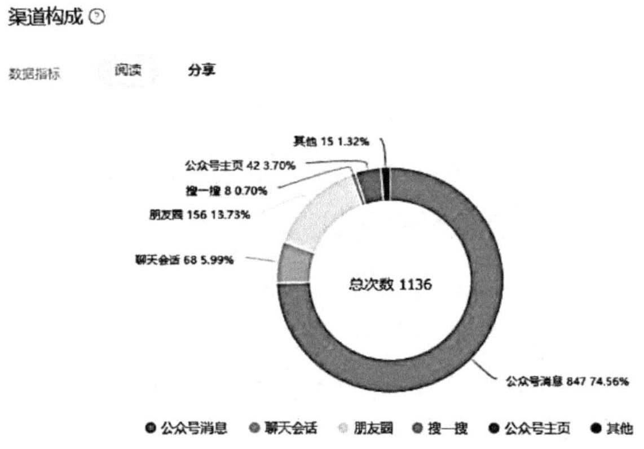

图 5-10　微信公众平台用户阅读渠道构成

（3）用户画像

微信公众平台紧跟大数据分析时代要求，提供用户画像，便于公众号运营者做好用户分析。通过该功能，公众号运营者可以清晰地看到阅读某条推送的用户性别分布、年龄分布及地域分布，有助于分析不同类别用户的喜好，为后续定点推送提供数据支持。

2. 用户分析

微信公众号运营者可以查看公众号用户数量变化情况，包括新关注人数、取消关注人数、净增关注人数、累计关注人数等。不同的推送文章会对公众号粉丝数量产生不同影响，公众号运营者通过分析推送文章对公众号粉丝数量的影响可以从侧面了解推送文章内容、形式等可能存在的问题或优势。在用户属性方面，公众号运营者可以对全部用户的人口特征、地域特征、访问设备进行分析，以明确有效阅读群体的基本情况，其中，语言分布情况能够反映推送文章在海内外的传播广度。辅导员及公众号运营团队需要根据阅读者的情况及时调整传播策略，确保推送信息内容和形式符合粉丝群体的认知。

3. 菜单分析

公众号运营者可以查看公众号菜单的点击次数、点击人数和人均点击率等数据，且能够对点击率较高的菜单做进一步分析，以了解粉丝的实际需求，从而在菜单中加入需求度较高的内容，同时可以通过分析总结优化点击率较低的菜单，拓展、巩固、满足粉丝对公众号内容、服务和互动的需求。

4. 消息及网页接口分析

微信公众号运营者可以查看一个月、一周、一天、一小时内消息发送抵达的人数、次数等数据，根据发送的消息的关键词分析用户关心的内容。通过本项功能，辅导员及公众号运营团队可以查看接口的调用次数、失败率、平均耗时及最大耗时等数据，通过数据及时调整各类接口的应用，寻找、确定最高效的传播路径。通过网页分析，公众号运营者可以分析用户调用及访问相关网页的次数。对拥有官方网站、官方视频账号的微信公众号主体来说，接入网页是构建融媒体传播矩阵的重要手段，通过技术层面的革新联通各类平台，能够对网络环境下大思政格局的构建起积极作用。

（三）微信广告

微信广告功能主要包括对广告主和流量主的分析，微信平台整合亿级优质用户流量，利用专业数据处理算法，为广告主提供社交推广的营销平台，主要用来发布微信朋友圈广告、公众号广告、小程序广告等。流量主功能开通后，公众号运营者可获得广告分成、返佣等多种收入，从而实现流量变现。该功能更适用于社会化媒体，对主要起到思想引领、丰富校园生活作用的辅导员运营的微信公众号而言可能不是特别适合。

（四）微信小程序

小程序是近年来颇受大众关注的新兴产物，微信公众平台通过聚集各类小程序，构建了通过公众号可以一体化满足用户衣食住行和娱乐等生活需求的理想网络空间。公众号运营者可快速关联或创建小程序，已关联的小程序可在群发消息、公众号介绍、模板消息和自定义菜单等场景中供用户调用。辅导员可尝试在其运营的公众号中关联思想政治教育相关的热门小程序（包括具有正向引领作用的互动小游戏），加强学生日常思想理论学习的便捷度，激发学生的学习热情，实现寓教于乐。

（五）微信搜一搜

微信搜一搜功能是微信公众平台为微信公众号运营者提供的推广账号的辅助功能，默认提供公众号、小程序、公众号文章的搜索服务，用户搜索的主要入口包括全局搜一搜、发现搜一搜、公众号搜索、小程序搜索、添加朋友搜一搜、指尖搜索等。同时，微信搜一搜支持品牌主或开发者自主开通品牌官方区，提供服务接入、内容接入、深度搜索接入等功能，能够使公众号、小程序、公众号文章等获得更加丰富的展示样式和更多的新增流量。微信搜一搜配套提供“搜索学堂”栏目，引导公众号运营者明确提升被搜索率的技巧。官方提供的提升被搜索率的技巧包括：标题应清晰、简洁、直接，正文应鲜明、翔实、可用，排版应突出重点和层次[174]。在运营公众号过程中遇到与搜索功能相关的问题时，可以及时联系“微信搜一搜助手”公众号，获取官方的支持与帮助。

（六）设置与开发

1. 公众号设置

公众号设置包括设置公众号名称、修改微信号、下载二维码、修改介绍、进行认证等账号功能。对于主体信息的认证和修改在此栏目下，如果遇到账号运营者变更或其他情况，可使用本栏目下的账号迁移功能整体转移账号。账号迁移后，原账号的原创保护和留言管理功能、违规记录、文章和素材库（可选）、关注用户数（可选）会迁移至新账号。账号迁移的整体流程较为复杂，需花费 7～10 天，因此，公众号运营者应谨慎处理账号转移。公众号简介位于公众号首页，将构建用户对公众号的第一印象。因此，运营者需要认真思考平台定位和话语风格。当需要宣传公众号时，可下载二维码，部分公众号会结合二维码设计页尾动态图，便于阅读者在完成阅读后，及时关注公众号，从而聚集更多粉丝群体，提升公众号的影响力，扩大公众号的覆盖面。

2. 人员设置

人员设置主要包括管理员的绑定及修改，管理员一般分为长期管理员和一个月的短期管理员。根据高校公众号运营团队特点，建议给予教师或学生主要负责人长期管理者身份，便于其直接登录和快速操作，而对于其他常规负责成员，可以给予其一个月的短期管理员身份，每次绑定管理者都需要公众号所有者扫码确认，确保账号的后台安全。公众号管理员具备查看后台、编辑和推送内容的权限，是运营公众号的核心团队，管理员在后台操作的每一个环节都需要倍加仔细，以免出现错误推送、素材混淆、违法违规等行为。

3. 安全中心与违规记录

微信公众号运营者可以通过微信公众平台对公众号进行风险操作保护、风险操作提醒，查看风险操作记录、设置 IP 白名单、修改账户密码等（图 5-11）。违规记录里记录了公众号的违规情况，运营者可随时查看，以更清晰地了解账号违规情况及相关规则，一般涉及内容、关键字词、图片等信息，后续应避免类似问

图 5-11　微信公众平台安全中心

题再次出现。如对违规记录存在异议，可通过站内信中处罚通知的申诉入口申诉。常见的违规原因包括：滥用原创声明功能，违反《互联网用户公众账号信息服务管理规定》等，运营者需要着重关注公众号安全，保障公众号运行合规合法。

4. 基本配置与开发者工具

基本配置包括公众号的开发信息、开发者 ID、密码等内容，具体涵盖服务器配置的地址、令牌、消息加密解密密钥等。进行基本配置需要启用开发者功能，并调制服务器。启用开发者功能的公众号的运营者可以利用"开发者工具"，包括开发者文档、在线接口调试工具、web 开发者工具、公众平台测试账号、公众号第三方平台、腾讯云 CDN 加速、微信云托管等。目前的微信公众平台已不再是只能推送图文、视频消息的平台，其给予了运营者更多技术层面的实现可能，通过技术的迭代和更新，赋予所有用户挑战和突破的机会，成为多元化、立体化、先进化的社交互动媒体平台。高校带教软件、大数据、计算机等信息类相关专业的辅导员，可以尝试组建具有专业程序设计背景的学生团队，基于思想政治教育的传播需要，策划和实施更适合学生生活与工作的新项目，借助微信公众号平台实现"技术＋思政"的融合模式，推进"实践中教育，教育中成长"的良性循环。

5. 运维中心与接口权限

运维中心与接口权限功能包括实时监控数据和统计公众号接口、被动回复调用数据，支持特定时间段调用数据查询，帮助开发者了解公众号接口调用情况。日志功能可以帮助用户查询公众号 48 小时内接口调用错误日志。接口告警通过微信群来通知，公众号运营者扫描二维码加入相关微信群，即可接收告警通知。接口权限包括对"对话服务""功能服务""网页服务"等类目接口权限的使用调配，覆盖平台相关的所有界面、程序、应用、网页等的大数据，便于公众号运营者实时检测各类功能的运行和内外联动的操控状态。

三、排版推送策略

人们自 2012 年 8 月开始利用微信公众平台分享资讯、传播内容，如今，微信公众号已经在人们的日常生活中打下深深的烙印。高校师生几乎每天都会通过微信朋友圈浏览大量校园新闻、活动推送，辅导员应在推送的设计方面采取一些策略，让自己的推送文章在令人眼花缭乱的各色推送中脱颖而出，受到学生关注，引领学生的思想成长。辅导员在使用微信公众平台推送文章时，需要明确读者的兴趣点，也要知晓什么样的推送文章能够让读者完整阅读并引发读者互动。

对当代大学生来说，除了抽奖、投票类带有物质吸引和转发引导性质的推送文章外，标题是其判断是否点开一篇推送文章的核心要素。进入微信公众号可以看到推送标题和封面，学生一般会迅速地浏览前两屏的内容。大部分学生将公众号推送文章当作一种快餐文化来摄入营养，因此，辅导员等公众号运营者在策划高校思想政治教育类的推送文章时，不仅要把握内容的质量，更要在视觉上给予读者很好的感官体验，使其对完整阅读推送内容产生兴趣。排版优质的推送文章通常具有同样的特点——排版与视觉效果优秀，读完全文的读者人数比例相对较高。辅导员在对一篇推送文章进行排版之前，需要优先考虑如下几方面：全文的篇章结构、推送文章风格的选取、重点与亮点的突出。

（一）排版的准备

在排版前，辅导员需要做好准备工作，要先确定文章的排版风格，通常一篇推送文章的排版风格要结合此篇推送文章的定位，不同类别的推送文章往往有各自适合的排版模式。例如：新闻类活动推送文章以清晰图文为主，颜色不宜跳脱，段落不宜零散；文体类活动推送文章以活泼灵动为主，可穿插表情包、对话框、关键词等；科普类、专访类推送文章以内容输出为主，文字内容占比较高，排版时需要总结并突出关键词，同时注意适当缓解读者阅读疲劳感。

（二）文章的模块

1. 标题与正文字数

在设计标题时需要注意控制字数，多用数字、少用标点符号，因为标点符号过多会干扰用户的阅读理解。同时，需要注意标题语气，如可以尝试利用设问，激发用户的阅读兴趣，巧妙设置悬念。合适的悬念会让用户产生点击进行阅读的兴趣。

通过对阅读量超过 10 万次的热门推送文章进行分析，可以发现除了新颖别致的题目以外，正文内容不超过千字也是一种普遍现象。这一点可能与人们通常认为的“内容越多越好”大相径庭。公众号运营者在设计推送标题时需要注意尽量用短句，因为短句往往可以给人更好的阅读体验。例如曾经火爆一时的“刚刚体”，公众号运营者也可尝试设置长短句相结合的标题，形成一定的对比效果。微信公众号运营者在撰写推送的文字时可以尝试优先使用动词、名词，尽量少使用形容词、副词，因为推送文章的撰写不同于日常的作文或论文，需要减少一些细节描写，做到言简意赅，适应手机窄屏环境下用户的快速浏览和阅读需求。小标题可以向读者提示推送中心内容，鲜明地表明作者的立场，提升推送的质量和读者的阅读效果。

2. 顶部导语

读者对推送文章的第一印象往往来自顶部导语，因此，公众号运营者要精心设置顶部导语，以让读者对文章或者公众号有较好的直观感觉。顶部导语的位置一般在推送文章之上，可尝试用短句，位置设置为居中，适当搭配与全文内容相符且能够令读者赏心悦目的图片。建议尝试使用具有故事性的小段文字，插入的图片或视频应与文字相匹配，例如可以使用网友评论截图，对读者产生引导。在此，推荐如下几种整体设计精致但并不复杂且常用的导语形式，以供公众号运营者参考使用。

第一，介绍时长篇幅。顶部导语使用“数字＋分钟”的话语模式，配合文章题目为读者提供阅读时长参考，让读者对文章篇幅形成基础认知，使读者预留出文章阅读时长，避免读者无法完成阅读或因阅读时间太长而放弃阅读。

第二，添加富有情感的文字顶部导语，营造仪式感。有温度、有共情的文字能够使读者与运营者形成共鸣，提升读者对公众号的好感度，促进读者从心理层面认同与接受公众号，提升粉丝情感黏度。

第三，提供优质主图。图片或动图比文字更容易给读者带来惊艳的感觉，图片、公众号名称、富有平台精神的一句话搭配在一起，可以从视觉和心理感受的角度很好地吸引读者。与此同时，应注意版面大小，如果全文篇幅较小，就要避免占用过大的空间。如图 5-12 所示，优秀辅导员微信公众号“萌哥有话说”的系列推送文章的导语部分加入了大船航行的动图，并配文“寻找高校辅导员的光荣与梦想”，有助于激发辅导员群体内心的职业动力与工作热情。

图 5-12　优秀高校辅导员微信公众号“萌哥有话说”导语截图[175]

3. 字体与字号

公众号运营者可以将一些关键词设置为一些有特色的字体,以便读者快速获取关键信息。而微信公众平台不支持部分域外字体。遇到这种情况,比较好的解决方法是利用 Adobe Photoshop 或者 Adobe Illustrator 制作图片,更简单的方式是利用 Word 截图,以图片的形式直接插入特色字体的文字,既解决了技术问题,也增加了阅读美感和创作新意。部分学生对于一些热门字体也有亲切的感受,特别是一些动漫相关的字体,辅导员可以适当了解相对热门的字体,通过应用、编排相关字体,拉近与学生之间的文化距离。

根据读者阅读体验和推送文章排版要求,推送文章字号为 14 px～16 px 最佳,字号过大会影响美观度,字号过小则不利于阅读。14 px 字号常用于文艺类和情感类推送文章排版,可以营造出艺术且温馨的文字氛围;15 px 字号常用于新闻类、采访类等现实题材的文章排版,是中规中矩、不会出错的字号;16 px 字号偏大,更适合中老年人阅读浏览或用于突出内容重点。标题和正文的字号选择也应有所不同:标题字号建议设定为 16 px～18 px;正文字号建议设定为 14 px～16 px;标注字号建议设定为 12 px～14 px。如果遇到不能直接选择 15 px 字号的编辑器,可以在字号栏手动输入使用,快速锁定需求字号(图 5-13)。

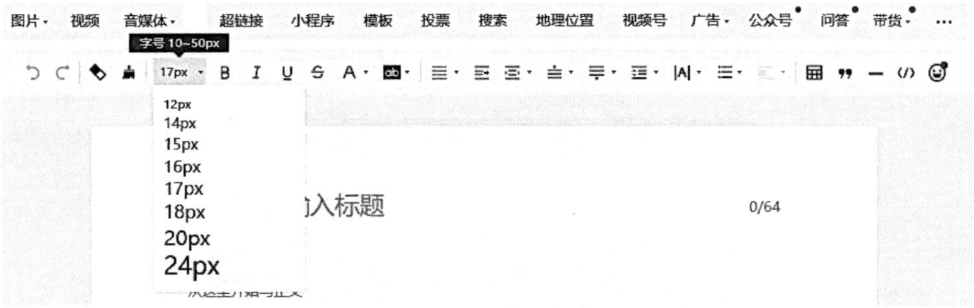

图 5-13　微信公众号推送消息字体选择

4. 颜色与排版

在设计制作新媒体作品时，个人审美具有决定性作用，运营者即便个人审美基础并不突出，也可以通过学习一定的排版规律提升推文美感。在对全文进行排版时，正文所有颜色最好不要超过三种（图片颜色除外），并且所有颜色应与文章内容和情感基调相匹配。建议不要将全部文字设置为纯黑色号，因为纯黑色会与白色电子屏幕形成较为强烈的反差，不利于读者阅读，同时应避免使用饱和度过高的颜色，因为这类颜色在手机端会比较刺眼。根据推送经验，建议文字使用深灰色，推荐色号如下。正文颜色：＃2f2f2f、＃333333、＃3f3f3f、＃595959，标注文字颜色：＃a5a5a5、＃888888。标注色一般可以用于引用内容、注释、声明等，标注色一定不要和背景色接近，但也不能过于花哨。选取颜色时可运用 Adobe Color 网站或 ColorHexa 网站，根据类比、颜色、三元群、补色、分割补色等原理，结合文案需要设计选色。

善用字号、字间距和行间距。左对齐一般用于文字内容输出类的推送文章，居中对齐格式多用于浅阅读内容，两端对齐则多用于长图文。所选取的图片一定要保证高清，如果不是图片专栏的推送文章，尽可能在每一屏仅安排一张图片，避免图片过于集中造成杂乱的视觉效应。

在排版过程中，各类字符距离和页边距等都有一定的设计技巧可供参考。字间距指两个字的左右间距，一般而言，字间距与字号成正比。设置合适的字间距更利于读者辨认字符，同时避免字符间显得过于松垮。适当扩大字间距可以优化读者的阅读体验，常用字间距为 1 px～1.5 px，最多不超过 2 px。行间距指两行文字之间的间距,行间距与字号成正比。行间距的功能和效果与字间距相同,行间距设置应本着宁大勿小的原则,常用行间距为 1.5 px～2 px,有助于增强可阅读性。段间距指两段文字之间的间距,可以通过点击回车键形成。排版时可以单纯留出段前距或者段后距,建议小标题上下间距保持一致,推荐段间距为 5 px～10 px。

页边距配合对齐格式使用效果更佳。常用页边距为 8 px～10 px,使用合理的页边距可以优化读者的阅读体验,提高读者的阅读效率。左对齐适用于情怀抒发类文章和短诗歌等类型的推送,不建议使用首行缩进。右对齐适用于新颖、有格调的文章,一般很少使用,对文章内容的要求极高,希望打造特殊的视觉体验的公众号可以尝试。两端对齐最为常用,适用于追求统一感的文章,能够使文案清楚明晰。居中对齐适用于短句类内容,但要注意,若一行文字过长,则不建议使用居中对齐模式,可以使用左对齐排版模式。

在此特别提醒,初次尝试运营公众号的辅导员务必注意不要过度排版。刚刚开始公众号运营之旅,看到形式多样的功能和模板往往会情不自禁去尝试,譬如飘雪落星的动态背景、文字编排超过三种颜色、堆砌多种微小符号等。但过于复杂的排版可能会使读者注重排版多于内容,太过花哨的排版不仅不能吸引读者关注和阅读,甚至有可能使读者产生反感情绪。成熟的公众号运营者应能够掌握直接通过公众号后台进行简单图文消息排版和设计的技巧,推出优美的排版,完成具有欣赏价值的优质新媒体作品。

5. 插图与表情包

有时推送文章中的图片可以辅助阅读,其丰富的色彩和内涵能够为推送文章增加趣味性,为文章的排版增加美感,推送文章中的图片类别基本可以划分为照片、图表、表情包等。图片的比例建议使用 16∶9 或 4∶3,不建议使用竖版图片(首尾图除外),因为这种形式的图片占据的空间相对较大。与推送文章相关的照片可以直接插入,需注意的是,目前公众号要求图文消息中的图片大小小于 5 M,为保证推送文章风格及色调保持一致,照片可以经过后期处理再插入文章中。

表情包是新媒体文化交往中的特色产物,打破了文字交往的界限,公众号运营者可以通过在文章加入表情包,在一定程度上活跃推送文章氛围,并表达文字难以描述的情绪。最基础的表情包来自符号的叠加，形成诸如：)（笑脸）、@-@（困惑）等初代文字符号表情包，而第二代表情包则是由 QQ 带动的黄色小圆脸系列表情包。随着自定义表情包的出现，来自视频片段、机械化动图的表情包也流传甚广。小黄脸表情包在学生的话语结构中被赋予了特殊的含义，这些含义被学生群体看作彼此默认的潜在含义，拓展了原有表情的含义，比如：🙂，原意是微笑，实际被用作“呵呵”，略带无奈和调侃的意味；😂，原意是破涕为笑，实际被用作“笑哭了”，表示哭笑不得、略显尴尬；😁，原意为露齿大笑，实际被用作“坏笑，你懂得”，表示一些不可说又心知肚明的内涵。因此，公众号运营者在使用这些表情时需要理解其潜在意义。设计师群体的加入推动了第三代表情包问世，第三代表情包不再局限于单一的图片变形，而加入了真人形象、原创卡通形象等动图形式，形成了“一言不发就斗图”的网络文化行为。辅导员应深入学生群体，了解现代交往中表情包的使用特点和应用原则，避免与学生形成文化代沟，甚至造成交流误解和障碍。

封面图也称头图，是读者在点开推送文章前首先看到的图片，其比文字更能快速吸引读者的注意力，建议对其进行特别设计和规划。公众号头条封面图片的长宽比是 2.35∶1，转发、次条封面图片的长宽比是 1∶1。关于封面图，可以使用 Adobe Photoshop 自行设计，或者利用各种制图手机 App，直接在模板中加入自己需要的文字完成制作。特别推荐 Canva 可画网站，该网站提供了可直接编辑的微信公众号封面模板。一致化的头图设计可以加深读者对品牌的印象，例如相同专栏的推送文章头图采用同一系列设计，或加入公众号标志性元素，能够使读者快速识别其感兴趣的内容。图 5-14 为优秀辅导员运营的问答类公众号“猫头鹰公子”的一篇推送的头图，每一条推送都将卡通猫头鹰形象和突出主题的文字组合，既能让读者第一时间了解推送文章内容，也能推动读者转发，扩大对该公众号的宣传。

尾图一般可以使用图片或动图，其功能主要包括往期回顾和引导关注。由于读者通常通过微信朋友圈阅读微信公众号发布的图文信息，因此，合适的、有特色的尾图非常重要，一方面可以加深读者对推送内容及微信公众号的印象，另一方面可以引导读者关注，形成粉丝黏度。特别是在尾图附上公众号的二维码（图 5-15），更有助于推广公众号，潜移默化地提升粉丝关注度。

图 5-14　微信公众号“猫头鹰公子”推送文章头图[176]

图 5-15　“同济大学生”尾图

6. 视频

视频具有动态、直观的传播特点，与平面的图片和文字不太相同，更适合在新媒体平台传播。通过在微信推送中插入视频，可以向观者更为生动地传达故事，建立动态沟通，通过设置问题引发观者思考，以声音、影像的形式引发观者共鸣，通过展现细节给观者留下深刻的印象。不同类型的视频对于推送文章的内在展示作用各有特色，公众号运营者可以根据推送文章主题重点制作一些视频，并将其插入公众号推送文章，视频制作的技巧包括以下几方面。

第一，所推之事与日常生活不同。在高校范畴内一些和学生活动相关的内容较为适用，如志愿服务、实践教育、企业走访、大型活动、名人采访等。如果使用闪回短视频的形式，则可以更为快速地带领观者回顾事件，节约观者的浏览时间，并使观者有身临其境之感。

第二，具有解密性质的讲解。此类视频可以调动观者的好奇心，使观者以探秘心态面对推送文章中的视频，常用于辅导员带学生了解某实验室、某设备的使用，或在迎新周向学生介绍校园生活等，对大多数学生而言，新颖、陌生且有价值的内容都可以作为此类视频的主题。

第三，培养自己的流量出镜者。这一目标的实现主要基于出镜者的现实积累，平台邀请社会各界知名人士走进直播间，高校公众号运营者也可以培养校园明星、青年榜样，打造核心意见领袖的网络形象，形成公众号专属 IP，增强线上线下的亲近感。

四、第三方编辑器

在微信公众平台后台直接排版在技术操作上有一定难度，诸多细节需要运营者逐一调整，为了解决这一困难，市面上出现多款微信公众号推文编辑器，如秀米、i 排版、135 编辑器等。这些编辑器能够提供各种实用的公众号文章排版工具，一般都包含丰富的一键转用模板，可以使运营者节约排版时间，从而有更多时间专注于打磨文章内容，提高文章质量，吸引更多粉丝来阅读文章。以下以校园公众号运营者常用的秀米编辑器为例，介绍第三方编辑器的使用技巧。

（一）登录网站与主页介绍

在浏览器中输入并打开网址：https://xiumi. us/，或在搜索引擎中搜索“秀米”，进入秀米官方网站，之后点击右上角“登录”注册自己的账号，建议在保证个人信息安全的前提下使用扫码登录，关联登录将更加方便快捷。

进入秀米首页后，可以看到秀米编辑器提供图文消息、H5 页面等模板，用户可以在其提供的精选风格排版中挑选一个进行修改，或新建一个空白图文，根据个人推送文章形式规划，逐步添加所需内容。

（二）认识图文排版操作界面

从首页点击“新建一个图文”，进入图文排版编辑界面。编辑界面主要有三个部分。

第一，左侧素材区工作栏，主要包括：主题色、图文素材（标题、卡片、图片、布局、SVG、组件、热门等）、图文收藏、剪切板及图库。

主题色指点击某一个颜色，可以使所有分类模板都变换成所选中的颜色。用户可以针对不同主题的推送策划使用不同的颜色，如庆祝春节、建党节和国庆节适合使用偏红色模板；也可以根据所在季节特点策划使用不同的颜色，如春天偏向绿色、夏天偏向蓝色、秋天偏向金色、冬天偏向白色，以颜色表达推送文章主基调和情感特点（图 5-16）。在图文模板板块可以获取各式各样的模板，包括标题、卡片、图片、布局、组件等类别，选择好想要的模板后通过点击或拖拽的方式将其拉入文章内，使其成为文章的一部分。图片素材模块提供小图片、近期热点元素、各类风格的素材，对话框也有不同种类可以选择，在左侧点击选择后即可在右侧中看到相应模块。

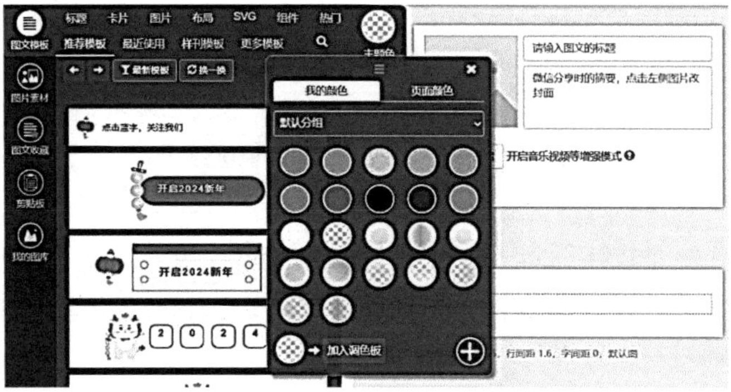

图 5-16　秀米编辑器图文主题色选择

图文收藏主要用来储存用户精选的模板，方便以后再次使用。通过剪切板功能可以将内容复制到剪切板，再次点击或者拖动内容能够将内容重新放回编辑页面，使用顶部打开图文功能可在不同图文之间共享剪切板。“我的图库”主要用来储存从电脑端上传的图片，用户可以通过点击或者拖动图片将其加入文章编辑界面，但是非会员的图库容量有限，目前可储存 100 张照片，用户也可以选择批量管理或者清空。

第二，编辑操作区域。如图 5-17 所示，最上方一行为对文章的整体操作区域。左上方为封面信息设置区域，左下方为正文编辑区域，页面右侧分布着其他辅助编辑功能。

封面处可上传任何大小的图片。而对于微信公众号图文消息来说，封面图

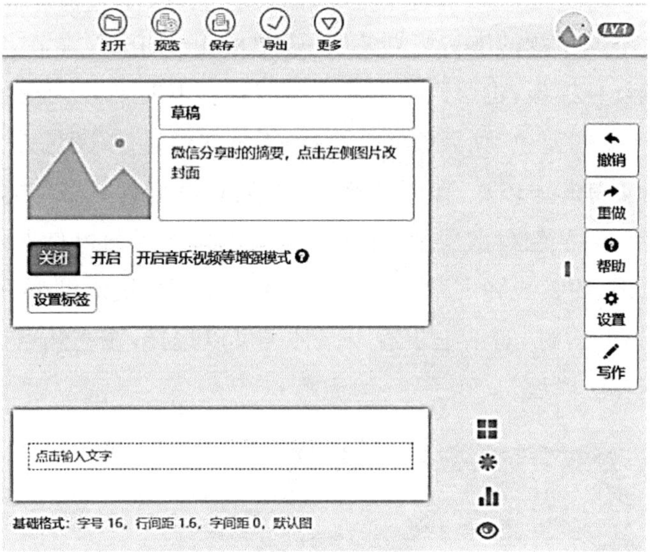

图 5-17　秀米编辑器编辑区域

片的分辨率最好是 900×383(首条封面图片的长宽比为 2.35∶1),或者是 383×383(第二条之后的封面图片的长宽比为 1∶1),可以点击图库换图或者双击剪裁图片。

当需要向正文区域添加图文内容或常规模板时,可以通过鼠标点击或者拖动,将左侧素材区中的内容添加到正文编辑区域。直接点击素材区的模板,模板就会直接添加到当前编辑区内容的最下方。如果想将图文内容或模板添加到指定区域,除了拖动添加,还可以先选中指定区域的前一个模块,再点击添加按钮。

通过秀米编辑器任意选择替换图片。首先选中模板图片,然后点击图库中的图片替换,实际操作起来简单易懂。如果有图片无法运用上述操作逻辑替换,那么可能是因为这类图片被设置成了背景图。此时,用户可以选择布局模式,选中布局,然后在布局的工具条上找到背景图设置项,找到后依然点击图库中的图片替换。

右排和顶部的各种功能按钮也对推送文章的编辑非常有用,用户只要将鼠标放在这些按钮上停留 1~2 秒,就可以看到按钮名称和作用的文字提示,用户可以根据自身需要使用(图 5-18)。

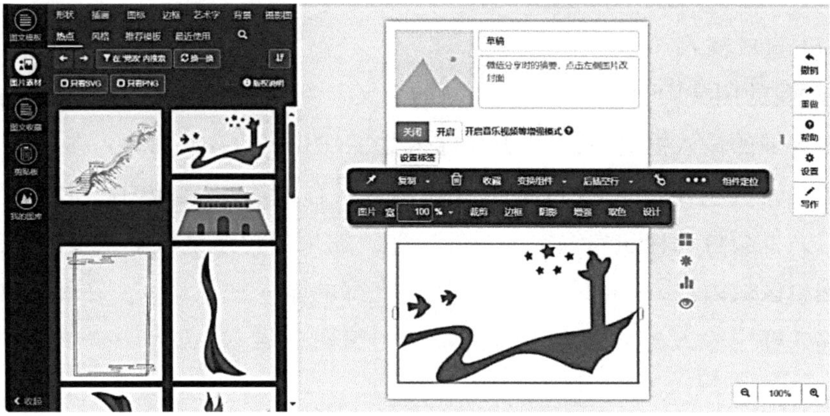

图 5-18　秀米编辑器编辑界面

（三）同步图文

将编辑好的内容上传至微信公众号的方法有两种，分别是复制粘贴和同步上传。

作为新手，可以先尝试复制粘贴功能。在电脑键盘上按 Ctrl+C 键（苹果电脑：Command+C 键）复制后，打开微信公众平台编辑器，按 Ctrl+V 键（苹果电脑：Command+V 键）将内容粘贴到正文区域，即可完成复制步骤。在复制的过程中，有几点用户需要多加注意。

（1）微信公众号后台和秀米编辑界面需要用同一个浏览器打开，建议使用谷歌浏览器。

（2）不要二次复制图文内容。图文内容无论是以复制还是以同步的方式上传到微信公众号，都不应再从一条微信图文消息复制到另一条微信图文消息，二次复制将造成代码混乱，影响推送文章的创作和发布。

（3）从操作体验来讲，同步上传的步骤和形式比复制粘贴更为便捷，只需要用户先进行一次授权微信公众号的操作，其后就可以直接将图文内容同步到公众号后台。

（四）排版文章

1. 加入文字

把文字内容添加到秀米编辑器编辑区域的方法有 4 种：直接输入、复制粘贴、导入 Word 文档、导入微信图文。

(1) 直接输入

在“我的图文”页面,点击“添加新的图文”,新建一篇图文,然后将光标移动到编辑区域的输入框里,就可以开始输入文字(图 5-19),文字输入结束后,用鼠标点击编辑区域旁边的空白处即可退出输入状态,当编辑区域内已经有内容后,文字输入框会自动移动到编辑区域的底部。如果用户想继续输入文字,可以直接在编辑区域内输入,也可以在编辑区域底部的输入框里输入。在编辑区域底部的输入框内输入的文字会被自动添加到编辑区域内,成为一个单独的文字组件。

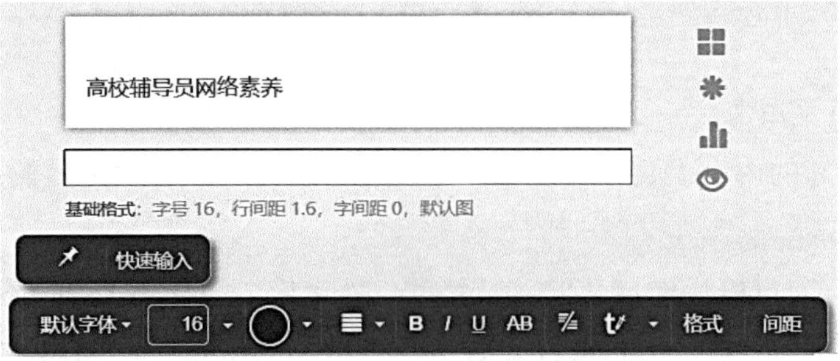

图 5-19 秀米编辑器文字输入框

(2) 复制粘贴

复制粘贴方式比较适合文案推送制作。只需要先复制,再粘贴到秀米的编辑区域即可完成编辑。新建一篇图文,然后将光标移动到编辑区域,选择从其他路径复制的文案,按快捷键 Ctrl+V 粘贴,完成后,鼠标点击编辑区域旁边的空白区域即可退出输入状态。

使用复制粘贴的方法还需要注意一点:秀米编辑器会默认清除从其他路径复制粘贴到秀米编辑区域的文案内容的格式样式,以保证在纯文本的基础上,对内容进行排版。这样可以避免文案内容因为带有原有格式,而无法进行文字字号、颜色设置等各种问题。因此,如果对某些格式比较感兴趣,还需要提前研究好如何实现,在秀米编辑器同步后进行下一步的加工美化工作。如果用户希望保留复制的文案内容的格式,那么在粘贴之前需要先取消勾选编辑区域右边“设置”功能中的“粘贴时清除格式”。

(3) 导入 Word 文档

如果所需文案内容是以 Word 文档的形式保存的,那么可以使用“导入 Word 文档”这个方法。这个方法不仅可以导入 Word 文档中的文字内容,还可以导入 Word 文档中的图片。同样,新建一篇图文,然后点击编辑区域顶部的倒三角“更多”图标,可以看到“导入 Word 或微信图文”选项,再点击“导入 Word 或微信图文”—“选择文档”,从本地选择文档导入即可。目前秀米编辑器只支持导入.docx 格式的文件,文件导入后,Word 的排版格式会被清除,文字和图片内容会被保留。

(4) 导入微信图文

如果希望对已经推送过的微信图文进行重新排版,那么可以使用导入微信图文这个方法。新建一篇图文,点击编辑区域顶部的倒三角按钮,选择“导入 Word 或公众号图文”—“导入公众号图文”,直接手动输入微信图文链接即可(图 5-20)。如果用户的公众号为秀米编辑器开通了相关权限,那么可以使用“从授权公众号导入”这个功能。

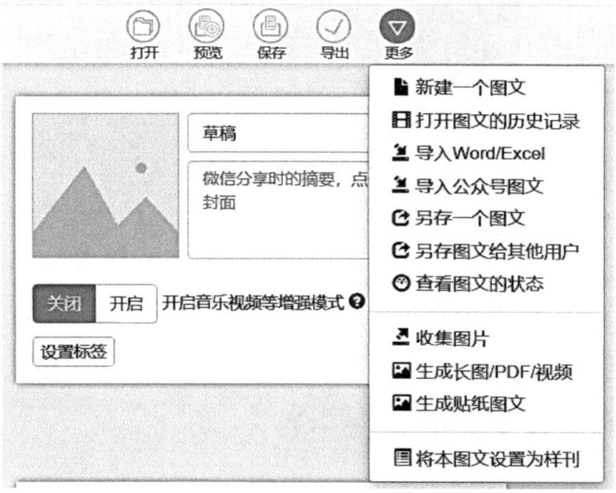

图 5-20　秀米编辑器导入功能界面

2. 加入图片或表情

添加到秀米编辑器里的图片,目前只支持 jpg、png、svg 和 gif 格式。jpg 格式是最常见的一种图片格式,很多静态图片是这种格式的;png 格式是透明底图片的格式,表情包或贴纸通常会用这种格式;gif 格式是动态图片的格式,利用秀米编辑器编辑的推送文章中的许多动态配图就是这种格式的;svg 格式是一种矢量图格式,需要将“自定义文件”更改为“所有文件”,秀米编辑器里有许多贴纸素材就是这种格式的,可以实现换色功能。

上述 4 种格式的图片,添加到秀米图库里的方法是相同的,主要有两种:一是从本地文件夹添加,二是从桌面拖动到秀米编辑器里添加。从本地文件夹添加:点击编辑区域左边的“我的图库”—“上传图片”,在本地文件夹里选择想要添加的图片上传即可(图 5-21)。从桌面拖动到秀米编辑器里添加:把要添加的图片保存到桌面,然后直接用鼠标将桌面上的图片拖动到秀米编辑区域里。

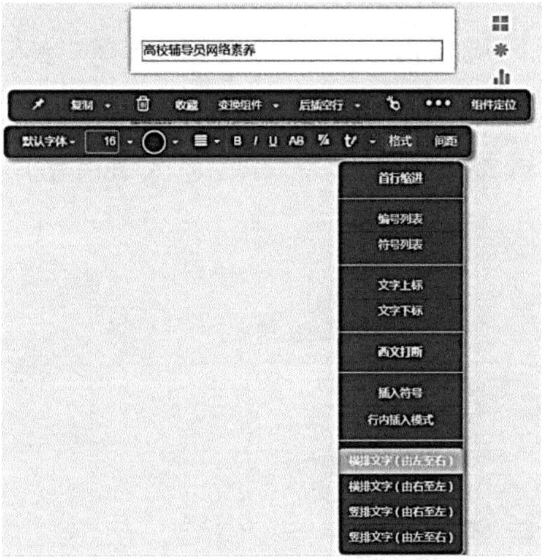

图 5-21　秀米编辑器图库添加界面

在文字段落间插入小图片,可以增强阅读的活泼感,用户可以使用键盘快捷键 Ctrl(Windows 系统)/Command(苹果系统)和鼠标完成。将鼠标的文字光标定位到相应文字段落,然后按住键盘快捷键 Ctrl/Command,同时用鼠标点击“我的图库”里面的图片即可完成图片添加。秀米编辑器可以直接在推送中添加表情,该功能的使用能够使推送文章更具趣味性,也更符合年轻读者的喜好,能够以简单易懂的形式表达推送文章的内在情感。操作者将鼠标的文字光标定位到文字段落里,然后点击文字工具条上的“格式”—“插入符号”,再点击想要添加的表情即可完成表情添加。

3. 视频/音频

秀米图文排版支持添加视频,但用户需要先将视频上传到腾讯视频平台,然后通过复制视频的嵌入代码添加视频(图 5-22)。视频也可以直接上传到公众号后台,但这样视频代码并没有被嵌入。在这种情况下,用户可以在秀米编辑器中将其他部分先排版好,并在放置视频的地方留好空行,复制/同步图文到公众号后台,再用后台编辑器插入视频就完成了。

用户如果需要获得视频的嵌入代码，就要打开腾讯视频网页版（注意既不是手机版，也不是桌面版）。找到需要添加的视频，点右下角的分享按钮。分享按钮下方会出现一个提示框，里面含有嵌入代码选项，复制该代码项目即可。如果想要在秀米图文里直接添加视频，则需要在编辑区域左侧的“图文模板”—“组件”里找到“视频”，在这个功能下可以看到一些原始视频组件。任意选择一个视频组件添加到编辑区域，点击黑色背景部分，会出现视频工具条，把之前复制的视频嵌入代码粘贴到输入框里即可。如果需要给视频组件添加模板，则先在编辑区域添加模板，删掉模板原有的内容，再在编辑区域添加一个原始视频组件，把复制好的视频嵌入代码粘贴到输入框内即可。

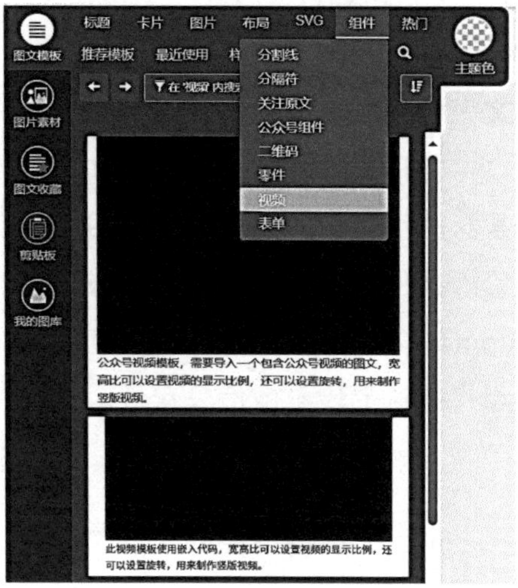

图 5-22　秀米编辑器视频插入界面

视频组件的宽高比设置对于推文的整体视觉效果有很重要的影响，因此用户需要根据视频类型和图文需要调整视频组件的宽高比。选定可以调整视频比例的模板后，将光标放置在右侧视频编辑框中，工具栏即会出现，选择宽高比就能够限定视频的展示比例。视频组件有 4 种参考宽高比：默认、16 ∶ 9、4 ∶ 3、自定义（图 5-23）。

图 5-23　秀米编辑器视频组件

特别要注意的是，将秀米编辑器中的推送文章内容同步到公众号后台之后，一定要通过公众号后台在视频放置位置输入相应的腾讯视频链接，否则将出现推送中的视频不能同步显示的情况。公众号运营者在预览推送时应查看视频是否可以顺利播放，以确保正式群发的推送无误。

4. 小程序

在秀米图文编辑中，可以添加并编辑小程序组件。秀米小程序组件分图片、文字两种展示方式。这两种小程序展示方式，皆可用同步或复制的方式上传。

使用秀米编辑器在推送文章中添加小程序，需要借助小程序组件，点击左侧素材区组件中的“公众号”即可找到。将小程序组件添加到编辑区，用户应先设置好组件中需要显示的文字或图片，再点击工具条上的链接按钮，设置小程序的appid(应用软件识别码)与页面路径(图 5-24)，设置完成后，可以通过同步或复制将推送上传至微信公众号。

图 5-24　秀米编辑器小程序组件

5. 选取与拖动

选取与拖动，是对内容进行调整的两种编辑操作，可以分为选中内容及选中内容后进行拖动。这两种操作，都可以用鼠标或键盘来完成，均有对应的快捷方式。

选取内容可分为单选、多选。用户在选取多项内容时，可以根据个人习惯用鼠标或键盘进行操作。单选图片、布局、模板时，鼠标直接单击选中相应目标即可，如果是选中文字组件，需要先按住 Ctrl 键(苹果电脑按住 Command 键)，当文字光标变成十字光标时，就可以选中了。

当通过鼠标选取多项内容时，将光标放在编辑区域的空白部分，按住鼠标，拉出一个蓝色区域框，可以同时选中多个模块。被选中的模块，会被一个浅蓝色背景包住。选中内容后，可对内容进行复制、收藏、调整颜色等操作。

当通过键盘选取多项内容时，借助快捷键 Shift 和鼠标点击选中希望多选的内容。在编辑区域内，先选中一个内容组件，然后按住 Shift 键，选中另一个内容组件，这两个组件之间的所有组件都会被选中。键盘全选内容，是借助快捷键 Ctrl＋A 来完成的，这一功能与 Windows 系统的一般操作方式一致。

6. 模板变换与快速换色

将要排版的内容添加到编辑区域后，可以使用刷模板的方法快速给文字加上模板，如果对第一次刷上的模板不满意，可以使用变换模板的方法快速替换成其他模板。

选中文字，点击编辑区域左侧模板区中的任一模板，就可以快速地给当前文字应用上模板。当需要变换模板时，选中整个模板，点击工具条上的“变换组件”（图 5-25），再点击编辑区域左侧模板区、剪贴板或图文收藏中的模板。如果想要换掉模板里的部分组件，可以直接选中部分组件，点击工具条上的“变换模板”，再从编辑区域左侧选择新的组件。

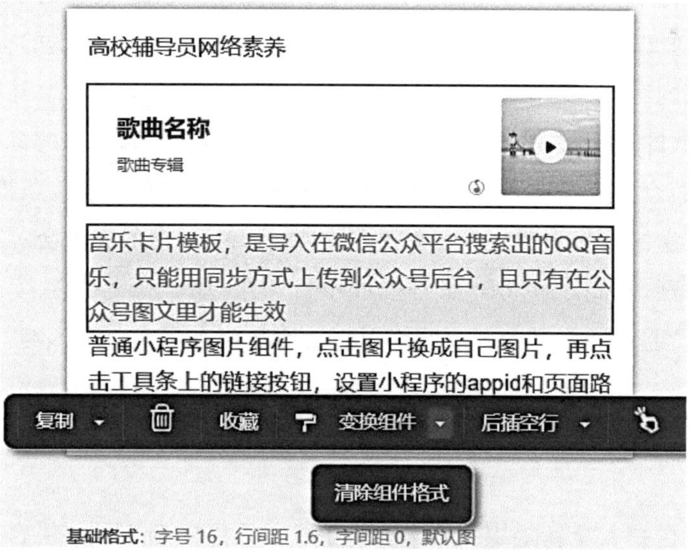

图 5-25　秀米编辑器变换组件

为推送文章内容加模板时,我们可以先为模板设置主题色,统一模板的主色调;加完模板之后,如果对当前配色不满意,可以使用全文换色功能一键换色。用户点击编辑区域左侧模板区右上角标注着主题色的圆圈,即可选择主题色。主题色可以理解为配色方案的主色调,例如公众号运营者想让推送文章使用蓝色系的颜色,那么就可以将主题色设置为蓝色。设置主题色之后,模板区的模板颜色就会统一换成公众号运营者设置的主题色调。如果在明确主题色后想使系统模板恢复原有色调,则可以点击主题色圆圈下方的清除按钮。当希望改变图文消息整体色调,即进行整体换色时,用户首先应选中内容,点击工具条上的主题色圆圈,勾选调色板左下角的“全文替换”按钮,然后选择新的替换颜色。需要说明的是,一定要先勾选“全文替换”,再去选择新的颜色。

(五) 发送推送文章

以上步骤都顺利完成后,即可准备发布图文消息。为了预防排版或图片、视频等有误,可以先选择推送预览,将预览图文消息发送给指定人员全文查阅,在查阅确认无误后再正式推送给全体用户。

为了保证后台安全,发送推送文章需要公众号账号运营者点击确认,有公众号管理权限的运营者都有权限审核和发布图文消息,图文消息一经发送将无法撤回。当然,微信公众平台允许运营者对于已推出的推送文章的个别语句做修改,可在推送文章内容中增加、删除、修改最多 20 个字符,而推送的标题、文内插图和头图等内容则无法修改,只能通过删帖的方式消除错误消息并重新发布图文消息,但是即便删帖,公众号关注者也一直能看到已发布信息的标题页。在此特别建议,公众号运营者务必慎重考量每日的头条推送,如果头条推送被删除,用户点开推送标题将看到推送已被删除的提示,从而或多或少会对账号的专业程度产生质疑,长此以往将对账号形成不良印象,影响账号的后续运营和公信力,对辅导员通过网络平台开展网络思想政治教育有一定负面影响。

第二节　网络视频应用实践

视频平台是在全新融媒体技术支持下蓬勃发展的新兴网络平台,通过声音、图片、动画多元融合,为观者提供更接近现实感受的视觉、听觉体验。近年来,高校学生对哔哩哔哩网站、抖音等各类视频平台的应用甚广,形成了多种样态的网络视频文化。因此,利用网络视频开展思想政治教育已经成为辅导员必备的专业技能,对拉近与学生之间的关系、融入学生群体、引导学生成长具有重要作用。

一、短视频平台使用指南

近年来,短视频平台越来越受到社会各界的喜爱,短视频平台的便捷性、大众性、共享性等特征极大地满足了大学生的学习需求、表达诉求和社交需求[177],也因此成为大学生日常生活中必不可少的娱乐学习平台,其中,抖音平台的市场占比最高。本部分将以抖音为代表,从下载"抖音"App 开始,带领读者感受短视频的魅力,学习短视频的制作技巧,助力网络思想政治教育工作开展。

(一)下载与注册

在手机各大应用市场或应用商店搜索"抖音",即可下载。下载完成后注册账号,注册账号的方式和大多数应用一样,可以选择输入手机号获取验证码注册或微信/QQ 一键授权注册。

(二)观看界面介绍

打开抖音 App 后,出现一个可交互的短视频界面,界面上方文字是视频类型,包括"同城""关注""推荐"(图 5-26)。

1. 关注栏

关注界面显示的是个人关注的用户发布的视频,作为某账号的粉丝可以收到该账号发出的新的视频推送,相关信息会出现在关注界面。通过屏幕上滑可以更换视频、通过屏幕下滑可以刷新界面。

图 5-26　抖音用户界面示例

每条抖音短视频都会显示发布用户名及发布时间。与微博和微信公众平台不同,抖音平台发布的短视频下方的文字是对视频的说明和补充,而不是视频的主要的内容,因此其在视频界面显示时有一定的透明度,可以避免遮挡视频主体。短视频在平台上传后可以使用原声,也可以使用网络中的声音素材替换视频原声，每一条视频都会显示音频来源，这是对原创版权的尊重。一般来说，使用他人视频原声或者参考他人视频创意需要在文字部分“@”出原创博主，这种做法有两大作用：其一是告知原创人自己使用了其音频或创意，如原创人有异议可要求及时删除；其二是用户可以直接点击“@原创博主”进入原创博主的主页，使用他人创意和音频后也将帮助其增加浏览量与关注度。

与传统视频平台相比，短视频平台具有更强的互动性，在交往的方式方法上有所革新。如果用户喜欢某条视频，可以双击屏幕为这条视频点赞，表示对这条视频和视频作者的支持，双击屏幕后会显示粉色的心形符号，因此很多博主也称点赞为“给小心心”。如果用户想要和博主聊天，可以在评论区留言，博主一般会选择性回复。如果用户想要保留某条视频以便下次更便捷地观看，可以点击星星图标将这条视频放至收藏夹，本书后续将介绍如何找到已被收藏的视频。

用户长按视频后，能够获取更多功能，便于传播视频或进行其他互动交往操作，主要包括以下几方面。

如果用户想要将某条视频分享给好友，或者进行一些其他的操作，可以点击“转发”按键，通过点击好友或关注的人的头像快速将视频以链接的形式私信发送给好友或关注的人，此界面将显示互动最多的若干好友的头像。除私信分享外，用户还可以选择其他分享视频的渠道，可以通过抖音平台公开转发，也可以一键转发到其他平台，如微信朋友圈、微信好友、QQ空间、QQ好友、多闪视频、微博等，不同的渠道对抖音短视频的限制程度不同，有的可以分享出视频，有的只能分享链接，还有的需要复制链接后打开抖音平台再浏览。“一起看视频”功能可以邀请好友打开抖音看和你一样的界面，只要在自己的手机上滑动下一个视频，好友手机屏幕上显示的视频也会更换。点击“倍速”可以加快或减慢视频的播放速度，这与普通的长视频平台的功能较为一致。

用户点击“不感兴趣”可以避免自己在浏览视频时再次被推送同类型的视频。例如，用户在一段时间内对某一热点事件非常感兴趣，会搜索很多与该事件相关的视频，这种情况下大数据算法会意识到用户喜欢看这一类型的视频，那么就会给用户推荐更多同类型的视频。用户如果不想再被平台推荐这一类型的视频，可以通过点击“不感兴趣”减少平台对同类型视频的推荐。“举报”按键顾名思义，如果视频内容因色情低俗、涉及时政不实信息、违法犯罪、造谣传谣等原因违规，或者有侵犯权益等行为，用户可以选择向平台举报。

用户点击“保存至相册”可将视频下载到手机相册中，以供自己离线观看，但不是所有视频都可以下载，只有视频发布者开放了下载权限的视频用户才可以下载。“收藏”和主界面的收藏键效果一样，都能将视频放入个人收藏夹，以便日后更便捷地查看。

对于部分有设有“合拍”功能的视频，可以点击合拍，与原视频同步音轨并采用分屏的形式生成一个新的视频，这种方式常见于用户和博主进行模拟的空间交互，产生一些比较有趣的效果，这一功能常被用于和心仪的明星、现实中的亲友互动，增强了互动的趣味性，拉近了网络交往的心理距离。弹幕开关可以操控是否开启弹幕，用户可根据个人喜好使用。“识别画面”功能可以通过人工智能识别图像，搜索类似场景或相同人物的相关视频，便于观者搜索系列信息。“帮上热门”是“Dou＋”的新功能，用户需要通过个人实名认证后使用，主要是为了给视频做推广（图 5-27）。“播放反馈”是向平台反馈“网络正常但无法播放视频”“视频画面正常但没声音”“播放几秒/中途卡住”等问题，也可以反馈其他建议。

图 5-27　抖音后台界面

2. 直播栏

用户进入直播界面后，该界面会优先显示用户关注的正在直播的博主。目前抖音直播内容逐渐倾向商业化，很多主播以“直播带货”的形式与直播观看者开展交往。因此，当博主发布的视频中包含某个商家的广告时，会将视频中产品的购买链接放到视频左下角的购物车（又称“小黄车”）中，以便用户观看时可以更方便地购买视频中的产品。广告费和带货收入提成是短视频博主的主要收入来源。直播带货是短视频经济下的新产物，其因介绍生动、下单方便的特点，直接带动了网络消费的新浪潮，重塑了电商经济的新局势。对于辅导员来说，直播平台的教育宣传具有重要意义,需要充分利用直播平台宣传理想信念、在关键时间节点直播相关活动、开展师生连线互动活动等,充分利用直播平台的教育功能,实现沉浸式教育。

网络直播发展势头强劲,大学生经常观看的直播包括体育直播、演唱会直播、游戏直播、真人聊天秀直播。然而,网络直播的管控和网站自制视频的审核存在漏洞,一些不利于青少年身心成长的视频和直播对于大学生而言犹如颗颗毒瘤,不断地侵蚀着大学生的内心和思想,扰乱其生活和成长。

3. 同城栏

用户点击“同城”键可以有针对性地观看某个城市的视频,被标记发布于同一城市的视频会被集合展示。如当用户身处上海市时,可以根据自身定位快速看到他人在上海市发布的视频。和“关注栏”不同的是,在“同城”界面出现的视频一般是由用户未关注的博主发布的,点击“+”按钮即可关注该博主。辅导员可以通过同城功能展示学生工作和活动,聚集各高校师生共同关注,形成同城场域内的教育合力,推动线上线下互动联动,优化高校间、师生间的网络交往形式。

4. 推荐栏

推荐栏的视频是使用推荐算法,根据用户日常经常观看的视频类型给出的,因此用户会在推荐栏看到很多同一类型、同一话题的视频。

(三) 我的栏目

我的栏目主要是个人信息界面,包括个人头像、抖音号、二维码名片、当前已经发布的视频等,用户可以看到个人总获赞数、关注账号数量和粉丝数量。

“我”这一界面中包括“作品”“私密”“推荐”“收藏”“喜欢”五个分类。在“作品”分类中,用户可以看到自己发布的每一条视频,及其浏览量、点赞数、评论数和分享数;在“私密”分类中,用户可以看到自己发布的仅自己可见的视频;在“推荐”分类中,用户可以看到自己推荐的视频;在“收藏”分类中,用户可以看到被自己移入收藏夹的视频;在“喜欢”分类中,用户可以看到自己点赞的视频。

(四) 菜单栏

菜单栏在“我”这一栏目下,由右上角三条横线表示。菜单栏涉及的项目比较广,主要分为“购物类”“个人信息类”和“拓展功能类”三大板块。

1. 购物类

“我的订单”主要是对抖音视频或直播界面中“小黄车”的后续使用，和其他网购平台中的购物车功能类似，可以看到目前通过抖音平台下单的商品情况。“我的钱包”主要是对个人在抖音平台的资产的介绍，包括个人资产、优惠券等信息，同时可以在其中绑定银行卡完成生活支付等。

2. 个人信息类

“我的二维码”即抖音个人名片，用户可以通过在抖音平台内扫描二维码关注他人。用户通过观看历史可以查看自己浏览过的短视频，也可以查看个人抖音的日均使用时长，其中包括一些管理工具，如休息提醒、睡觉提醒和时间锁，可以用于约束个人使用抖音时长。

创作者服务中心专门为原创作者提供服务和支持。个人需要通过平台认证成为创作者，与一般用户相比，创作者可以获得抖音官方的更优质的服务。创作者可以发布视频内容及创建实时直播，查看视频状态及直播数据，同时可在视频中标记地点信息，以便捷高效地进行内容管理。在互动管理方面，创作者可以查看粉丝数据、查看互动数据、添加关注、删除好友、快速管理关注列表及粉丝列表。在数据管理方面，抖音为创作者提供了整体内容数据、互动数据，以及行业热点、区域热点数据，用数据协助创作者更好地创作。抖音的音乐管理也别具特色，音乐人可以自由地查看、管理自己上传的音乐并浏览音乐的数据表现，从而更好地创作音乐。辅导员在运营抖音账号初期可能在创作原创作品方面经验不足，但在运营一段时间后应向创作者靠拢。一方面可以激发个体的创造意识，另一方面也可以获得更多来自平台的功能扶持，从而更加高效、全面地开展日常教育工作。

3. 拓展功能类

与微信拓展功能类似，抖音拓展功能包括显示最近使用过的小程序。抖音平台会定期发布社会公益项目(项目内容包括公益活动、公益视频等)，用户可以在其中了解项目开展情况并为项目捐赠。“青少年守护工具”旨在应对青少年沉迷抖音的现象，“青少年守护工具”开启后，抖音会向用户推送更适合青少年观看的内容，并统计青少年使用抖音的累计时长。父母账号可以和青少年账号绑定为亲子账号，以便父母远程管理青少年抖音使用(图 5-28)。“我的客服”主要包括用户反馈的相关官方入口,包括安全中心、账号找回、账号状态检测、广告反馈等,以及一些相关的热门提问话题的便捷链接。抖音的常规设置包括账号信息设置、隐私信息设置、通知内容设置等,在设置中也可以完成登录、退出和切换账号等操作(图 5-29)。

图 5-28　抖音功能类示例 1

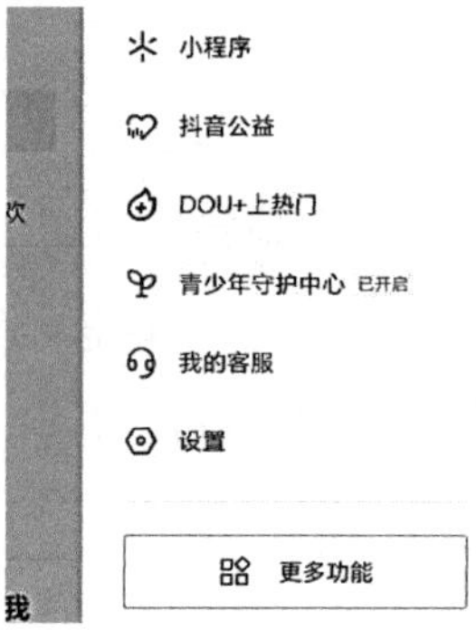

图 5-29　抖音功能类示例 2

(五) 抖音运营策略

在网民仍沉浸在社交聊天媒体的热潮中时,以抖音为代表的短视频平台横空出世。抖音逐渐横扫各大应用软件下载平台,一度成为全球下载量最高的手机应用。由于抖音通常使用音乐和音效作为背景音,因此,其也被称为音乐创意短视频社交软件。尽管抖音曾将其定义为年轻人的音乐短视频社区,但随着时间的推移,该平台已经成为覆盖各年龄段、各阶层的全民网络社区,最短只要 15 秒,用户就能完成展现自我、娱乐他人的短视频创作。同时,抖音还是非常著名的知识、艺术和非遗文化传播平台,以李子柒为代表的中华优秀传统文化传承者通过抖音平台向世界各国传播中华优秀传统文化,有效地开展了文化输出工作。抖音的社会覆盖面越来越广,逐渐成为高校重要的思想政治教育平台。

用户在运营抖音账号的过程中,需要找准三个基本点。第一,明确账号定位。确定账号所面向的目标群体,以高校抖音账号为例,目标群体主要包括在校的各类学生群体及其家长,即将进入大学的高中生群体及其家长,以及社会普通大众。结合高校或院系特点,寻找本账号与其他相似的高校或院系账号的特色和优势,基于自身属性和优势探寻着力点,以期满足用户的期待,确立账号主营内容条线，提前做好充足规划。第二，评估资源能力。在正式开始运营前，应全方位评估可以用于账号日常管理的人力等各项资源，确定账号运营团队主要成员，同时明确短视频拍摄制作的全流程，精雕前期脚本，视频拍摄中启用演技较高的表演人员，后期着重注意剪辑和特效，可适当加入动画设计、分析规划各类平台资源和院校两级可提供的内容及条线，同时可以配套开展线上线下活动策划，注重对外合作，为账号提供源源不断的各类内容素材，支持账号的日常内容输出和特殊主题策划工作。第三，建立阶段性目标。通过观察、分析，总结账号的成长规律，分阶段制定账号运营目标：在起步阶段需要完成认证，通过多次尝试探索适合账号的风格，注重创新意识；在发展阶段要明确账号定位，尝试建立核心流量源，设计创作爆款作品；到了稳定阶段，则应保证内容的持续稳定输出，确保粉丝黏性，实现账号在有序基础运营之外做到时时有创新、常常有突破，保证粉丝的良性增长。切实带动账号的优良运营态势。一般来说，账号运营者在运营初期会对账号抱有过度期望，而初步的探索可能会使运营者陷入过度失望。而随着时间的推移，在进入平台期的阵痛后，账号的运营才有可能实现新的突破和达到更高的站位。

高校官方抖音账号发布的原创作品多以校园文化、热点人物或热点话题等为主题，作品大致分为时事热点、榜样人物、教学科研、校园活动及校园文化五大类。通过分析粉丝数量较为庞大的高校抖音账号发布的作品发现，点赞数超过10万的各类作品特色鲜明，其内容特点可总结如下：校园文化类作品以校园风景、校园美食、校园标志、校史校情、小动物、先进科技等为主；榜样人物类作品以典型人物、优秀学子、明星教师及知名校友等为主；校园活动类作品主要涉及招生迎新、毕业活动、校庆活动、军训活动和社团活动等；时事热点类作品主要涉及校园热点事件、网络热点等；教学科研类作品数量较其他类型作品少一些，主要内容为技术突破、课堂延伸、书目推荐创新创业及课题指导等。校园文化、榜样人物、校园活动等类型的作品的趣味性足、观赏性强，更易受关注。当用户进入一个账号的主页，发现账号发布的作品内容杂乱无章，有搞笑互动、美食制作，还有干货分享，就无法明确这个账号主要做哪些方面的内容，那么多半不会点击关注。这提醒用户在规划账号时，需要将账号的领域尽可能垂直化，吸引相应领域的用户关注，提高用户的黏性，增加粉丝量。

粉丝数量是账号影响力的重要反映。各高校的官方抖音账号影响力存在显著差异,由于抖音平台的算法推荐和流量导入机制,作品数量、粉丝数量、获赞数量等指标均对账号运行具有影响力,账号粉丝数量越多,其作品越容易被平台推广,从而获得更多的点赞和粉丝,产生更大的影响力。对于高校辅导员来说,培育、运营一个较为成熟稳定的抖音账号,使之在媒体平台形成一定的影响力,对使用该平台开展教育宣传有着举足轻重的作用。经过各高校、社会自媒体的实践和总结,从技术层面上可参考如下策略。

1. 巧用抖音传播机制

新账号的前五个作品是重中之重:新账号发布的前五个作品决定了这个账号播放量的初始权重。如果账号发布的前五个视频中的一两个视频在短时间内的播放量超过 5 万次,那么这个账号的作品会被推荐且很快会上热门。如果一个账号连续一个星期发布的作品的播放量都低于 100 次,那么这个账号将被界定为沉默号。如果一个账号连续一个星期发布的作品的播放量在 100 次到 200 次之间,那么这个账号将被归类为最低权重号,其作品只会被推荐到低级流量池。如果这样的状态持续半个月到一个月没有突破,那么该账号将会被降为沉默号。连续一星期发布的作品播放量在 1 000～3 000 次的账号为待推荐账户:视频播放量在这个区间的用户应该抓紧创作高质量作品或者通过其他方法增加播放量和点赞数,可以使后台系统捕捉到相关信息,进而尽快将视频推荐到更大的流量池。账号应提升自身活跃度,多给其他用户点赞,多给其他用户评论,以提高自身作品的浏览量。账号运营者需要尽可能回复粉丝评论,提高粉丝评论的积极性,因为较为精彩的评论更容易得到其他用户的点赞,最终可能登上热门评论排行榜,这将大大提升视频曝光率,有助于吸引更多用户关注。

2. 全面完善顶层设计

考虑到抖音的权重机制,辅导员在运营高校官方账号/个人思想政治账号时,需要预先对账号的运营做完善的顶层设计。按照模块丰富内容,增加流量,形成高校/学院的专有 IP。抓住基于互联网技术形成的快速传播心理,打造高校网红任务和网红场景。开展创意营销活动、增强互动活动,打造极致参与感;保证原创视频更新数量,特别是在机器算法模式下,多发布原创视频、以比较稳定的节奏发布视频,才有可能被算法推荐,实现更进一步的扩展传播和流量积累。账号运营者也可以尝试@抖音小助手,或联络各类有一定用户基础的账号协同转发推荐。在视频制作阶段,尽量使用抖音视频直接拍摄视频,因为通过这种方式拍摄的视频比拍摄制作上传的视频更易被平台推荐。

3. 紧随当下热门热点

抖音与其他平台最大的不同是,很多网络新人可以在短时间内爆红,登上热门,最简单的方法就是用内容带动曝光,打造核心流量源。从开始建设抖音账号到积累一定的粉丝量和名气,最少需要三个月到半年的时间沉淀优化。账号运营者应多参加广场热门话题活动,参加及时热门话题活动一定要赶早,这样可以让自己发布的精彩有趣的作品在一定的时间内,在话题活动前列出现,能在很大程度上提高自己的作品的曝光率。背景音乐决定了视频所要传达的情绪,选择符合视频主题的热门音乐将为视频的传播提供帮助。根据抖音的热门音乐排行榜,一般来说,比较热门的视频所采用的音乐会受到更多关注,同时,一段音乐通常会附带1～2个话题,这对热点话题的形成有一定的前瞻性。所以,如果希望将制作优良的视频推荐上热门,音乐和话题标签的选择都至关重要。例如,有较高粉丝量的高校官方抖音账号,为视频配上热门音乐,加上热点话题的标签,即＃话题名＃,能够得到一定数量的粉丝关注。高校官方抖音账号亦可开展活动挑战赛,在高校间、学生间形成正向传播与互动,增强娱乐性与关联性。

4. 着力分析用户群体喜好

账号运营者要想清楚账号要吸引什么样的用户。高校抖音账号的关注者以本校的学生或学生家长为主,运营者应用学生及其家长喜欢的内容去吸引他们。在15秒的时长内,比起其他的内容,外在吸引力更容易在第一时间获得学生及其家长的好感。高校抖音账号视频的核心传播内容需要符合受众的价值趣味,这类视频有可能是基于真实的记录和案例创作的,也可能是主题相对生动有趣的,更能吸引学生群体的观看与关注意愿。高校抖音账号作品的画质需要保持清晰,作品画质与用户对视频的喜恶有很强的关联度,视频画质较差甚至会影响视频主体内容的传播,而较好的视频画质可以给用户带来更舒畅的观看体验,助力视频的广泛浏览与欣赏。高校抖音账号应善于使用流行梗,紧随热门话题,在作品中添加各类反转,加强信息的趣味性、悬疑性,吸引更多学生注意,使学生尽量看完整条视频,提高视频的曝光度。

二、长视频平台使用指南

辅导员群体需要尽可能多地了解学生关注的各类新媒体平台,尽管当下短视频网络平台广受关注,但在学生群体中,长视频平台“哔哩哔哩”同样受到了极高关注。哔哩哔哩,英文名为 bilibili,是中国年轻世代高度聚集的文化社区和视频平台,该网站于 2009 年 6 月 26 日创建,被用户亲切地称为“B 站”。

哔哩哔哩早期是一个二次元内容创作与分享的视频网站,涉及动画、漫画和游戏内容的剪辑与录播分析。经过十余年的发展,哔哩哔哩围绕用户、创作者和视频内容,构建了一个源源不断生产优质内容的生态系统。哔哩哔哩网站已经形成涵盖近万个兴趣圈层的多元文化社区,曾获得 QuestMobile 研究院评选的“Z 世代偏爱 App”和“Z 世代偏爱泛娱乐 App”两项榜单第一名,并入选“BrandZ 2019 最具价值中国品牌 100 强”。[178]

作为新媒体时代“00 后”高校大学生特别关注的创新平台,哔哩哔哩聚集了大量二次元、国际化、科普性质的传播内容,这些内容符合“00 后”一代在网络时代出生、在动漫陪伴下成长的背景,以及乐于探索各类知识和技能的特征。因此,通过平台的传播内容、传播方式,哔哩哔哩衍生出了哔哩哔哩文化,并培育了一批具有网络影响力的核心人物。高校思想政治教育工作者要贴近学生生活,缩减师生间的文化差异和知识鸿沟。在这一努力过程中,深入了解哔哩哔哩的使用和其背后的文化,对于高校辅导员开展面向“Z 世代”大学生的工作实践具有重要意义。

(一)新用户注册登录

用户在安卓手机各大应用市场或者苹果手机的应用商店(App Store)搜索“B 站”或者“Bilibili”,即可下载哔哩哔哩 App。注册账号的方法和大多数应用一样,新用户下载应用程序后,进入“我的”功能板块,点击头像,输入手机号注册账号并登录。

值得一提的是,和其他应用程序不同,哔哩哔哩平台的新用户成为正式会员后才能解锁发弹幕、评论、投币等权益。新用户需要完成“挑战转正答题”或通过使用邀请码才能成为哔哩哔哩的正式会员。新用户登录后,点击页面顶端左边的“挑战转正答题”按钮,跳转到转正答题界面。转正答题共有 100 题,每题 1 分,得分超过 60 分即可转正。如果答题人对动漫作品或者 ACG 文化不是非常了解，回答还是有一定难度。新用户转为正式会员之后，新用户注册步骤结束。

用户“挑战转正答题”超过 90 分可以得到“学霸”“追番党”之类的荣誉勋章，体现该用户对 ACG 文化的了解程度。哔哩哔哩的特色是悬浮于视频上方的实时滚动评论，ACG 文化爱好者称其为“弹幕”，弹幕的独特功能让网络评论能够超越时空限制，构建出一种奇妙的共时性的关系，形成一种虚拟的部落式观影氛围，让哔哩哔哩成为极具互动分享和二次创作氛围的文化社区。哔哩哔哩会员可以使用大部分弹幕，还拥有评论、评分和投稿（上传视频）的权限。除代码弹幕和特殊弹幕需要使用硬币购买，会员等级达到 LV1 可以使用滚动弹幕，等级达到 LV2 可使用彩色弹幕、高级弹幕和滚动弹幕，等级达到 LV3 可使用个性弹幕（包括滚动弹幕、彩色弹幕、高级弹幕、顶部弹幕和底部弹幕）。这无形中引导用户通过答题、互动来提升个人等级，参与更多有趣的互动活动。

辅导员在日常生活和交流中应适当了解多元文化，深入探析学生的网络语境。如果学生得知辅导员老师同为哔哩哔哩会员，可能会从内心生发与老师的亲近感，认为老师理解年轻人的精神世界，自发地与老师产生共情意识。

（二）界面介绍

登录哔哩哔哩后的默认界面为“首页—推荐”界面。该界面底端展示了哔哩哔哩网站的五大主要功能板块，分别是“首页”“动态”“创作”“会员购”和“我的”板块，各个板块具有不同的功能。

1. 首页

“首页”板块为用户提供观看直播、观看视频、追番等的平台，是哔哩哔哩的核心功能板块之一。页面顶端从左至右依次为用户头像信息、搜索栏、游戏入口、用户消息，用户可以通过点击头像信息跳转到“我的”功能板块，通过在搜索栏输入关键词进行相关内容搜索，通过点击游戏入口跳转到游戏大厅，通过点击用户消息跳转到消息接收界面。头像下方是“首页”的选择栏，包括“直播”“推荐”“热门”等，选择栏下的内容会根据实时热点更换，用户可以滑动选择相应选择栏，也可以点击最右边的下拉键跳转到多分区选择界面，再通过点击分区选择界面中的分区名跳转至相应分区。

通过“首页—推荐”界面，哔哩哔哩针对用户的喜好进行视频、动漫、直播等综合推荐，同时会在推荐页顶端推送近期推广的动漫、纪录片、征集活动等的封面。其余界面结构也类似，如“首页—直播”界面、“首页—热门”界面(图 5-30)、“首页—追番”界面、“首页—影视”界面，以及根据时下热点定期更新的分区界面，如“首页—跨年晚会”界面(图 5-31)、“首页—新征程”界面(图 5-32)等。哔哩哔哩最初的内容以二次元动漫等为主，因此，“追番”一词带有鲜明的网络特征，“番”即为动漫的“集”，追番即为对动漫连续剧集的更新关注与持续观看。与之类似，当被称为 up 主的作者上传最新视频后，关注 up 主的粉丝将第一时间欣赏到他们期待已久的节目。

图 5-30 “首页—热门”界面 图 5-31 “首页—跨年晚会”界面 图 5-32 “首页—新征程”界面

2. 动态

“动态”功能板块展示的主要是用户关注的 up 主的最新动态，其中，“视频”仅展示用户关注的 up 主的视频动态，“综合”则展示用户关注的 up 主的所有动态(图 5-33)。up 主的头像按照用户对 up 主的关注程度排序，用户可以通过滑动查看关注的 up 主，或者通过点击“查看更多”跳转到对应关注 up 主的动态空间。点击关注的 up 主的头像会跳转到对应 up 主的动态空间，如图 5-34 所示。每条动态下方的三个图标及数字，分别代表转发数、评论数、点赞数，用户可以点击对应图标将 up 主动态转发至个人动态，对 up 主动态进行评论、点赞等。

图 5-33　“动态—综合”界面

图 5-34　“共青团中央”账号的综合动态空间

3. 创作

“创作”功能板块是用户发表动态、上传视频、开直播等的平台，该功能板块从界面底部的“+”进入。用户可以通过滑动界面下方的创作类型一栏来开直播、拍摄、上传、发动态及进行模板创作。辅导员可以通过创作板块制作哔哩哔哩视频，视频可以即刻进行美化、剪辑，辅导员也可以选择本地视频上传，然后对视频进行后期处理(图 5-35)。

图 5-35　“创作”功能板块界面

4. 我的

“我的”功能板块是用户中心。新用户在注册账号之后需要通过转正答题或者使用邀请码的方式成为正式会员，而成为正式会员后才能解锁发弹幕、评论、投币等权限。以新注册用户为例，“我的”界面顶端功能栏左边为转正答题的入口，右边四个图标分别代表哔哩必连（哔哩哔哩电视应用程序）、扫一扫、界面皮肤、界面模式（白天/夜间）。功能栏下方展示用户基本信息，包括头像、昵称、会员类型、会员等级、硬币数等，用户可以点击自己的头像或昵称进行头像或昵称的设置或更换，也可以点击“空间”查看个人动态空间。用户基本信息下方展示用户活跃信息，包括用户动态数量、关注 up 主数量、粉丝数量。用户活跃信息下方是用户历史记录区，包括用户的离线缓存、用户的视频观看记录、用户收藏内容及用户稍后再看内容。用户历史记录区下方是相关的推荐服务，包括“我的课程”“免流量服务”“个性装扮”“邀好友赚红包”等功能。

（三）哔哩哔哩评价体系介绍

哔哩哔哩是一个成功的多元内容创作与分享的视频平台，具有良好的内容评价体系。用户在观看 up 主发布的视频后可以对 up 主的作品进行点赞、收藏、投币，也可以为 up 主或其作品充电。在学生群体中广为流传的网络用语“一键三连”即为出于对作品的认同而对作品进行点赞、收藏、投币。

1. 点赞

点赞是用户表达对 up 主创作作品的赞赏的一种方式。一个用户对一个作品最多可点赞 1 次，点赞后该作品的点赞数相应加 1。一个用户可以为多个作品点赞，而一个作品可以被多个用户点赞。点赞对正式用户（包括大会员用户）不设置门槛，即点赞不会消耗用户的经验或硬币等。

2. 评论

评论是用户针对 up 主创作的作品进行提问、讨论或评价的一种方式。在评论区，用户可以针对 up 主创作的作品进行一定字数范围内的评论，评论次数不受限制，评论内容会按照热度高低顺序显示；用户也可以回复其他用户的评论，回复评论的次数不受限制。

3. 投币

投币也是用户表达对 up 主创作作品的赞赏的一种方式。用户可以将自己的硬币投给 up 主以赞赏 up 主的创作，每次投币可以选择投 1 个或者 2 个硬币，投币后用户的硬币数量会相应减少。用户可以通过每日登录、创作视频被投币或充值兑换等方式来获取硬币。除了对 up 主作品表达赞赏之外，使用硬币也可以修改用户昵称、设置个性装扮、兑换银瓜子、删除视频稿件、购买邀请码、参与活动等。

4. 充电

充电是用户赞赏 up 主或其原创作品的一种在线打赏方式。用户在 up 主空间为 up 主充电就是将自己的 B 币赠送给 up 主，为 up 主充电后，充电用户的昵称会显示在 up 主作品充电页面或 up 主空间充电榜。用户每次为 up 主或原创作品充电的最小额度为 2B 币。用户通过充值来获取 B 币，除充电外，B 币还可以用来承包番剧(最低 5B 币)、兑换直播货币金瓜子给主播送礼、兑换硬币、兑换大会员等。

通常来说，高播放量、高点赞数、高收藏量、高投币数的视频更容易被推广，从而让更多用户看见，也能让 up 主获得更高的关注度。对于用户来说，点赞、投币及充电等行为可以增加会员经验，提升会员等级；而对于 up 主来说，视频被播放、获赞、被收藏、被投币、被充电都可以使自己获得一定的创作收益。

第三节　网络内容传播策略

传统媒体的基本职能是传播信息，常以“播”为主要的传播渠道，受众多扮演着被动接受的角色，没有更多的话语权和选择权。但随着网络及社交媒体的兴起，传播者和受众之间的关系逐渐趋于平等，受众拥有更大的自由度，开始出现内容“自生产”“自传播”“自消费”等行为，以“传”为主要传播渠道的内容传播体系逐步形成。传播渠道和环境的变化预示着传播不再只是“播”，更要靠人“传”，因此，想要做好内容传播，首先需要明确规划，创建既适合传播又符合受众需求的内容。

一、锻造品牌形象，让内容自带传播特质

品牌形象是指企业或其某个品牌在市场上、在社会公众心中所表现出的个性特征，它体现公众特别是消费者对品牌的评价与认知。在内容传播领域，品牌形象的概念可以从多个角度进行理解，它可以是一个账号的形象，也可以是一篇文章的形象。

从账号构建来看,新媒体账号构建初期要依托主品牌的超级品牌效应,衍生出既有主品牌特色,又有个体特点的品牌形象。品牌形象一旦树立,将赋予账号里每一篇推送文章同样的属性:如果账号主打活泼轻快,那么大部分推送文章需要带有寓教于乐的属性,如果账号主打权威严肃,那么大部分推送文章需要立足事实并严谨遵从官方话语体系。因此,新媒体账号所塑造的品牌形象时时刻刻都彰显着这个账号的创建目的、运营方式及预期成长方向,这是账号建立初期运营者必须明确的内容。

高校辅导员运营的思想政治教育账号的创建目的是构建受众正确的世界观、人生观、价值观,培养社会主义建设者和接班人,其运营方式是充分利用互联网的便利性和迅捷性,将思想政治内容具象化、年轻化、灵活化,增加思想政治内容传播的速度和广度,其预期成长方向则是引导受众形成习惯,通过账号自主学习,并为账号的可持续运营添砖加瓦。可以说,思想政治教育账号的品牌形象既要传达思想政治知识,严肃认真,又要亲近受众生活,生动活泼。

(一) 品牌运营下的思想政治传播

在全国高校思想政治工作会议精神的指导下,辅导员队伍应持续探索浸润式思想政治育人路径,重点围绕社会主义核心价值观教育和中华优秀传统文化、革命文化、社会主义先进文化等内容开展网络思想政治育人工作,持续夯实网络育人工作成效,不断推动网络特色品牌创建,提升网络文化供给质量,积极营造健康向上的校园网络文化氛围。在运营高校思想政治教育公众号的过程中,一些技术性的特色方法将助推网络思想政治教育入脑入心。

第一,名称中含有高校全称或简称的账号可以借助高校的超级品牌效应吸引首批受众。当校级思想政治教育账号成为高校新媒体矩阵中的一员,就有机会将新媒体矩阵中其他成员的部分受众转化为自己的受众。例如,新生收到同济大学的录取通知后,在微信中搜索"同济",搜索结果中除了"同济大学"这一微信公众号外,还有"同济大学生""青春同济"等带有"同济"字样的思想政治教育公众号,新生在关注"同济大学"公众号的同时,也会根据自身需求关注相关账号。院级思想政治教育账号同理,带有学校名称的院级账号可以享受到学校官方账号的流量"红利"。

第二,设计既有高校特色又有账号特点的头像或 LOGO,不仅方便受众识别，还能增加记忆点。高校的校徽源远流长，具有最强识别度，因此，校级的和院级的思想政治教育账号都可以依托校徽进行创新。当然，高校的特色建筑、景观等也都可以成为账号头像或LOGO创作的底稿，有助于增强账号的辨识度。在高校特色加持下，作为增强账号记忆点的头像或LOGO的特点应足够突出。最简单的体现账号特点的方式是直接在高校特色建筑、景观等的基础上对账号名称的字体进行设计，而最完美的体现账号特点的方式则是设计出蕴含思想政治教育账号运营目的的图像，例如希望培养有思想、有创新意识的管理人可以采用灯泡、感叹号等图案，希望培养踏实严谨的数学家可以采用数学公式、博士帽等图像。

第三，尝试创建拟人或拟物形象可以拉近账号与受众之间的距离，让账号文章的观点在受众脑海中具象化。将账号拟人化或拟物化，不仅可以营造平等沟通的氛围，让受众更易接纳账号所传递的观点，而且能够便于账号运营者以第一人称与受众交互。如何设计账号的拟人或拟物形象？如果账号运营内容涉及的领域单一，并致力于深耕某一个观点，那么可以通过设计明确的拟人形象来固化账号在受众心中的印象，例如“沪东警花在校园”公众号温柔刚毅的卡通女警形象就十分符合账号开展贴心的安全防范宣讲的定位。如果账号运营内容多样，可以采用拟物形象给予受众充分的想象空间，例如，“上海发布”自称“小布”，其拟物形象是有一对兔耳朵的上海小笼包，这一形象虽然是虚拟的，但在受众的想象中，它既拥有火眼金睛也拥有千里眼、顺风耳，有能力将上海的各种新闻及时传达给市民。

第四，运用特征属性促使受众在特定场景下进行联想，获得特定场景下的沉浸式体验，通过场景化诱因的加持扩大账号的影响力。例如，高考结束考生及其家长会通过关注高校及其学院的官方账号来了解相关信息，这是因为官方账号会宣传学校或学院所取得的成绩及成就，这有助于考生及其家长填报志愿；学生入学后会关注高校及其学院的推送学生活动的账号，这是因为他们可以通过此类账号浏览需要参加的讲座及活动的信息。因此，在年级大会、新生教育活动等特定场景下，辅导员可以展示账号，使高校思想政治教育账号与教育场景建立联系。

以上四步有助于高校思想政治教育账号建立良好的品牌形象，是高校思想政治教育账号运营的方向。

（二）夺人眼球的标题引人入胜

一篇被广泛关注的网络作品通常有夺人眼球的标题，标题如同作品的品牌形象，一句话就赋予了作品属性，同时能够影响作品的传播广度。辅导员编撰思想政治教育相关的网络内容的目的在于培养学生，向学生传递正确的思想和观念，内容能否被学生阅读并实现有效传播则与其标题息息相关。如今，某活动成功举办的新闻稿、谨防网络诈骗的宣传文等如果采用相对枯燥的标题便很难吸引学生，但更换一个直击学生心灵或能够调动学生好奇心的标题，例如“今年的开幕式有什么不同”“我和诈骗分子的第 N 次对抗”等，将赋予作品新的生命。通过以下四种方式可以编撰一个引人入胜的作品标题。

1. 简洁有力度

一个简洁有力度的标题能够直击受众的心灵，这类标题适用于针对某一群体的推送，例如，新华网微信公众号《美国政客这是在贼喊捉贼！》这篇文章，能够吸引关注中美关系的爱国青年点击查看详情。

2. 活泼反设问

活泼接地气的风格容易深入受众群体，反设问则可以引起受众的好奇心，例如，“外交部发言人如何做到百问不倒，幕后故事了解一下”“连媒体都点赞的内容是什么？快来看看吧”这两个文章标题采用接地气的词语和反设问的形式，能够吸引受众去了解文章的具体内容。

3. 巧用夸张词

采用夸张的词语及感叹号可以利用无意注意达到吸引受众的目的，即受众不需要做意志努力，就会自动被文章夸张的词语和感叹的语气抓住眼球，例如，“震惊！西南七的寝室也可以变成网红”“叮咚！你有一份录取通知书待签收”两个标题，分别利用夸张的情绪词语和拟声词语来吸引受众的注意。

4. 偶尔“卖关子”

在标题中“卖关子”主要是为了激发受众的好奇心，引导受众点击文章一探究竟，这与活泼反设问方式类似，但它更适用于活泼轻松、贴近生活的推送内容，尤其是校园生活攻略类的文章，例如“七夕节，我到底有没有脱单”“图书馆最受欢迎的座位是哪一个”。

利用以上四种方式，可以为文章拟定吸引人的标题，打造文章的品牌形象。

然而，部分虚假信息也惯用类似标题，人们在阅读和转发信息时需要认真辨明真伪。

好的品牌形象是不需要看似高深的文字来锻造的，通俗易懂、朗朗上口的表达更能够让人记忆深刻，也更容易深入人心。好的品牌形象可以使账号所发布的文章自带传播属性，而如果文章的标题总是充满吸引力，就能够不断提升账号的品牌形象。品牌形象和文章阅读量相辅相成，带动信息的传播进入良性的可持续发展状态。

二、构建互动氛围，让内容发挥社交属性

受众看到个人认同的网络作品后的主动点赞、转发、评论是受众的主动传播行为，也是内容社交属性的体现。哈佛大学神经科学家简森·米歇尔（Jensen Michael）和戴安娜·塔米尔（Diana Tamir）在研究中发现，人类分享个人观点后会产生与获得钱财和食物一样的脑电波，也就是说，受众对相关文章进行主动传播的过程，会使其感到快乐，这是其塑造个人形象、完成自我认同的过程，其期待通过这一行为获得家人、朋友和同事更多的好评或给他们留下更积极的印象。[179]

什么样的内容具有社交属性？什么样的内容能够让受众主动转发分享？以下几种类型的内容可作为参考。

第一种是能够满足受众自我认同的内容。即受众在文章或视频内容中寻找到了自己的影子，并对其中的论述感同身受。例如，文章塑造了临近截止日期通宵赶作业的学生形象，并科普了克服拖延症的方法，正处于这种情况或近期有这种体验的受众容易受到触动并主动分享转发。同时，描绘出受众理想愿景的网络作品也是满足受众自我认同的内容。

辅导员创建并运营各类账号的目的是传递正能量、引导价值观、推进思想政治教育广泛传播并入脑入心。在这个目标导向下，辅导员可以通过拟定全年计划来搭建账号的运营框架，例如采用四季作为账号传播内容的脉络，根据受众四季不同的心理状态、学习进度等来选定不同的传播重点，可在春季聚焦于情感、夏季聚焦于考试和毕业、秋季聚焦于开学和秋招、冬季聚焦于考研和总结计划。账号全年框架确定后，辅导员需要在每个主话题下构建满足受众自我认同的内

容：首先，内容应传达乐观向上的精神态度，引导受众正确看待事物；其次，应选取与受众学习、生活息息相关的事件展开讨论，例如探讨广泛存在的受众群体竞争现象并给予其建议和指导；探讨胖瘦等与受众自身健康相关的话题等。此外，适时的节庆祝福、恰当的期待祝愿等内容也能够引起受众共鸣，例如国庆节是表达爱国情怀、塑造爱国形象的最佳时刻，发布相关文章或图片海报能够为学生表达个人的爱国观念提供机会；期末考试月是学生期望取得好成绩的时期，发布诚信考试相关内容及含有"高分""挂科难"等寓意的文字的图片或视频将获得一定的点击量。总的来说，想要找到满足受众自我认同的选题，需要足够贴近受众学习生活，这样才能发现、把握传播思想政治知识和理念的关键时机。

第二种是能够打破传统的话题性内容。受众面对公共性、与社会热点紧密相关的话题时，能够更轻易地表达出自己的看法，并且在从众心理的作用下，也更愿意跟随大众的脚步，例如，某篇文章的观点与受众对生物实验室的传统认知不同，受众很可能会主动传播文章内容。

辅导员运营账号不仅要在既定的框架下进行内容传播，也要学会"追热点"，以受众关注的、喜欢的内容为切入点来引入想表达的思想政治内容和观点。话题性的内容常常具有时效性，所谓的"追"就是要赶在话题淡出公众视野之前推出相关内容，例如在电影《你好，李焕英》上映期间，推出感恩父母、与父母和解等情感内容，能够促进受众心理健康发展；在某影视明星学术不端事件发生后，推出学术道德及学术不端相关讲座或介绍等内容，能够帮助受众树立诚信意识；在电影《哈利・波特》的粉丝们正在组建宿舍的时候，推出大学生的宿舍公约等内容，能够减少受众宿舍矛盾的发生。一个初建账号如果想在众人面前闪亮登场，除了要做好长远规划外，借助热点也是不可或缺的。

第三种是为受众提供帮助的实用内容。在内容传播中，具有实用价值的文章容易触动利他心理，促使受众产生转发分享等利他行为，这种行为也是助人者对人际关系的投资。例如，公众号文章告知学校浴室维修及重新开放的时间，大部分受众在接收到信息后，会主动向自己的朋友、同学传播信息。

辅导员运营账号必须承担传播新思想、助力受众成长的责任。因此，实用型文章在账号整体规划中也十分重要。可以向果壳和飞碟说这两个聚焦实用知识科普的账号学习实用型文章选题技巧。根据上述两个公众号发布的文章可以看出，二者的选题与人们的日常生活息息相关，还经常与近期发生的热门大事件相结合，通过不断强化科普属性、创新知识的呈现形式吸引了大量粉丝。辅导员所选的推送内容必须涵盖思想政治知识要点并贴近受众学习生活，例如在特定时间推出时政大事记、党史学习内容材料、通宵自习室开放时间、体育馆开放时间及预约方式等实用内容会获得受众的转发和收藏。

第四种是为受众营造归属感的内容。归属感是个体与其所属群体的内在联系，是个体对自身群体成员身份的划定、认同和维系的心理表现，具有归属感的内容大多依托品牌形象，是受众身份的象征，只要受众认可自己的身份并为之骄傲，其就很容易自发地传播群体品牌形象。例如，发布推送号召受众在相关庆祝日换上专属头像，认可自己的身份的受众会响应号召，并会通过分享传播信息让更多的同路人加入。

辅导员运营的账号的主要受众是学生，他们对自己的母校、自己的学院拥有天生的亲近感，因此与校园相关的内容更容易让他们产生归属感和荣誉感，这类内容不仅能够让受众自愿转载，更能加深学校、学院与受众之间的感情，充分发挥校园文化育人功效。打造与校园相关的内容可从以下四个方面挖掘。

1. 历史文化方面

历史文化方面包括高校历史的传承及校园文化的传播。如向新生推送校史、校歌等内容，可以展现高校的学术精神和传统美德；在校庆月向学生推送专属壁纸、头像和红包封面等，可以宣传弘扬校园文化。

2. 日常生活方面

日常生活方面涵盖吃、住、行。选择推送食堂季节性新品、宿舍报修指南、校车首末班时刻表等与受众日常生活息息相关的内容，不仅能够帮助受众获得校园生活一手情报，还能够展现学校在管理和服务育人方面作出的努力。

3. 学习科研方面

学习科研方面包括与学业相关的内容。推送自习室挑选指南、光影下的图书馆、讲座沙龙等与受众学习相关的内容，不仅能够帮助受众解决学习中遇到的问题，还能够为学校营造良好的学术氛围。

4. 文体活动方面

在文体活动方面，推送新年音乐会抢票、校院体育比赛投票、校院拟人形象设计征稿等内容，不仅能够直面受众内心需求，也给予了受众充分表现自己、展示观点的平台和机会。

提升内容传播的有效性需要从受众日常生活中寻找切入点，在了解受众生活的基础上，从满足自身认同、紧扣创新话题、提供实用内容及营造归属感四个方面寻找突破口，在合适的时候推出的恰切的文章，能够取得事半功倍的效果。当然，无论涉及哪一种内容，在文中设置适当的引导都十分重要，明确的转发、点赞、分享字样是唤醒受众自主传播欲望的重要手段。

三、强调认同内化，让内容具备附着功效

当信息内容令人难以理解时，不仅会影响受众记忆，还会限制受众的行为。因此，内容的附着功效十分重要。内容附着可以理解为内容黏性，指的是所要传达的内容能让人听懂，能让人认同，能被人记住并形成持久的影响。

第一，传播内容要突出核心信息。精练的信息容易被记住，因此，在进行内容传播之前，要深入挖掘最核心的内容，通过更改其字号、颜色、粗细等方式或采用重复、艺术字等手段，使其区别于其他内容。当核心信息快速、高调地展示在受众眼前时，受众在感官刺激下，会对核心信息产生深刻印象，从而将内容内化。

第二，传播内容要维持受众注意。在内容传播的过程中，为减少受众因其他事物而分散或转移注意力的现象，需要控制内容的篇幅，对于篇幅较长的内容，需要通过破坏受众预测、设计意外反转等方式制造惊喜，抓住受众注意力，从而保证后续内容获得认同并得到内化。

第三，传播内容要便于理解记忆。生涩的内容会让人感到无聊甚至犯困，而灵动的案例会让人感到兴奋。故事最大的作用就是模拟和启发，运营者应为传播内容创造生动的故事情节，促进传播内容被记住，同时促进传播内容潜移默化地影响受众的行为。

第四，传播内容要引导情感信任。数据和实证能够极大程度提高传播内容的可信度，但单纯的数字并不能吸引受众的注意力，只有将数据和实证内容融入饱含情感的文字，才能让数字“活”起来，从情感上获取受众的信任，促使受众执行内容传播者所引导的行为。

以公众号推送为例，一篇推送主要由文字、图片及视频三种元素组成，三者

既可以单独形成一篇推送,也可以组合起来共同打造一篇推送。高校思想政治教育账号,应灵活运用文字、图片及视频,增强思想政治内容的附着力,推进思想政治理念入脑入心。

仍以推送文章策划为例,对于仅由文字组成的内容,可通过对文字内容进行布局调整来增强内容附着力。文字可分为理论文字和感性文字,如果一篇文章完全由理论文字堆砌,如学生手册相关内容、无偿献血倡议通知等,就会显得相对平铺直叙,很难吸引受众注意,而在其中加入感性文字可以对整篇文章起到润色作用。理论文字的内容多为核心信息,包括思想政治理念和价值观倡导,应通过适当放大字号、加粗、更改颜色等方式来突出重点内容,此外,文章开篇并不适合直接导入核心信息,可以采用感性文字过渡,吸引受众翻看下面的内容。在文字篇幅过长的情况下,可以运用感性文字人为分段,例如采用列举实例、总结上文关键词、展示核心数据等方式来继续吸引受众的注意力,这不仅可以带领受众重温知识点,也可以缓解受众阅读疲劳,让其保持阅读动力。

对于仅由图片组成的内容,设计图片时应遵循突出重点、吸引注意力、易于记忆和有效利用数字的原则。首先,标题需要格外精简,主次也十分重要,主标题要足够突出和醒目,副标题要负责解释和介绍,例如"唱红歌,庆建党——某某学校庆祝中国共产党成立100周年师生合唱比赛"这篇推送的主标题是"唱红歌,庆建党",因此公众号运营者要着重设计和突出这六个字,而主标题下方要放置副标题作为对活动内容的补充介绍。其次,与主题相适应的色调和设计造型要能够快速抓住受众眼球并被受众记住,例如唱红歌主题推送图片要采用红色的底色,并充分使用建党相关的元素。最后,数字元素容易被人记住,且具有一定的冲击力,突出数字是图片设计常用的方法。

一般来说,文字和图片会同时出现在一篇推送中,在这种情况下,公众号运营者除了遵循提升主图附着力的原则外,还可以在文章内插入场景、物品、漫画等简单的图片来分担感性文字的分段职能,实现图文并茂,便于受众阅读。

视频形式的内容主要依托哔哩哔哩、抖音、今日头条等平台传播,视频内容也可遵循以上四个原则制作。首先,视频要突出核心内容。视频的主线要清晰,制作者应提前敲定制作目的,做好脚本设计,根据受众的视角和思维框架进行构思,明确视频的情绪主基调,细化故事、音乐、字幕等细节,使视频中的每一个场景都为视频的核心内容服务。例如,以倡导受众健康生活为主题的视频内容,应在每一个不同的运动场景中强调健康生活,突出视频主旨。其次,视频要能够吸引受众注意力。自带传播属性的内容能吸引受众的注意力,但除了拍摄内容外,场景之间的衔接也十分重要,视频制作中需要慎重考虑转场设计,让场景之间具有连续性和延伸性,吸引受众持续关注视频走向。最后,视频要容易被记住:一是可以选择具有鲜明标签的人或物作为视频主体,如邀请"学霸"同学来拍摄学习小技巧分享,邀请"退伍大学生"来讲述红旗下的成长故事等;二是视频的内容要有记忆点,如活用趣味词句营造轻松气氛或讲述生动故事打动受众;三是可在视频中导入数据或在结尾部分增加数据作为视频内容的支撑,以增强视频内容的可信度。

在视频作品的拍摄制作过程中,也有一些可行性较强的操作技巧。其一,构图要注重角度。在拍摄前,应先初步构图,并根据不同视频平台的布局要求进行调整,在拍摄过程中,应注重提升构图能力。应用于抖音平台的内容,构图时应将重点内容置于画面左上方,以避免重点内容被右侧的菜单栏和下方的评价栏遮挡,确保视频内容完整展示。此外,可以采用黄金分割法、中心构图法等常见构图技巧,创造出更具空间感的视频画面,以适应受众的观看习惯与审美要求。其二,背景设置要灵活。在视频拍摄与制作过程中,虽然竖屏形式是主流,但应避免背景单一,应尝试采用多样化的拍摄手法,例如可以通过调整镜头的远近、采用斜角度拍摄,或利用逆光塑造场景等,这些技巧能够使视频更加生动和富有层次感。其三,剪辑要润物无声。优秀的视频剪辑需要对画面、声音、字幕和转场都有所关照,视频制作者在拍摄过程中就要对后期剪辑进行规划,合理设计镜头布局,以构建预期的画面效果。声音处理上,视频制作者可以选择自己配音或利用平台自带的变声功能,为视频搭配主题相符的背景音乐。视频制作者应力争做到视频平稳连贯,甚至使观看者察觉不到剪辑的痕迹,从而获得一体化的观看体验。这样的视频在传递思想政治教育内容时更为有效,有助于构建一个自然、真情的信息传播平台。

第四节　网络实践效果分析技巧

对于辅导员而言,判断传播的有效性对于个人网络实践和进一步开展思想政治教育尤为重要。随着大数据的技术发展,实现网络思想政治教育的“大水漫灌”和“精准滴管”有机统一成为热点议题,而对大数据分析方法和传播效果的专业化分析手法的掌握,可以有效地解决这一问题。高校辅导员应具备整体性、容错性思维,掌握数据采集、分析、储存能力,形成合乎规范的数据伦理观念。各级组织机构应加强大数据制度建设、构建大数据应用工作体系、开展大数据专业化培训,优化大数据教育整体环境和大数据素养提升路径。[180]大数据分析具有一定的学科属性,对于大部分辅导员而言并不容易快速掌握。辅导员对传播效果进行三个维度分析,更适合辅导员群体评估和修正个人网络实践成效。

传播效果的评估体系主要分为三种框架或模式:软硬实力型、受众效果型和能力效力型。其中,软硬实力型和能力效力型评估注重从传播者角度考察传播者个人的素质及相应物质的投入,以综合评估传播效果;而受众效果型评估更侧重于受众的视角,通过考察受众在认知、态度和行为三个方面上的反馈,来分析传播效果。

新媒体传播中“传”的属性越来越重要,因此,从受众角度反馈传播效果也将更适用于网络传播效果分析。受众传播效果主要包括认知效果、态度效果、行为效果三个方面。其中,认知效果关注传播信息的获取,以及受众重构知识和信念的情况;情感效果则注重受众对传播内容的情感反应,包括积极或消极的评价及态度转变过程;行为效果是受众和传播内容接触后所表现出的可以观察到的与传播内容相关的行为变化。同时,在网络内容传播中,信息主要通过互联网在传播主体和受众之间交互流通,信息的传播模式也从点对点、点对面的单向传播变成了包含面对面的多维互动,网络传播中的信息都存储于网络。从技术角度来看,受众访问任何信息均须得到服务器许可,并且其访问行为会被记录在服务器管理日志中(包括访问时间、访问者身份、IP 地址、地理位置、使用的浏览器和操作系统等),这些日志提供了客观、准确的数据,有助于有效评估网络信息的传播效果,也能够为传播力的评价提供客观的技术依据。

根据受众在传播主体(传者)、传播形式(媒介)、传播内容(内容)三个部分的反馈和行为表现,如浏览、点赞、评论、转载、再编码等,在受众传播效果的三个层面探索出三个重要指标——知晓度、认同度和转化度。

知晓度对应认知效果,是受众对于信息的认知程度,是反映和评价受众获取信息程度的基本指标。评估信息的知晓度主要可以从信息的传播力度着手，在新媒体平台上，知晓度主要体现在推送文章的阅读数量上。例如微信公众平台信息的页面浏览量(Pageview)是衡量信息知晓度的一个主要指标，是信息传播效果的具体体现，也是受众接收内容、识别信息程度的数字表现。此外，访问者的 IP 地址、地理位置等信息可以反映信息受众的分布情况和信息的影响范围。

认同度是受众在获取信息后，基于个人思考形成的对信息内容的理解和认同程度，与人生经验、学识水平等因素相关。认同度的评估主要可以从传播渠道及反馈方式上着手，文章吸引受众点击阅读，在受众接受和同化观点后，鼓励他们自主转发，从而实现内容的传播。在新媒体平台中，认同度主要体现在点赞数量、评论数量、转发数量上。例如，在微信公众平台后台的内容分析中，我们可以看到账号和单篇文章在“分享”行为下的表现及传播渠道，也可以在主信息页面查看文章的获赞及留言情况。

转化度是受众在理解信息的基础上，表现出对信息的强烈认可并主动传播内容的程度，这是高级的反馈层面，将直接影响受众做出行为层面的反馈。转化度的评估可以从信息影响力度着手，分析受众互动活跃度及信息记忆度来验证转化度。互动活跃度指的是受众对于宣传内容有自我的理解和认知后愿意主动进行讨论及二次宣传，对话题起推动作用的程度。信息记忆度衡量的是受众对于宣传内容的理解对于受众维持对关键内容相对持久的记忆的影响程度。互动活跃度和信息记忆度两个指标都采用问卷调查的形式测量。互动活跃度指标的问卷内容为“是否会在日常生活中主动讨论这个话题”，信息记忆度指标的问卷内容为“看过相关话题后对于关键内容是否还有印象”“是否能够联想到相关文章”。在新媒体平台中，转化度可直接体现在粉丝量及对平台的喜爱程度等方面。

目前高校思想政治教育账号主要建设在微博、微信公众平台及今日头条平台，这三类平台的后台都构建了自己的数据分析平台。

微博用户可在后台“个人主页”—“我的管理中心”处查看昨日关键指标，包括昨日阅读数据(阅读数、新发布微博数、新发布微博阅读数等)、昨日互动数据(互动数、互动人数、粉丝互动数等)、昨日视频数据(原创视频发布量、原创视频播放量等)等内容，并查看相关数据趋势图。

微信公众平台用户可在后台“数据”处查看内容分析(阅读次数、分享次数、完成阅读次数等)、用户分析(用户增长、用户属性、常读用户等)和消息分析(消息发送人数、消息发送次数、人均发送次数等)等内容,并查看相关数据趋势图。

今日头条用户可在后台“创作中心”中查看作品数据(昨日展现量、粉丝展现量、昨日阅读/播放量、粉丝阅读/播放量、昨日点赞量、昨日评论量等)和粉丝数据[昨日粉丝变化数(包括涨粉数、掉粉数)、昨日活跃粉丝数、昨日活跃粉丝占比、昨日粉丝总数等]等内容,并查看相关数据趋势图。

对于高校思想政治教育账号传播效果的分析可从受众传播效果的三个重要指标——知晓度、认同度和转化度入手,以微博、微信公众号和今日头条三个平台为例进行研究。

一、广泛的传播:知晓度分析

开展知晓度分析需要重点关注微博、微信公众号和今日头条三个平台的图文数据及用户属性数据,并通过分析图文数据和用户属性数据得出改进推送内容的建议。

图文数据又称图文基础指标,主要包括发布数、送达人数、阅读人数等与图文消息相关的数据,通过数据计算可以得出文章的单篇阅读率或账号的整体阅读率(阅读率=阅读人数/送达人数或粉丝人数),以判断账号及账号所发布内容的知晓度表现情况。

在微博平台,用户可以根据后台统计的昨日阅读数、昨日发博数及粉丝数计算出微博账号昨日整体阅读率(昨日整体阅读率=昨日阅读数/昨日发博数/粉丝数),通过昨日整体阅读率判断微博账号昨日的传播效果。

在微信公众平台,用户可以根据单篇阅读数及送达人数计算出单条推送的阅读率,以判断单篇文章的传播效果。也可以根据“全部群发”的总阅读数及粉丝数计算出整体阅读率,以判断账号的影响力。还可以关注单条推送完成阅读数(代表着完整阅读此条推送的人数),以判断文章是否具有吸引力,是否达到了传播目的。

在今日头条平台,用户可以根据昨日整体播放阅读量和昨日整体展现量得出账号昨日整体的播放阅读率,以此来判断账号的整体影响力。也可以根据单篇文章或视频的点击率(点击率=播放阅读量/展现量)分析单篇文章或视频的传播效果。此外,单篇文章或视频分析中的阅读时长可以展现受众是否完整阅读或播放内容,从而判断内容是否具有吸引力。

在获得图文、视频数据支撑后,账号可根据数据对账号内容进行调整。如果阅读率和播放率都较低,那么用户应采用网络内容传播策略来改进推送内容,如重拟标题、更改内容结构、增加趣味性等。例如,某篇微信推送完成阅读数较低,公众号运营者应考虑推送的内容主题是否吸引人,内容结构是否合理等,如仍需要持续推送该主题内容,则需要采用网络内容传播策略对主题内容进行重新包装。

用户属性数据是指用户的性别、年龄、城市、使用设备型号等不同属性,它为账号的粉丝群体进行了画像,通过对用户属性数据进行分析可以更有针对性地为不同用户提供内容和服务。在微博平台后台,账号运营者可以查看用户性别和所在城市;在微信公众号平台后台,运营者可以查看用户的性别、年龄分布、语言、地域分布及访问设备;在今日头条后台,账号运营者可以查看用户的性别、年龄分布、地域分布和访问设备。

账号运营者从三个平台后台获得用户属性数据后,可以根据用户特性中的性别及年龄分布来调整文章的风格和语言习惯。如果关注账号的"00后"用户居多,账号运营者应采用贴近年轻人的方式,并适当使用网络热词来进行内容传播;如果使用苹果手机浏览文章或视频的用户最多,账号运营者在进行图文排版、封面尺寸选择、标题长度设置等时,都应优先考虑苹果手机用户的阅读体验。此外,账号运营者还可以根据三个平台用户的不同特点来整体规划三个账号的风格聚焦点,让三个账号各自发挥作用并做到相辅相成。

通过分析图文数据及用户属性数据得出高校思想政治教育账号的知晓度。账号知晓度代表着账号对受众的影响力和吸引力,账号运营者可以根据账号知晓度判断内容传播效果的好坏,并从数据中发现问题、探索问题,找到改进方向,对账号及发布内容进行有针对性的调整和改善。

二、深刻的传播:认同度分析

开展认同度分析需要重点关注三个平台的用户互动数据。用户互动数据是指受众对内容的点赞、评论等互动行为的数据,是衡量受众对内容认同度的重要指标。账号运营者可根据互动数据及阅读数据计算出用户的互动率(互动率=

互动人数/阅读人数),以此判断账号及账号所发布内容的认同度。

一般来说,受众互动行为分为两种,一种是对图文进行点赞、评论、转发,另一种是主动向账号发送信息。

在微博平台的互动数据中,互动数是受众与账号运营者产生互动行为的数据统计指标,包括针对文章的互动及针对账号的互动,账号运营者可以根据昨日互动人数及昨日阅读人数得出微博的昨日互动率,以此判断微博用户对昨日发布的微博内容的认同程度。

在微信公众平台中,分享次和信息传播结果的分析是重要的用户互动数据。账号运营者可以根据单篇文章和账号分享次数、阅读次数数据计算出单篇文章互动率和账号整体互动率,以此判断账号及所发内容的认同度。也可以根据信息发送人数及公众号粉丝数计算出粉丝互动率,以此判断账号整体的粉丝活跃度及粉丝对账号的认同度。

在今日头条平台中,账号运营者可以根据昨日整体点赞量、昨日整体评论量及昨日整体播放阅读量数据计算出昨日整体互动率,其计算公式为:互动率$=\dfrac{\frac{1}{2}(\text{点赞量}+\text{评论量})}{\text{播放阅读量}}\times 100\%$;账号运营者也可以根据单篇文章或单条视频的点赞量和阅读/播放量计算出单篇文章或单条视频的互动率。整体互动率及单篇文章或单条视频互动率可用以判断账号及其发布内容被受众认可的程度。

互动率数据是衡量受众参与账号运营程度的重要指标,它能够体现受众对账号发布内容的认同度,并以此反映内容的传播效果。通过收集和分析用户互动数据,高校思想政治教育账号运营者可以得知账号发布内容的受欢迎程度。如果受众与账号的互动率较低,表明受众没有对账号发布的内容产生共鸣,没有回应账号。在这种情况下,账号运营者应及时调整和改进发布内容,并适当加入互动效果好的元素,例如:通过使用明显的互动引导语句等方式来增强受众参与感,提高受众互动率,甚至可以策划专门的互动活动来提高受众的活跃度;通过赠送账号周边作为互动奖励等方式提升受众对账号的喜爱度及认同感,达到增强用户黏性的目的。

三、互动的传播:转化度分析

开展转化度分析需要重点关注三个平台的用户变化数据,包括粉丝数、粉丝增长数、粉丝留存率及粉丝来源等。此外，账号运营者还可以编制问卷来对受众满意度进行调研。

微博、微信公众平台和今日头条的后台都会给出“新关注人数”“取消关注人数”“净增关注人数”及“累计关注人数”，利用这四项数据可以得出以下两个关键的用户数据指标：账号粉丝增长率$\left(\frac{新关注人数}{累计关注人数}\times 100\%\right)$和账号粉丝留存率$\left(\frac{1-取消关注人数}{累计关注人数}\times 100\%\right)$。账号粉丝增长率是衡量账号吸引新用户能力的重要指标。如果某一天账号粉丝增长率显著高于其他日期，这通常意味着当天发布的内容受到了受众的热烈欢迎，或者当天的推广活动效果显著。因此，账号运营者后续可以多发布相关的内容或多筹划相关的推广活动来提升粉丝增长率。粉丝留存率则是衡量账号保持现有用户能力的重要指标。如果某一天账号的粉丝留存率高，这表明账号当天发布的内容具有一定吸引力，能够帮助账号实现粉丝量的动态平衡。相反，如果某一天账号的粉丝留存率低，则表明账号当天发布的内容可能引起了部分受众的不满。在这种情况下，账号运营者需要对发布内容进行反思，并作出相应的调整，以提高账号的吸引力和受众满意度。账号粉丝增长率及账号粉丝留存率也是判断账号能否可持续运营的两个重要指标，账号运营者可通过计算绘制出30天粉丝增长和留存情况变化图，以此来判断账号粉丝的增长和留存是否具有可持续性。如果账号粉丝增长率逐步降低，说明账号内容传播过程中的转化率不高，账号运营者要对近期发布的内容进行润色修改；如果粉丝留存率逐步降低，说明账号整体运营情况不佳，发布的内容不成体系，无法吸引并留住受众，账号运营者要从账号管理运营层面进行改革。

此外，微信公众号平台还提供新增粉丝的来源信息分析及单篇文章阅读后新增关注数据。新增用户来源主要分为八种方式：搜一搜、扫描二维码、文章内账号名称、名片分享、支付后关注、他人转载、微信广告及其他。高校思想政治教育账号的粉丝的主要来源方式是：搜一搜、扫描二维码、文章内账号名称、名片分享、他人转载。通过数据分析，账号运营者可以明确某一时段内账号吸引受众的主要方式。如果受众主要是通过“搜一搜”功能关注账号，这表明高校思想政治教育账号或其主账号品牌宣传工作做得较好，品牌本身具有一定的知名度。如在新生入学前，“同济大学”账号的新增粉丝绝大多数通过“搜一搜”来关注该账号，受众通过搜索关注同济大学官方账号时往往也会关注“青春同济”等相关思想政治教育账号。如果受众多来自“扫描二维码”方式，那么说明在这个时间段，运营者在特定场景采用了线上宣传或线下活动等方式推广了公众号。例如在新生教育周开展新生讲座时，教师通过展示公众号二维码引导学生关注，就会出现大量以扫描二维码方式新增的受众。账号运营者根据单篇文章阅读后新增关注数据可以得知账号发布的哪一篇文章的粉丝转化度高，粉丝转化度越高的推送内容越有借鉴意义，账号运营者可以多策划相关内容以提高账号的转化度。账号运营者通过分析新增用户来源和单篇文章阅读后新增关注数据可以明确账号最适用的推广方式及最受欢迎的内容主题。

知晓度、认同度和转化度三者相互独立也相互联系，一般来说，这三个指标会呈现一致的趋势。如果账号知晓度高，认同度和转化度低，则说明账号发布的内容受欢迎，但缺乏互动和转化引导，如内容中没有点赞和关注的提示等；如果账号知晓度和认同度高，转化度低，则说明账号在制作受欢迎内容方面的持续性不足。通过对这三个指标的单独分析和联合分析，高校辅导员思想政治教育账号运营者可以大致判断发布内容的传播效果，并从数据中探索出促进账号可持续发展的有效方法。

第六章>>>

循规：高校辅导员网络规范素养

网络世界绝对不是一个平行世界，它与现实世界交错，因此，每一位网络信息传递者都要遵守相应的行为规范和法律法规。言论自由的底线是遵纪守法，任何企图打擦边球、在法律边缘试探的行为都将受到严惩。大到《中华人民共和国刑法》《中华人民共和国网络安全法》《中华人民共和国治安管理处罚法》《网络信息内容生态治理规定》等法律法规，小到各高校的校纪校规，都明确规定了网络行为的底线。

第一节　网络信息传播的基本原则

在互联网时代，有效地传播和获取网络信息需要遵循三个基本原则：自由原则、责任原则和真实原则。这三个原则相辅相成、相互交织，自由原则是信息能够得到广泛传播的前提，责任原则和真实原则是保障信息传播健康发展的关键。平衡这三个原则能够在一定程度上维护公共利益，构建开放、平稳、负责任的信息传播环境。要想实现这样的理想状态，需要依靠法律、道德和技术手段来有效监管和治理信息传播。

一、自由原则：人人都有麦克风

自由原则是信息传播的一项基本原则，强调互联网时代个体在言论和表达方面的自由权利，是构建开放、包容的网络环境的基本因素。这一原则的关键点在于支持和保护个体在信息传播中的自由权，使其能够自由地表达观点、意见和传递信息。[181]信息的自由原则的核心是言论自由，互联网平台具有公共性，向社会全体成员开放，使每个用户都有发言机会。针对一个话题，各个阶层、各种身份的公民都可以发表自己的看法,任何人都可能成为信息传播的中心。人人都有权利自由地表达自己的观点和意见,可以对经济、政治和文化问题发表个人观点或意见。在遵循自由原则的框架下,信息呈现出多元性和多样化的特点,各种声音和观点都得到了传播,形成了丰富多彩的信息生态系统。

言论自由激发了人类的创新意识,个体在和组织的思维碰撞下,更容易提出新的理念和创意,并针对疑难问题提出合适的解决方案,从而推动社会朝着更为开放和进步的方向发展。科技和网络将社会大众与全球总体的知识体系连接起来,通过自媒体平台,普通公民也能够向社会发出自己的声音,信息传播的形式发生了变化,呈现出自主化、普泛化、平民化、私人化的特征。[182]

自由原则鼓励大众积极通过网络参加社会事务。互联网中的大量信息,已经影响到了社会的方方面面,小到个人的思想观念,大到总体的社会环境,同时也模糊了个人领域与公共领域的边界。通过自由地表达个人观点,公众更容易参与公共领域的讨论,并就某些议题达成共识,对社会发展产生积极影响。

当然,信息自由原则也可能造成信息过载的现象,即公众难以从海量的数据信息中筛选出个体所需信息或评判信息的价值,这就对信息传播者和接收者的网络素养提出了更高的要求。网络时代,虽然人人都是自媒体,但人们必须牢记网络世界的自由是有底线的自由。自由原则必须在法律、伦理和社会规范的框架内得到平衡,这就要求信息传播者遵守国家法律法规和行规规范。由于网络传播具有匿名化和平等化的特点,法律和制度并不能完全控制信息传播的自由度,因此,个人的道德自律更应被重视并提上议程。[183]换言之,基于自律的自由是信息传播的重要原则之一。因此,传播者既要确保信息传播的自由性,又要在不影响社会秩序和个体权益的基础上,实现信息传播的健康、和谐发展。

二、责任原则:人人都是监督者

责任原则是网络信息传播中的关键原则,强调在言论自由的基础上,个体和组织需要确保其传播的信息不会对他人利益或公共利益造成负面影响。这意味着信息传播者在自由表达的同时,需要对信息的真实性、合法性,以及信息可能产生的社会影响负责,主动遵守社会道德和伦理规范。在网络信息传播过程中,每个主体都承担着一定的社会责任。这包括对传播对象和传播内容负责:确保传播对象适宜,符合法律法规和社会道德标准;确保传播的内容是健康且真实客观的。这就要求传播主体客观陈述新闻事实、营造积极健康的传播环境、正确引导社会舆论,全方位承担在传播过程中的社会责任。[184]

责任原则强调传播者需要保持信息透明度,文责自负,清晰地注明信息的来源和引用渠道,避免来路不明的信息背后暗藏危险,这有助于传者和观者建立信任关系。这一原则不仅适用于信息传播者,同样适用于信息接受者。信息接受者面对新的信息时要保持理性,让舆论飞一会,不要急于转发或扩散信息。

责任原则还要求信息发布者对信息引发的后果负责。如果某一信息引起了负面影响,那么这一信息的发布者应主动承担法律责任或信息传播所导致的一切后果。信息发布者也应保护信息所涉及的个体或组织的隐私权,避免信息传播侵犯他人的合法权益。

责任原则在一定程度上有助于维护社会秩序和公共利益,防范虚假信息传播,并保护个体权益。它提醒传播者在自由表达时必须确保信息的准确性、公正性和合法性。因此,人们在网络上发布信息时,应增强自律意识和责任意识,彰显社会伦理道德因素,融入传统美德和积极向上的时代精神与文化。一些国家和平台为了维护责任原则实施了审查制度,但是,过度的审查可能对言论自由造成一定的限制。因此,国家和平台需要平衡审查和言论自由之间的关系,加强对责任的约束,制定具有适应性的规范准则。在责任的约束方面,我国制定了一系列信息传播监管相关法律法规,如《互联网电子公告服务管理规定》《互联网新闻信息服务管理规定》等,与此同时,我国也在不断地完善互联网相关制度,启动了多个加强互联网管理的专项治理活动,目的是让网络信息健康传播,推动互联网良性发展。当然,行业的自律和自我监管是责任原则得以持续的关键,推动传播者自觉遵守责任原则意义深远。

责任原则有助于构建更具责任感和信任度的信息传播环境,有效维护公众利益和保护个体权益。为了确保责任原则有效实施和推进,全社会需要在监管机制不断完善的背景下共同努力。

三、真实原则:人人都应说真话

真实原则强调网络传播的信息必须具有真实性和可信度,因此,传播者应确保信息属实,防止具有误导性的、不属实的消息传播,这是信息传播的基石。客观真实性是信息媒介的权威性和公信力的基础,能够保障公众获得真实、客观的信息。[185]如果不能确保信息的真实性,那么网络媒体就会失去其存在的基础和生命力。一定程度上,网络信息的真实性可以理解为对客观世界描述的准确性,这要求信息传播者基于客观事实,诚实准确地反映事物的现状和变化,不管出于何种目的,都应避免有意歪曲或随意美化事实,确保信息不失其本来面目。如果各信息传播主体忽视真实原则,随意歪曲事实,甚至发布虚假信息欺骗他人,会对网络信息传播乃至整个社会造成极大的危害,甚至会严重加剧全社会的信任危机,对社会的发展和群众情绪稳定产生负面影响。目前,自媒体平台数量急剧增加,部分用户发布的信息可能被他人有意歪曲或剪辑,被有意歪曲或剪辑的信息看似真实,实则虚假,公众要提高警惕,防止被虚假信息误导,提高个人的信息辨别能力。

在条件允许的情况下,信息传播者可以选用经多方证实的信息,以确保信息的真实性,避免因依赖单一信息源而产生偏见,从而提高信息的客观性。选择具有权威性和可信度的信息来源是确保信息真实性的重要环节,通过专业机构、权威组织等渠道获取的信息的真实性更强。此外,传播者还可以利用公开的调研报告和专业领域的研究成果等来证实信息的真实性,增强信息传播的可信度。

坚持真实原则对于构建社会信任至关重要,有助于营造一个真实、可靠的信息环境,进而促进一个健康、可持续发展的信息生态系统形成,为人们的有序交往和社会进步奠定基础。《中国网络诚信发展报告 2023》显示,网民对 2022 年网络诚信建设状况的满意率达 84.24%,我国网络诚信领域向上、向善形势进一步巩固。2022 年我国网络诚信建设呈现建设主体趋向多元化、建设方式趋向科学化、建设维度趋向立体化的新态势,取得了新的进展。[186]

第二节 网络空间法律法规

随着网络渐渐成为社会生活的一部分,《中华人民共和国刑法》《中华人民共和国治安管理处罚法》《中华人民共和国保守国家秘密法》等法律法规中,都加入了有关网络活动的条文。为规范网络行为、减少网络违法犯罪行为,我国近年来还出台了一些有关网络安全的专项法律和规定。在网络空间管理相关各类法律法规中，有关网络信息传播、网络安全的规定非常详尽。众多法律法规对网络行为提出了具体、细致的要求与约束，主要从信息制作、信息获取、信息传播、信息主体、传播目的、传播路径等方面实施全方位管理引导。相关法律法规的出台夯实了网络诚信的基础，明确了相关部门的职责和任务。

一、社会层面的网络空间相关法律法规

从社会层面来看，国家颁布的各项法律法规为当代公众的网络行为设定了基本规范。这些具有宏观指导意义的法律法规不仅明确了辅导员自身网络行为的界限，也为辅导员对学生开展网络教育和宣传提供了坚实的基础。这有助于辅导员引领学生理解法律对网络行为的客观要求，明确网络行为的尺度，也有助于辅导员在教育理念和实践上做出适当的拓展和深化。

（一）各类法律条文中涉及网络空间的法律法规条款

1.《中华人民共和国刑法》第二百九十一条之一第二款

编造虚假的险情、疫情、灾情、警情，在信息网络或者其他媒体上传播，或者明知是上述虚假信息，故意在信息网络或者其他媒体上传播，严重扰乱社会秩序的，处三年以下有期徒刑、拘役或者管制；造成严重后果的，处三年以上七年以下有期徒刑。[187]

2.《全国人民代表大会常务委员会关于加强网络信息保护的决定》第九条

任何组织和个人对窃取或者以其他非法方式获取、出售或者非法向他人提供公民个人电子信息的违法犯罪行为以及其他网络信息违法犯罪行为，有权向有关主管部门举报、控告；接到举报、控告的部门应当依法及时处理。被侵权人可以依法提起诉讼。[188]

3.《全国人民代表大会常务委员会关于维护互联网安全的决定》

各级人民政府及有关部门要采取积极措施，在促进互联网的应用和网络技术的普及过程中，重视和支持对网络安全技术的研究和开发，增强网络的安全防护能力。有关主管部门要加强对互联网的运行安全和信息安全的宣传教育，依法实施有效的监督管理，防范和制止利用互联网进行的各种违法活动，为互联网的健康发展创造良好的社会环境。从事互联网业务的单位要依法开展活动，发

现互联网上出现违法犯罪行为和有害信息时，要采取措施，停止传输有害信息，并及时向有关机关报告。任何单位和个人在利用互联网时，都要遵纪守法，抵制各种违法犯罪行为和有害信息。人民法院、人民检察院、公安机关、国家安全机关要各司其职，密切配合，依法严厉打击利用互联网实施的各种犯罪活动。要动员全社会的力量，依靠全社会的共同努力，保障互联网的运行安全与信息安全，促进社会主义精神文明和物质文明建设。[189]

（二）网络空间相关的专项法律法规

1.《中华人民共和国网络安全法》

2016 年 11 月 7 日，中华人民共和国第十二届全国人民代表大会常务委员会第二十四次会议通过《中华人民共和国网络安全法》，自 2017 年 6 月 1 日起施行。《中华人民共和国网络安全法》是我国第一部全面规范网络空间安全管理方面问题的基础性法律，是我国网络空间法治建设的重要里程碑，是让互联网在法治轨道上健康运行的重要保障。[190]

2.《关键信息基础设施安全保护条例》

2021 年 4 月 27 日，经国务院第 133 次常务会议通过，2021 年 7 月 30 日，国务院总理签署中华人民共和国国务院令第 745 号，公布《关键信息基础设施安全保护条例》，自 2021 年 9 月 1 日起施行。《关键信息基础设施安全保护条例》是我国首部专门针对关键信息基础设施安全保护工作的行政法规。[191]

3.《中华人民共和国数据安全法》

《中华人民共和国数据安全法》由中华人民共和国第十三届全国人民代表大会常务委员会第二十九次会议于 2021 年 6 月 10 日通过，自 2021 年 9 月 1 日起施行。《中华人民共和国数据安全法》是我国数据领域的基础性法律，也是国家安全领域的一部重要法律。[192]

4.《汽车数据安全管理若干规定（试行）》

《汽车数据安全管理若干规定（试行）》经 2021 年 7 月 5 日国家互联网信息办公室 2021 年第 10 次室务会议审议通过，并经国家发展和改革委员会、工业和信息化部、公安部、交通运输部同意，自 2021 年 10 月 1 日起施行。《汽车数据安全管理若干规定（试行）》用于规范汽车数据处理活动，保护个人、组织的合法权益，维护国家安全和社会公共利益，促进汽车数据合理开发利用。[193]

5.《中华人民共和国个人信息保护法》

2021年8月20日，十三届全国人大常委会第三十次会议表决通过《中华人民共和国个人信息保护法》，自2021年11月1日起施行。《中华人民共和国个人信息保护法》是为了保护个人信息权益，规范个人信息处理活动，促进个人信息合理利用而制定的法律。[194]

6.《网络安全审查办法》

《网络安全审查办法》经2021年11月16日国家互联网信息办公室2021年第20次室务会议审议通过，并经国家发展和改革委员会、工业和信息化部、公安部、国家安全部、财政部、商务部、中国人民银行、国家监督管理总局、国家广播电视总局、中国证券监督管理委员会、国家保密局、国家密码局同意，自2022年2月15日起施行。《网络安全审查办法》是为了进一步保障网络安全和数据安全，维护国家安全而制定的部门规章。[195]

7.《关于加强网络文明建设的意见》

2021年9月14日，中共中央办公厅、国务院办公厅印发《关于加强网络文明建设的意见》，要求加强网络空间的思想引领、文化培育、道德建设，并加强网络空间行为规范和生态治理。[196]

8.《生成式人工智能服务管理暂行办法》

《生成式人工智能服务管理暂行办法》经2023年5月23日国家互联网信息办公室2023年第12次室务会会议审议通过，并经国家发展和改革委员会、教育部、科学技术部、工业和信息化部、公安部、国家广播电视总局同意，自2023年8月15日起施行。《生成式人工智能服务管理暂行办法》是我国首个针对生成式人工智能服务的规范性政策，用于促进生成式人工智能健康发展和规范应用，维护国家安全和社会公共利益，保护公民、法人和其他组织的合法权益。[197]

9.《关于依法惩治网络暴力违法犯罪的指导意见》

2023年9月25日，最高人民法院、最高人民检察院、公安部联合发布《关于依法惩治网络暴力违法犯罪的指导意见》。《关于依法惩治网络暴力违法犯罪的指导意见》是强调根据相关法律法规和指导意见对网络侮辱、网络诽谤、侵犯个人信息、恶意炒作、违法暴力等行为予以严惩的意见通知。[198]

10.《中华人民共和国反电信网络诈骗法》

2022年9月2日第十三届全国人民代表大会常务委员会第三十六次会议通过,是为了预防、遏制和惩治电信网络诈骗活动,围绕电信治理、金融治理、互联网治理实施综合措施,加强反电信网络诈骗工作,保护公民和组织的合法权益,维护国家安全和社会稳定的法律条文。[199]

二、高校语境下的《中华人民共和国网络安全法》

随着互联网的普及与发展,越来越多的公众开始使用互联网,成为互联网中的一个个信息节点。但与此同时,与网络相关的违法犯罪行为也不断增加,对我国的网络安全构成了一定的威胁。而网络相关法律为我国的网络安全构筑了一张严密的网络,尤其是《中华人民共和国网络安全法》[190]的出台,在网络立法道路上具有里程碑的意义,有助于高校师生提升网络安全意识,并在一定程度上遏制网络违法犯罪行为的发生。

2017年6月1日起开始施行的《中华人民共和国网络安全法》,是我国第一部全面规范网络安全管理的法律,在网络空间立法进程中具有标志性意义。首先,《中华人民共和国网络安全法》提出了维护网络空间主权、网络安全与信息化发展并重、共同治理三项基本原则,明确表明了维护我国网络空间主权的原则和立法目的,同时鼓励全社会共同参与网络安全治理工作,发挥各自的作用。其次,该法律提出要制定网络安全战略,明确了网络空间治理的目标,也明确地表达了我国对网络空间治理的态度,有利于提升我国在网络空间领域的国际话语权和规则制定权,对网络空间国际规则的制定起推动作用。再次,该法律还明确规定了政府各部门在网络空间的职责权限,使网络安全监管体制法治化,解决了监管工作分工不明、权责不清的现实问题,对提高监管效率和治理效果具有积极意义。最后,该法律还明确规定了社会各界对于维护网络安全的义务和责任,突出了个人信息保护,加大了违法惩处力度,对于网络行为的规范和网络文明的建设具有突出意义。[200]

校园网络安全是国家网络安全的重要组成部分,本书将通过解析《中华人民共和国网络安全法》中与高校师生群体相关的条款,为高校师生的网络行为提供更为清晰的指导方向。

（一）保障校园网络安全的重大意义

保障校园网络安全对于维护国家安全和推进社会建设具有重大意义。《中华人民共和国网络安全法》第五条规定：国家采取措施，监测、防御、处置来源于中华人民共和国境内外的网络安全风险和威胁，保护关键信息基础设施免受攻击、侵入、干扰和破坏，依法惩治网络违法犯罪活动，维护网络空间安全和秩序。第六条规定：国家倡导诚实守信、健康文明的网络行为，推动传播社会主义核心价值观，采取措施提高全社会的网络安全意识和水平，形成全社会共同参与促进网络安全的良好环境。

因此，高校师生应该增强校园网络安全意识，认识到校园网络安全的重要意义，并身体力行地参与校园网络安全建设。维护大学校园网络空间安全，就是深入保护高校师生的线上教学生活空间和"第六感官"。通过有效利用网络环境，高校辅导员能够提高教育教学质量，促进学生全面发展，从而为高校教学和思想政治教育的有序开展打下坚实的现实基础，提升高校的品牌形象和社会信誉度。

（二）高校信息传播的责任与义务

加强网络安全建设要求高校及高校网络账号运营者遵循信息传播的责任原则，遵守信息传播相关法律法规，承担相应的责任并履行相应的义务。

《中华人民共和国网络安全法》第二十一条规定，国家实行网络安全等级保护制度。网络运营者应当按照网络安全等级保护制度的要求，履行下列安全保护义务，保障网络免受干扰、破坏或者未经授权的访问，防止网络数据泄露或者被窃取、篡改：（一）制定内部安全管理制度和操作规程，确定网络安全负责人，落实网络安全保护责任；（二）采取防范计算机病毒和网络攻击、网络侵入等危害网络安全行为的技术措施；（三）采取监测、记录网络运行状态、网络安全事件的技术措施，并按照规定留存相关的网络日志不少于六个月；（四）采取数据分类、重要数据备份和加密等措施；（五）法律、行政法规规定的其他义务。

《中华人民共和国网络安全法》第二十三条规定，网络关键设备和网络安全专用产品应当按照相关国家标准的强制性要求，由具备资格的机构安全认证合格或者安全检测符合要求后，方可销售或者提供。国家网信部门会同国务院有关部门制定、公布网络关键设备和网络安全专用产品目录，并推动安全认证和安全检测结果互认，避免重复认证、检测。

《中华人民共和国网络安全法》第三十四条规定,除本法第二十一条的规定外,关键信息基础设施的运营者还应当履行下列安全保护义务:(一)设置专门安全管理机构和安全管理负责人,并对该负责人和关键岗位的人员进行安全背景审查;(二)定期对从业人员进行网络安全教育、技术培训和技能考核;(三)对重要系统和数据库进行容灾备份;(四)制定网络安全事件应急预案,并定期进行演练;(五)法律、行政法规规定的其他义务。

高校有关部门应积极承担自己的法定责任,加强网络行为规范建设,引导广大师生遵循信息传播责任原则、承担相应的责任并履行相应的义务。

在树立维护校园网络安全意识的基础上,高校师生在网络环境中要做到守土有责、各司其职。不仅要确保网络基础设施的采购、安装符合规定且定期维护,而且要积极应对各类网络突发事件,及时处理和解决各类网络纠纷或网络负面行为,防范线上线下各类可能对校园安全产生影响的因素,为师生提供更健康、安全的网络学习生活空间。

(三)高校师生的网络安全维护要求

高校师生作为网络主体要遵守法律法规,主动维护网络信息安全。《中华人民共和国网络安全法》第四十六条规定,任何个人和组织应当对其使用网络的行为负责,不得设立用于实施诈骗,传授犯罪方法,制作或者销售违禁物品、管制物品等违法犯罪活动的网站、通讯群组,不得利用网络发布涉及实施诈骗,制作或者销售违禁物品、管制物品以及其他违法犯罪活动的信息。

《中华人民共和国网络安全法》第四十七条规定,网络运营者应当加强对其用户发布的信息的管理,发现法律、行政法规禁止发布或者传输的信息的,应当立即停止传输该信息,采取消除等处置措施,防止信息扩散,保存有关记录,并向有关主管部门报告。

高校师生要严格遵守相关法律法规,规范个人的网络行为,加强防范和应对网络风险的能力,杜绝信息泄露和滥用,防范网络风险和安全威胁,维护校园网络信息安全及个人网络信息安全。同时,高校应积极地全面培养与提升高校师生的安全意识、安全习惯和网络素养,推动教育信息化平稳发展,为推进高校教育数字化战略提供前所未有的契机。

第三节 校园网络行为规范

国家法律法规是对网络行为的硬性要求,高校校园网络行为规范对学生成长与校园稳定也有着重要作用,是对法律法规的重要补充。国家机构、各高校均对学生的网络行为提出了一定的规范要求,这在高校的网络行为管理中发挥着重要作用。高校辅导员需要熟练掌握相应规范,根据规范引导学生的校园网络行为。辅导员在日常工作中,应通过讲案例、摆事实等多元形式,时时、事事向学生宣传普及,防止学生违反校园网络行为规范,倡议学生内外兼修,争做文明、理性的新媒体使用者。

一、国家层面对校园网络行为的规定

互联网已经成为高校师生日常生活的重要组成部分,遵守网络行为规范已经成为学生群体的一项基本素养。面对以大学生为代表的青少年群体的网络行为日趋复杂化、多元化的现状,国家各类机关和政府相关机构相继推出了针对青少年群体的行为规范和公约。共青团中央、教育部、原文化部、国务院新闻办公室、全国青联、全国学联、全国少工委、中国青少年网络学会于 2001 年发布的《全国青少年网络文明公约》以 5 句话诠释了对青少年文明用网、诚信用网、安全用网的期待和要求:“要善于网上学习,不浏览不良信息。要诚实友好交流,不侮辱欺诈他人。要增强自护意识,不随意约会网友。要维护网络安全,不破坏网络秩序。要有益身心健康,不沉溺虚拟时空。”[201]该公约对青少年群体既有谆谆教导,也有循循善诱,对网络行为的方方面面均有所涉及,而且遣词造句朗朗上口,适合辅导员制作教学视频或编制歌曲传唱,从而开展软性宣传推广与入脑入心教育。

2023 年,中国网络文明大会发布了紧随时代前沿热点更新的《新时代青少年网络文明公约》,该公约强调牢记强国使命,积极文明用网,明辨美丑,抒写爱国情,保护个人信息,理性上网,特别提及了饭圈乱象、网络沉迷、网络炫富等社会热点,希望青少年提升数字素养,拒绝网暴,共筑清朗环境。[202]

教育部于 2017 年发布的《普通高等学校学生管理规定》是高校学生管理的重要依据,对高校学生的网络行为的规定更为细化和实际,其中第四十七条规

定："学生应当遵守国家和学校关于网络使用的有关规定，不得登录非法网站和传播非法文字、音频、视频资料等，不得编造或者传播虚假、有害信息；不得攻击、侵入他人计算机和移动通讯网络系统。"[203]《普通高等学校学生管理规定》对高校学生网络行为划定了范畴并提出了要求，国内多数高校以此规定为蓝本制定了本校的校园网络安全管理规定，并结合时代发展和高校学生群体特点逐渐更新规定，这对于高校网络安全建设具有重要意义。

二、高校层面对学生网络行为的规范要求

各高校均在其学生手册中明确规定了学生应自觉遵守的网络行为规范。虽然各高校对学生网络行为的具体要求在角度、内容和力度上存在差异，但核心目的都是引导、监督、约束学生的网络行为。各高校的学生手册要求学生提高网络社交安全意识，识别和过滤网络中不良信息，不轻信他人，抵制诱惑，当发现违法违规网络信息时履行公民义务，及时向网络运营者及有关部门反馈。同时，要求学生注意保护个人数据隐私，妥善保管自己的社交账号、支付软件密码及银行卡密码，避免将这些敏感信息随意透露给他人。除此之外，各高校《学生手册》还鼓励学生学习关于网络安全的法律法规，增强法律意识，并接受网络安全培训，参加网络安全讲座，贯彻"打铁还需自身硬"的方针，通过理论与实践相结合的方式，全面提升自身网络素养。

对于违反网络规范行为的处分规定也被纳入各高校违纪处分办法，特别是对于违反校园网安全管理暂行规定、但尚不足以追究法律责任的学生，除追究其经济责任外，还会对其进行校内处分处罚。各高校对于相关行为的范畴和程度的界定不尽相同。

在网络信息传播方面，高校对于违反网络规范行为的处分规定包括：将本人持有的校内网络资源使用权限转借、转租他人，造成不良影响或严重后果的，给予警告(含)以上处分，涉及牟利的从重处理；在校园网上发表、传播颠覆国家政权，影响社会稳定，有损国家利益、学校利益和他人正当利益的言论、文章，以及散布各种谣言的，视情节轻重、后果大小分别给予相应处分；用侮辱性的语言、文字对他人进行谩骂或人身攻击的，给予记过以下处分，造成严重后果的，给予留校察看以上处分；利用网络制作、复制、查阅和传播虚假信息、不良信息或非法信

息，造成恶劣影响或严重后果的，给予警告(含)以上处分。

在网络平台使用方面，高校对于违反网络规范行为的处分规定包括：使用相关计算机软件或者电子邮件攻击他人计算机系统的，给予记过以下处分，造成严重后果的，给予记过以上处分；从事或协助从事危害网络安全活动，包括非法侵入他人网络、干扰他人网络正常功能、窃取网络数据等，造成严重后果的，给予严重警告(含)以上处分；制作、传播或利用计算机病毒等破坏性程序，影响或破坏计算机信息系统的正常运行的，利用系统漏洞做出可能危害系统安全行为的，有影响其他使用者正常使用行为的，给予记过以下处分，造成严重后果的，给予记过以上处分。

高校学生社团是学生开展课余活动、丰富校内文化生活的重要载体。为了更广泛传播社团文化和推进社团日常活动开展，多数高校学生社团都创建了自己的新媒体账号，在师生中具有一定的影响力。因此，对学生社团的网络行为的管理也是高校管理的重要组成部分，部分高校也对学生社团开展的网络活动作出了专门规定。要求学生社团创建网站、新媒体账号及印发刊物等应当执行学校相关规定，遵守宣传工作相关要求，践行社会主义核心价值观，传播向上、向善正能量，同时要求学生社团开展活动和传播信息前应将相关内容报学生工作部门审核备案，开展线上线下宣传、发布活动信息须经指导教师审核同意。

三、作为学生素质综合测评的重要维度

重视网络安全、提升网络素养并没有停留在倡议层面，已经被纳入学生的日常管理。多所高校将网络素养纳入学生素质综合测评体系，并将网络素养作为一个重要的培养目标，部分高校在学生素质综合测评办法中作出了明确规定，将学生提高个人修养和网络素养、养成良好的行为习惯作为高校“基本素质测评”中的一个重要评价维度。立德树人是教育的根本任务，高校须将网络素养培育融入思想道德教育、文化知识教育、社会实践教育各环节，将思想政治工作贯穿教育教学全过程，将思想价值引领贯穿教育教学全过程和各环节。助力学生在数字化新媒体时代遵守行为准则，提升个体审美，合理利用媒介资源，正确使用高新技术手段。以此培养线上线下都能遵规守矩的社会主义接班人，实现青年群体健康、有序的发展，促进马克思的人的自由全面发展理想实现。

当然，随着数字技术的快速发展，大数据分析、人工智能技术驱动的自然语

言处理工具（Chat Generative Pre-trained Transformer，ChatGPT）等新技术逐渐融入高校学生的学习生活。在这样的背景下，传统的网络行为定义正在以适应数字化新圈层的行为状态扩展，这将促使国家和各高校及时更新网络行为规定，紧跟时代发展步伐，做好引导和规范工作，从而使数字化新媒体和新技术成为高校师生学习生活的增量，助力高校适应新时代的发展，促进高校师生的共同成长与进步。

第四节　高校师生网络行为失范现象

马克思认为："社会的物质生产力发展到一定阶段，便同它们一直在其中运动的现存生产关系或财产关系（这只是生产关系的法律用语）发生矛盾。于是这些关系便由生产力的发展形式变成生产力的桎梏。"[204]可见，在技术大踏步向前的同时，与技术有关的约束力和行为力都需要进一步的管理与调解。随着互联网的快速发展，网络平台已不再是新兴产物，各类网络行为也变得有章可循。网络发展为高校师生提供了全新的学习生活环境，极大地改善了其学习、生活方式，扩大了其交往的范畴，拓宽了其视野，但也不可避免地对个体的交往、自我认知、网络行为意识和价值观念等造成一定影响，从而导致高校师生出现网络行为失范问题。网络行为失范问题在高校师生日常生活中随处可见，部分真实案例能够及时给辅导员和学生群体敲醒警钟，既可以作为教师自我教育的素材也可以作为学生教育案例，提高高校师生对网络行为规范的认识。另外，国际层面对网络的行政监管和法律法规约束逐渐完善，本书整理了一些具有代表性的高校师生可能涉及的惩处案例，辅导员群体可根据个人需要，用作思想政治教育案例和实际参考。

一、信息失真：违背事实情况

互联网的飞速发展，在为人们浏览、查找信息带来便利的同时，也导致人们面对着良莠不齐的信息。由于信息传播方式发生巨大改变，不少网络信息的真伪在短时间内难以辨别。尤其当某一社会新闻突发时，新媒体往往是第一时间发布信息的平台。这使得违反传播伦理的行为经常出现，例如发布未经核实的新闻信息，或者为了吸引眼球和增加流量而故意夸大或扭曲等。由于互联网的隐匿性较强，网络信息的发布呈现出一种自由感和失控性。在网络上，任何人都可能以虚构的身份在任何一个新媒体平台（如论坛、贴吧、微博）等随意散布未经核实或者完全捏造的信息，从而扰乱网络秩序。这就导致一些新媒体从业者或普通人群为了引发社会各界的关注，增加账号信息的曝光量和点击量，故意夸大、歪曲信息甚至捏造不实信息，或者随意转发未经核实的信息，持续传播虚假信息，最终引发社会舆论和网络对战。此外，网络信息往往采用"标题党""媚俗化""低俗化"等方式传播来吸引更多关注。以各地发生的重大安全事故为例，在相关部门尚未发布权威通报和相关数据时，以微博、微信公众号为代表的自媒体为了追求流量，会抢先发布一些不实信息，主要围绕死伤人数、现场情况、事故原因等捏造数据、夸大事实，甚至有一些不法分子会以救灾的名义进行诈骗活动。以上行径不仅会扰乱有关部门组织现场救援的工作节奏，增加不明真相的群众的恐惧和忧虑，还有可能对事故现场的受害者造成二次伤害，社会影响极其恶劣。

案例：高校教师发表不实评价

有网友在微博上分享了多张微信群组的聊天截图，一个账号名为"牛杰 5 号"的网民在群里公然声称："所谓暴徒都是孩子，他们没有整死一个人。"有网友立即提出反驳意见，举了一个 57 岁的中国香港市民的例子，他因持不同意见，遭丧心病狂的暴徒泼易燃液体放火，情况危殆。网友以此为例质问"牛杰 5 号"："泼酒精火烧老伯不算？""牛杰 5 号"反让对方"用用脑子"，别被"假象"迷惑。因为在他看来，老伯被烧过程和应激反应都显得不"自然"，他回复道："卧底，演戏，不会是真的"。网友发现，"牛杰 5 号"疑似某大学教师牛某，遂呼吁校方予以核实。该校官方微博当日发布公告称感谢网友们对大学的关心与帮助，经核实，发表不正当言论的牛某确系该校文法学院教师。学校对此高度重视，将严格依规予以严肃处理。[205]通过此案例可知，在网络空间依然需要把握事实真相、客观评价沟通，不可发布不实言论，避免造成负面社会影响。

二、隐私泄露：触及个人底线

每个公民都有隐私权，姓名、年龄、性别、住址、电话、个人肖像等信息都是人们最基本的隐私权，也是人们最基本的人格权。随着信息技术飞速发展，移动支付、人脸识别、万物互联等技术极大地便利了人们的日常生活。然而，科技是把“双刃剑”，人们在享受科技带来的便利的同时，个人隐私与财产安全也受到了前所未有的威胁。在这种情况下，网络使用者被侵权的现象屡见不鲜。

一方面，高校学生习惯在网络上发表个人见解、上传个人生活记录，但是当我们在网上留下痕迹时，诸如用户名、照片、生活情况等个人信息也许正面临着被窃取甚至被盗用的风险。另一方面，网络空间的个人信息也具有一定的商业价值，许多商家、小程序收集了用户的与其提供的服务完全不相关的个人信息，如用户的购物习惯、生活规律和兴趣爱好等。这些私密的信息都有可能被打包出售给其他公司以牟取暴利，这不仅会威胁到个人的信息安全，甚至会对国家网络安全构成威胁。某些常用的手机应用程序也因存在严重违法违规收集使用个人信息问题而被迫下架，并接受有关部门的进一步调查。由此可见，个人隐私泄露问题日益严重，人们在互联网世界几乎相当于“裸奔”。

个人隐私泄露问题成因复杂，既包括主观原因也包括客观原因。主观原因包括部分网络平台使用者个人安全保护意识较为薄弱，希望在虚拟世界获得关注和认同，从而在网络平台主动披露过多的个人信息。特别是大学生习惯通过网络分享日常，在分享的过程中缺乏必要的警惕，上传了包含学校名称、居住地址、手机号等个人信息的截图，在公开的信息池中为别有用心者提供了素材。而客观原因则基于部分平台技术缺陷，可能存在数据库泄露的情况，或部分软件商利欲熏心，与一些非法机构勾连，围绕使用者形成了信息买卖产业链和灰色的商业地带。如果一个人的隐私在网络上被暴露，会对这个人的生活产生难以预测的负面影响。不法分子盗用个人的身份信息后，很可能利用个人身份信息进行违法犯罪活动，例如，高校辅导员会收到学生被控制、被绑架，需要缴纳赎金的网络诈骗信息。

案例：公安部发布打击侵犯公民个人信息犯罪十大典型案例

2023 年 8 月 10 日，公安部通报全国公安机关持续依法重拳打击治理侵犯公民个人信息违法犯罪行为的有关情况，同时公布 10 起重大典型案例，其中，涉及网络行为的案例有 6 例，主要涉及的侵犯公民个人信息的犯罪行为包括：诱骗居民注册电子医保卡，并将相关信息贩卖给网络赌博平台；互联网借贷平台将用户个人信息出售给用户归属地的贷款公司牟利；大量发布查询公民户籍、婚姻状况、寄递物流、住宿、财产等信息的广告，形成窃取公民个人信息的黑产链条；在新媒体平台直播间带货页面以低价销售“网红教学素材”为诱饵，欺骗用户购买商品并获取用户个人信息再转卖信息；入侵用户手机程序系统，通过交易记录非法获取大量公民个人信息并转卖；利用职务之便在快递公司业务计算机内植入木马程序，获取公民个人信息并实施电信诈骗。[206]通过以上案例可知，个人信息的泄露可能发生于生活的方方面面，个人不轻易填写涉及个人信息的网络申报、不妄想不劳而获，有关部门加强网络系统安全防护，将在一定程度上有效防范个人网络信息泄露。

三、网络暴力：无声地侵害

随着互联网和数字化媒体的普及，越来越多的普通人成为可以自由发声的“网民”，移动互联网应用蓬勃发展。据统计，截至 2023 年 6 月，国内市场上监测到的活跃 App 数量达 260 万款，覆盖网民日常学习、工作和生活。在物联网发展方面，便携的新媒体载体为网络传播提供了充足的便利。[207]以高校学生为代表的许多网民世界观尚未成熟，情绪容易受到煽动，在信息不对称的情况下，他们倾向于站在道德制高点，随意进行批判和网络暴力。许多普通事件经过层层发酵，其事态发展得更加难以控制，最终演变为一场声势浩大的集体狂欢。近年来，与高校学生群体有关的网络暴力现象主要有如下几类。

第一，某些网络事件涉及某个流量明星或饭圈文化。例如在娱乐明星争议事件中，由于粉丝的坚决抵制，国内最大的同人社区被迫关停，引发了更大的网络暴力事件。为了整治娱乐圈乱象和日益严重的网络暴力问题，2021 年 6 月，“清朗·‘饭圈’乱象整治”专项行动在中央网信办的指导下正式开展，这一行动的主要目的就是整治网络违法违规问题，整治网络乱象，遏制不正之风。[208]

第二，高校学生成为某些社会事件的主角。当一则以高校学生为主题的网络社会事件（特别是涉及情感纠纷、违法违规、情绪波动等具有负面影响的事件）逐渐成为热点时，往往会触发网民的密切关注，事件中的学生往往会遭受网民的广泛讨论和网络审判,部分本为受害者的主体甚至因此被曲解、被误会,受到二次伤害,严重影响个人的现实生活,不仅造成“社会性死亡”,甚至因此选择结束自己的生命。网络暴力虽然是网络环境下的虚拟群体行为,但其对现实世界的影响和映射不容忽视,然而,对于网络暴力的定义、取证都相对比较困难,所以直到 2023 年我国才出台首部治理网络暴力的专门司法文件《关于依法惩治网络暴力违法犯罪的指导意见》,将冷嘲热讽、煽风点火、风言风语、阴阳怪气、人肉搜索、披露隐私等不良行为纳入网络暴力的规制范围,展现了严惩网络暴力的态度,彰显了以法为器的决心。[198]

案例:公安部公布依法惩治网络暴力违法犯罪 10 起典型案例

近年来,网络暴力违法犯罪频发,致使部分当事人“社会性死亡”甚至精神失常、自杀,严重扰乱网络秩序、破坏网络生态,造成恶劣社会影响。公安机关网安部门始终保持“零容忍”态度,立足自身职能,依法侦办查处一大批在信息网络上肆意侮辱谩骂、造谣诽谤、侵犯隐私等网络暴力违法犯罪案件。2023 年 11 月 28 日,公安部公布依法惩治网络暴力违法犯罪 10 起典型案例。这些案例主要包括:雇佣“网络水军”网暴他人;通过网暴手段吸粉引流;通过网络视频寻衅滋事;非法利用网络信息“有偿代骂”;对受害人实施网络暴力,逼迫受害人拍摄道歉视频或书写道歉信,造成多名未成年受害人不同程度患上抑郁;在直播间持续辱骂、诽谤、恐吓其他网络主播;在评论区散布当事人姓名、电话等个人信息,引发网民围观攻击;利用 PS 等技术恶意拼接图像并通过多个网络平台散布传播侮辱性图片和言论等。[209]

四、传播侵权:可鄙地擅用

网络传播信息侵权是近年来较为常见的失范行为,网络用户、网络服务提供者利用网络侵害他人民事权益的,应当承担侵权责任。信息网络传播权是著作权人的一项专属权利,未经著作权人授权,他人无法将作品通过网络向公众传播。随着现代科学技术的持续发展,在具有虚拟性的互联网世界中,每一个体都成为一个流动的符号,使得某些想要通过盗取他人成果获利的不法分子在网络安全的边缘不断试探，可谓防不胜防。无限开放性是网络传播的一大特征，网络的无限延展性不仅削弱了个体对隐秘信息的控制能力，也使得个人传播权难以完全自主掌握。

互联网时代，网络知识产权侵犯事件层出不穷。一些网站为了一己私利，在未经作者本人授权和允许的前提下，擅自刊登其作品，或通过网络发布权利人的表演视频、录音等内容，无论发布作品片段还是发布全部作品，都构成侵权行为。随着互联网技术的发展，自媒体成为舆论宣传和引导的重要主体，并与传统媒体相互融合，形成了新的传播格局。自媒体的转载导致信息二次传播，与传统的传播方式相比，其影响力更为巨大。部分短视频制作者会使用自行上传的音乐、视频片段，但稍不注意就有可能构成侵权行为，而大部分群众对此一无所知，足见网络知识产权保护还有很长的一段路要走。

面对诸多通过网络可以轻松获取和传播的信息资源，师生应当时刻保持版权意识，明确行为边界，妥善合理地使用信息资源。如在教学工作中，教师应当注意教材、课件等的版权归属，避免传播书籍扫描文档等侵犯原作者合法权益的电子文件。学生在提交作业、撰写论文时应坚决避免抄袭、剽窃网站资源和他人成果，树立版权意识，规避侵权行为，并严格遵守计算机用户行为准则。如遇网络传播侵权行为，应及时保存侵权证据，详细了解相关法律法规，并依法依规沟通交流或寻求通过法律途径解决，及时维护个人的网络传播权利。

案例：人工智能生成图片侵权案

北京互联网法院针对人工智能生成图片著作权侵权纠纷作出一审判决，该案为国内人工智能生成图片著作权侵权第一案。原告李某使用某开源网站通过输入提示词的方式生成涉案图片后发布于某自媒体平台，被告系百家号博主，在其发布的文章中使用了涉案图片作为配图，未获得原告许可，并截去了原告的署名水印。当庭勘验过程中，原告变更个别提示词或者变更个别参数后，其生成的图片结果不同。北京互联网法院审理认为：①涉案人工智能生成图片具备“智力成果”与“独创性”要件，应当被认定为作品。②原告享有涉案图片的著作权。③被告侵害了原告就涉案图片享有的署名权和信息网络传播权，应当承担赔礼道歉、赔偿损失等民事责任。人工智能生成内容（Artificial Intelligence

Generated Content，AIGC）是否构成著作权意义上的作品，如何判断其生成过程的独创性一直为实务中的焦点与难点[210]。在 2019 年的“Dreamwriter”一案中，深圳市南山区互联网法院认为，深圳某公司利用“Dreamwriter”完成的财经报道文章体现了创作者的个性化选择、判断及技巧等因素，具备独创性。本案中法院关于人工智能生成图片是否构成作品的相关评析，为 AIGC 可版权性新增了判例。参考该案例，高校师生日常使用网络信息应注意以下合规要点：①如使用人工智能进行创作，应积极保存能够证明作品具有独创性的相关证据（如生成路径、输入的提示词及参数等），并在作品上显著标注所使用的人工智能技术或模型，以便公众了解该内容是由人工智能技术生成的。②如要使用他人署名的 AIGC，虽并非全部 AIGC 均可被认定为具有独创性，但从规避风险角度，仍建议使用者征求权利人相关许可。[211]

网络行为规范的建设与教育是一项长期且持续的任务，要求多方在不断变化的网络环境下，齐心协力、共同推进，注重将理论研究与实践相结合，强化网络监督和管理。辅导员更要做到坚守，发挥模范表率作用，树立良好的师德师风，营造健康、有序的高校网络行为环境。除了常见的高校师生网络失范行为以外，还有一些案例需要引起高校师生的警觉。在此提供几个可约束教师个人行为和教育学生的案例。

案例一：高校学生传播违法违规信息

江西省芦溪县公安局网监大队联合县森林公安局查处了一起转发捕杀野生动物的视频及不当言论案件。经查，嫌疑人曾某为某高校大学生。曾某于新冠疫情期间转发猎杀野生动物及生吃蝙蝠的视频，并发表了不当评论。相关言论与我国保护野生动物、防控新冠疫情政策相悖，污染了网络环境，产生了严重的不良影响。公安机关调查核实情况后，经询问，曾某对自己的行为事实供认不讳。鉴于其认错态度较好，公安机关予以其警告处理。曾某对自己的行为表示非常后悔，并决定学习相关法律知识，保护野生动物。

案例二：高校教师发表政治性错误言论

某大学官方微博曾发表这样一则消息：“经网友反映，学校教师梁某某曾在某网络平台发表一些不当言论,造成了极大的负面影响。经过严格的调查,对教师梁某某进行通报。"通报指出,梁某某在各种社交平台上屡次发布或转发"涉日""涉港"等错误言论,这些行为都严重违反了党的政治纪律和规矩,也违反了教师职业道德规范,在社会上造成了极其不良的影响。有关部门召开会议后决定,给予梁某某开除党籍处分。高校也决定给予梁某某记过处分,取消其研究生导师资格,并责令其停止教学工作。

案例三:侮辱国家的言论和行为

在某电影的中国首映礼上,主办方工作失误导致满地遗留垃圾、歌迷与影迷互撕、粉丝和票贩打架,活动现场问题频现。某大学生针对该事件在微博上发表激进言论,涉及伤害国民爱国感情、侮辱祖国和母校的言论,引发了网民的极大愤慨,最终遭到所属高校勒令退学并开除党籍的处理。而在现实中,当事人却是一个人人称道的优秀学生党员,曾获得多项奖学金和硕士研究生推荐免试资格。

高校师生身边的各类现实案例表明,网络空间既不是现实世界的平行空间,也不是可以为所欲为的法外之地。网络的虚拟性只是促进了传播技术的发展,匿名性背后依然是现实生活中的人的社会性身份,这些鲜活的案例提醒高校师生切莫因一时冲动而违反网络空间的法律法规。线上线下表里如一是对高校学生网络行为的基本要求,特别是党员群体,更要时刻发挥先锋模范作用,坚守个人思想行为底线,避免扰乱网络空间的社会秩序,防止造成对人生有重大影响和个体难以承担的严重后果。

第七章>>>

启航：高校辅导员网络思想政治教育力

辅导员网络思想政治教育力建立在辅导员个体网络素养提升的基础上，与辅导员思想政治教育的工作要求紧密结合，具备基本的网络思想政治教育力也是高校辅导员进一步提升综合素养的必要环节。这要求辅导员在对网络空间具备基本的认知、批判力、实践力之后，对教育对象即大学生的网络行为现状有所掌握，提前预防其中可能存在的各类问题或风险。本章将结合网络思想政治教育工作的开展，为辅导员提供实用性的教育实践策略，辅以上海高校具有特点的工作案例，全面提升辅导员网络思想政治教育力的时效性和实践性。

第一节　大学生网络行为现状分析

据2023年6月中国互联网络信息中心发布的互联网络发展状况统计报告，截至2023年6月，我国网民规模达10.79亿，互联网普及率达76.4%，学生网民人数在网民总数中的占比呈持续增大态势。[207]目前，高校学生群体已以“00后”为主，作为网络时代的原住民，“00后”的衣食住行几乎都围绕网络进行。习近平总书记指出：“做好高校思想政治教育工作，要因事而化、因时而进、因势而新。”这不仅是做好思想政治工作的重要理念，同时也是对马克思主义与时俱进的理论品格和科学的思想方法的深刻概括。辅导员开展网络思想政治教育，更需要了解其教育对象究竟处于何种状态，他们的网络行为特征、网络意识形态呈现何种倾向，这有助于思想政治工作者把握教育阵地。

在当代高校社会中，网络新媒体广泛应用和快速发展，成为高校学生群体日常生活中不可或缺的一部分。这种趋势既为学生提供了便利和多样化的信息来源，也为他们的社交、学习和生活提供了更为灵活的方式。然而，事物都具有两面性，尽管网络新媒体对高校学生产生了许多积极的影响，但其中存在的问题也不容忽视。学校和社会需要共同努力，营造更加健康、有序的网络新媒体环境，促进学生全面发展。

一、当代大学生网络行为特点探析

作为“Z 世代”的网络原住民，以手机、互联网等为代表的媒介载体逐渐成为大学生发表言论、交流思想的新平台。在融合了声音、影像和数字技术的融媒体环境中，深入探索并准确把握当代大学生的网络思想动态和网络行为特点，是高校辅导员提升网络思想政治教育力的前提条件。

（一）网络政治参与平稳务实

网络政治参与是随着网络媒介发展而产生的新型政治参与方式。大学生利用融媒体平台关注政治局势和动态，通过在政治性网站发表评论、讨论政治议题，通过在线互动等形式参与政治活动，甚至尝试影响官方决策。大学生通常通过网络平台关注与追踪重大事件信息，与以往相比，大学生可以更自主地参与网络政治，无论是微博还是论坛，只要注册账户，就能进行操作。大学生的民主政治思想已在新媒体平台萌芽，但是，目前大学生的网络参政大多集中于“观”，而非“动”，尚停留在较为平面化的层次，立体化的政治参与模式尚未形成。一方面，大学生普遍受过多年教育，具有理性思考和冷静面对问题的能力；另一方面，由于大学生正处于身心发展阶段，有时也容易表现出冲动和非理性的一面。大学生普遍具备对互联网信息的理性判别力，能够对互联网信息进行甄别和筛选。

在融媒体时代，当代大学生在政治认识和行为上呈现出平稳和务实的特点。这种特点体现在他们对党的路线、方针和政策的拥护，以及对社会公共事务的关注和参与上。首先，当代大学生普遍具有较为平稳的政治认识。他们已经摆脱了高中时期单一的学习模式，逐渐拓宽了视野，通过融媒体平台关注国家的党政方针和社会公共事务。与互联网时代之前的大学生的政治参与方式不同，融媒体环境为当代大学生提供了大量的信息和数据，使得他们更倾向于通过学习和思考来理解社会和政治。这种平稳的政治认识反映了大学生在政治参与方面更加成熟和理性的一面。其次，融媒体环境使得大学生在面对社会问题时更加审慎。他们注重对事实和信息的深入了解，对个人立场的选择更为慎重。他们不再满足于被告知什么是对的，更希望深入了解问题背后的深层原因。他们所关注的焦点已经不再仅仅是他们的观点正确与否，而是自己当前所处的社会位置和所面对的事件可能对个人产生的影响。这种理性的思考方式有助于培养大学生形成对社会问题的深刻见解，使他们能够更有针对性地参与社会活动。同时，大学生更倾向于通过网络平台寻求具有实用性和即时性的信息帮助，更关注能够解决实际问题的方法和知识，在网络空间中更为落地地关注如学业知识的使用、职业发展等现实性问题。他们意识到个体的专业知识在社会建设中的作用，因此更注重通过专业途径参与社会建设，发挥自己的优势。这种务实的行为使得他们在社会事务中能够更为有效地发挥作用，为社会的发展贡献自己的力量。

当代大学生在融媒体环境下展现出的平稳政治认识和务实行为特征使得他们能够更好地平衡个人发展与社会责任。这种理性和成熟的态度有助于引导社会关注点向着更为理性和有效的方向转变。通过对政治问题的深入思考和积极参与，他们展现出了对社会问题的高度关注和责任担当，为社会的进步注入了新的活力。

（二）社交化的网络交往互动

新兴传播平台（如微博、微信、短视频及区块链媒介等）的崛起，迅速改变了信息传播的面貌，为大学生提供了更为宽广、自由的话语表达领域。在线平台成为大学生分享和获取多样信息的渠道，不仅涵盖课堂学习的知识，还包括社会时事、文化趋势等多元内容。辅导员在日常工作中可以发现，抖音和小红书是学生经常提及的平台，这两个平台提供的网络视频内容逐渐成为大学生生活娱乐和网络社交的重要组成部分。社交化的思维模式使得大学生能够更加广泛地接触不同领域的思想观点，这激发了他们对于复杂问题的独立思考能力。社交媒体上的讨论与互动不仅仅是信息的传递，更是一种思想碰撞，通过与他人的交流，大学生能够获得不同角度的见解，从而丰富和完善个人的认知体系。抖音、小红书等新媒体平台迅速普及，为大学生提供了独特的社交体验，成为思想交流的重要场所。这些平台的特性不仅在于信息传递高效，更在于能够促进大学生更深层次地思考和交流。社交媒体构成了一个多维度的信息生态系统，它让大学生能够了解全球范围内的新鲜观点，引领着一场全球性的智慧碰撞。这种社交化的思考模式对大学生的学术成长产生了积极影响,同时也为他们提供了更加开放和丰富的个人发展及社会参与机会。

在这个崭新的传播时代,大学生在互联网平台中不仅仅是信息的接收者,更是信息的共同创造者和传播者。这种开放的信息流动机制为大学生提供了更高维度的话语权,激发了他们对于多元文化、社会变革和创新的敏锐度。在这一背景下,融媒体时代大学生的个性表达呈现更为丰富多样的态势。社交媒体为每个大学生提供了广阔的舞台,使其能够在虚拟空间中充分表达自身个性。通过发布文字、图片、音频、视频等多样形式的内容,大学生得以展示自己的兴趣爱好、创意才华及对生活的独特见解。个性化的社交媒体账号成为大学生展示自我、交流学习与生活心得的重要场所。这种个性表达的自由让大学生能够更好地发现和发展自己的独特之处,同时促进多元文化的传播与碰撞。融媒体时代下,大学生成长于知识爆炸的环境中,他们获取信息的渠道变得更加广泛,对知识的理解也更为深刻,进而对话语权的要求也越来越高。他们渴望并重视平等对话的机会,而融媒体作为一种便捷且门槛低的媒介,正好满足了他们的需求。

当然,快速发展的网络交往并未完全取代现实交往,当代大学生结识新朋友的主要途径仍然是"经朋友介绍""参与社团活动"及"通过课程学习",现实的社交圈依然是扩展交往的主要场域,网络交往仅仅是现实交往的补充和延伸。

(三)价值取向多元化

新媒体环境下,大学生的价值取向趋于多元化。一方面,当代大学生本身具有强烈的自我表现欲望,在新媒体环境下,他们展现出过度关注自我的特点,形成了以自我为中心的习惯;另一方面,新媒体促进了多元化发展,大学生更容易接触各类文化。但值得注意的是,部分西方资本主义国家利用网络新媒体平台对我国进行文化渗透,各种反社会主义、反马克思主义的言论渗入我国,可能会弱化大学生的民族认同感,使我国青年群体的社会主义核心价值观受到一定冲击,对民族文化传播与发展造成困扰。

在新媒体时代,大学生的开放价值观念不仅仅表现为对多元文化持开放态度,更深层次地表现为对社会、文化和全球事务的全面关注。通过广泛接触来自不同文化和背景的信息,大学生的视野已超越了课本知识,拓展到社会的各个领域。这种开放的价值观念不仅是对外界多元性的认同,更是对自身成长和全球发展的积极响应。他们关心性别歧视问题,希望每个人都能享有平等的权利和机会,他们对地域性文化沿革和全球化创新发展兴趣浓厚,不再局限于本土观念,具有更为广阔的国际视野。他们在新媒体丰富多彩的内容引导下,更加关心世界各地的文化传统、历史演变及不同国家的社会发展。这种全球化的视野有助于他们更好地理解和尊重多元文化,将自身成长融入全球化的大背景。开放的价值观念为大学生自身的成长提供了更加广阔的空间,也为社会的发展注入了创新和活力,不断塑造出更为丰富和多元的社会风貌。

新媒体的确提供了广泛的信息来源,大学生也乐于接受开放的信息流通,而由于技术陷阱和个体认同,大学生也同样更容易陷入“信息茧房”。从技术角度来看,社交媒体的算法往往根据用户过去的浏览行为和喜好为用户推送内容,用户更容易接触到与自己观点相符的信息,从而形成一种思维闭环。因此,在社交媒体上,大学生更容易收到与其自我认知相符的信息,找到志同道合的信息传递者,并与他们形成紧密的社交群体。这种群体性的形成会使得大学生在社会、政治、文化等方面容易形成一致的看法,从而加强了大学生对于特定观点的固守。当然,这种社交群体在一定程度上是个体在追求精神寄托和认同感的同时所形成的一种自发的组织形式。但是,由于社交群体具有相对一致的需求和爱好,不同圈层形成的信息集合相对固定,这导致大学生的思想认识逐渐局限于自身所在的圈层,并且随着时间的推移,圈层依赖度不断增强。这种精神世界的“圈层化”在大学生中衍生出各种亚文化,呈现出一种被称为“茧房”的特征——既不与主流文化直接对抗,也不与主流文化相交相融。

这一现象在一定程度上呈现了大学生“表面开放内在封闭”的显著思想特征。然而,需明晰的是,信息过滤和同质化观点的形成并非完全由大学生个体所主导,社交媒体平台的算法在其中扮演着不可忽视的角色。

二、当代大学生网络行为问题分析

(一)产生意识偏差

网络新媒体作为宣传思想工作的主要平台,在意识形态斗争中扮演着重要角色。在与社会媒体争夺高校学生阵地的过程中,辅导员掌握网络意识形态主导权是守护学生意识形态成长和促进高校全面稳定发展的重要一环。网络社会是在现实实践和虚拟实践的基础上构建的社会结构,是现实世界和虚拟世界互动作用下的产物。然而,部分学生错误地将网络世界视为纯粹的虚拟空间,对正确的意识形态缺乏认识。他们在网络上肆意发表各类反动政治言论,甚至一些在现实中表现优秀的学生党员也在网络社会中触碰了道德或法律底线。他们未能在网络社会中树牢“四个意识”、坚定“四个自信”,丧失了政治清醒和政治定力,呈现出一种“两面人”的状态,造成了严重的后果。

随着社交媒体和网络新媒体的快速发展,高校学生在网络空间中接触到的信息量大幅增加,而他们对信息的筛选和判断能力相对较弱。这使得他们更容易受到信息泛滥和娱乐化表达的影响,从而可能影响其意识形态的形成和发展。在这一过程中,网络匿名性的特点也加大了学生在网络上发表不良言论的可能性,因为他们往往感到在虚拟空间中有一层隔绝现实的“保护罩”。匿名性的行为可能会进一步加强网络言论的极端性,使得一些学生表现出极端的意识形态倾向。同时,网络世界中存在大量的碎片信息,这些信息往往缺乏深度和全面性。高校学生在接触这些碎片信息的过程中,容易形成片面的认知和理解,而无法对复杂的社会问题进行深入思考。这种浅层次的信息消费模式使得学生更容易受到娱乐化宣传的影响,从而忽视了对于真实世界的全面把握。

网络信息的泛娱乐化表达也对学生的意识形态产生了深远影响。在泛娱乐化的环境中,新闻宣传面临着被感性认知和情感主导的可能性,当泛娱乐化倾向与非理性情绪交织时,受众可能会忽略新闻宣传的客观事实,对权威的认同感减弱。在网络环境中,人们更倾向于感性表达而非理性输出,这可能导致信息在娱乐性的遮蔽下失真。当代大学生更偏向于接受轻松、迅捷的传播内容,社交媒体上的表情包、网络热词和热梗等体现了娱乐化宣传的盛行。在即时性传播的背景下,新闻碎片化和浅层化趋势加剧了泛娱乐化的兴起。为了吸引更大范围的受众关注,提升点击量和阅读量等数据化评判标准,各类新闻宣传主体不得不加强对传播内容的包装和营销。在信息娱乐化处理的过程中,部分校外融媒体平台新闻宣传的内容可能过于轻松和表面化,新闻宣传的深度和质量都有可能被削弱。信息的肤浅流行将掩盖真正有个性、有深度、有内涵的表达,仅满足受众浏览需求,而非引导深度思考和持久关注。

网络信息泛娱乐化还可能对高校学生的学业和生活产生负面影响,在追求点击率和阅读量的逻辑下,一些校外融媒体平台倾向于提供轻松、搞笑、娱乐性强的内容,而忽视了对于学术、文化等方面的有深度内容的传播。这种倾向可能导致学生更加倾向于获取娱乐化的信息,而对于真正有建设性的知识和信息缺乏关注。这不仅会对学生的学业产生负面影响,还可能影响学生全面发展。

(二) 陷入舆论漩涡

融媒体环境下,网络舆论环境发生了重要变化。过去,自由派公知围绕明确的是非问题在网络空间引领舆论思潮,而现在,网络空间中暗藏敌对势力,他们通过操纵圈层意见来影响舆论,往往导致普通网民的情绪被裹挟,推动舆情达到高潮。这种现象降低了敌我辨识度,使得网络意识形态斗争的复杂性持续增强。网络舆情的快速传播和多样化呈现对社会和高校意识形态阵地的冲击力日益加强,当下的网络舆论场,以意识形态为轴心的、去中心化的互联网小群体力量,成为有能力引导舆论走向的新权力极,对网络空间的建构和社会环境的有序发展具有一定影响。青年群体是对社会发展过程中的各类舆情最具敏感性的群体,他们依托新媒体平台,创造性地通过网络新词、热图、表情包等形式重新解释事件,甚至能够促使官方在一些重大领域做出调整和行动。而技术的飞速发展使得网络世界的万物皆可编造,使用人工智能编写假新闻,不明真相的自媒体账号快速传播不实信息从而引发舆情的案例时常可见。冲在舆论最前线的往往是情绪,当真相尚在被找寻的过程中,情绪已经占满整个舆论场,严重危害了信息生态安全,也会引起更大的社会信任恐慌。

随着微博、微信等新媒体平台的发展,通过这些平台传播的网络热点事件展现出强大的影响力,对社会产生显著影响。作为社会的一员,大学生普遍对于社会热点信息非常敏感,他们思维活跃、精力充沛,尽管他们身处较为封闭的大学校园,但是普遍对社会热点表现出极高热情,具有高度的爱国情怀和社会责任感,以及对个人在社会生活中的未来发展空间等议题,均展现出较高的关注度。但是,大多数高校学生身心尚未发展成熟,在一些较为敏感的议题上,他们往往表现出从众心理,不能对事件全貌进行有效判断。更严重的是,由于缺乏对网络热点舆情的判断力,同时又有强烈的社会参与意愿,他们可能从线上到线下冲动地参与和响应热点事件。他们的这种行为容易被一些别有用心的群体利用,而他们却浑然不觉。这不仅可能对他们的人身安全构成威胁,还可能引发危害社会的严重后果，甚至使他们置身现实社会的危险漩涡，引发一系列社会公共事件。

高校网民加入网络多元化空间的发展进程，有助于全面表达各阶层人民的意愿。网络空间是言论自由的场所，人人均有在其中发声的机会，人人都可围观事件并对社会施加压力。特别是随着公民意识的增强，高校学生的主体意识也日益凸显，同时，各大高校也在逐步推进依法治校，学生和学校之间的利益关系因而变得尤为敏感。一些学生在现实生活中遇到问题且未能得到满意的解决时，可能会产生抵触情绪，并消极地对待现实生活，认为通过网络施加压力可以获得舆论支持，从而达到自己的最终目的。例如，某名学生在知乎平台谴责辅导员监考严格、学校军训严厉等，引起了较强烈的社会舆论，也给高校和学生个人带来了很多困扰。实际上，如果学生缺乏对现实问题解决方案的全面评估，而任意在网上散播信息，可能会遭遇“人肉搜索”和舆论谴责，这可能会对学生的成长和心理健康产生较为严重的负面影响。

（三）偶违法常受骗

网络社会的法制监管问题和高校学生的法律意识问题是当代高校亟须解决的问题。网络社会的匿名性和公开性使得一些高校学生在网上发表言论时，往往不能做到敬畏、遵守法律法规。高校学生作为社会公民，其行为同样受到法律的制约，但部分学生由于缺乏网络法治意识，在发表言论时涉嫌违法行为，最终可能面临法律的追究。在互联网快速发展的时代，国家对网络社会的管理越来越重视，逐渐出台了一系列针对网络行为的法律法规，对违法行为采取了严厉的惩处措施，包括对高校学生在网络空间中的言论和行为进行规范和监管。网络行为可能会对社会产生负面影响，因此法律法规的实施有助于维护社会秩序和高校的良好形象。在高校的网络平台管理工作中，时常可见违法违规行为。例如，某高校官方微博账号的学生管理员发表了不当言论，涉及对革命先烈的不尊重，引发社会公众的不满。公安机关及时介入并依法处理了此事件，当事学生承担了相应的法律责任。这种处理方式有效地提醒了广大高校学生：网络空间并非法外之地，言论自由并不意味着可以无视法律，法律法规不仅适用于现实世界，同样也适用于虚拟社交空间。

无论是学习还是生活方面，互联网都为高校学生创造了极大的便利，但与此同时,高校学生在网络社会中还面临着网络诈骗等违法行为的威胁。随着社会经济的发展,大学生群体成为网络诈骗的潜在受害者。一方面,大学生的防诈意识相对较弱,缺乏社会经验,容易被一些不法分子利用;另一方面,大学生难以辨别网络信息真伪,容易相信一些过于美好的承诺,从而上当受骗。这在一定程度上反映出高校学生缺乏相关法治教育和网络安全教育的现实。因此,提高学生对法律法规的认知和增强他们的防范意识十分重要。同时,开展心理健康教育也能够在一定程度上提升学生的社会适应能力,帮助他们理性地面对网络社会的各种诱惑和不法势力的威胁,合理地解决在网络世界中遇到的各类问题。

网络媒体平台也有责任加强对用户行为的监管,加强信息审核机制,减少虚假信息和有害信息的传播。通过优化算法,增加用户获取多元信息的机会,避免信息的单一性和片面性。同时,网络媒体平台还可以引导用户参与建设性的讨论,形成理性的言论氛围,减少不良言论的传播。在推动网络新媒体发展的同时,需要警惕其潜在的负面影响。高校学生作为网络新媒体的主要受众之一,其在网络空间中的行为和认知对于整个社会都有重要的影响。通过共同努力,网络媒体平台可以建立更加健康、理性的网络环境,促进高校学生更好地理解和利用网络资源,更好地适应现代社会的信息化发展。

(四) 交往实践异化

互联网世界是现实世界的延伸,一部分现实中的交往异化现象在网络环境中被复刻。而基于网络条件产生的新的交往异化,无时无刻不在影响着高校学生的交往实践。在马克思交往异化视域下,高校学生的网络交往异化主要体现为交往主体、交往手段和交往目的三方面的异化。

第一,交往主体的异化。在网络平台,学生可以凭借一个虚拟账号,与不计其数的其他账号开展交往活动。借助网络的虚拟性,网络交往双方通常都会为自己打造角色人设,数字技术使交往双方可以实时交互,而在人设的束缚下,为了迎合交往的另一方,交往双方都时常选择不再以真实形态面对彼此。通过网络平台,学生不仅能开展普通的交友交流,在追捧自己喜欢的主播的同时关注社会热点,还可以在去中心化的技术环境下成为内容生产者,例如直播主播。学生群体紧随时代潮流,主播队伍日趋年轻化。人的自我认知表现为一种自身的交往,网络交往中的交往主体受限于自己的人设,脱离了实现人的自由全面发展的目标。部分网络使用者为自己打造了高校“学霸”人设，女大学生“贩卖”青春容颜，更有甚者为了获取粉丝认同、增加热度而调整人设，解构个体形象，甚至呈现完全背离自我真实身份的形象，在追求人设的过程中丧失了社会责任感，打起了法律擦边球，造成不良社会影响。在过去的历史框架中，工人在交往中丧失劳动品而逐渐被异化。在网络交往中，学生为了满足交往对象的需要，常常会调整自己的人设或交往内容，忽略个体的全面发展，逐渐失去了自我，异化现象随之产生。马克思认为：“社会的物质生产力发展到一定阶段，便同它们一直在其中运动的现存生产关系发生矛盾，于是这些关系便由生产力的发展形式变成生产力的桎梏。”[204]在电商直播中，学生作为交往主体的异化现象更为明显，在模糊了现实与虚拟界限的直播场景中，主播构建了社群化的虚假社交场域。对于学生主播而言，追求快速获得名利的直播形象激发了他们推销商品的热情，而提高销量和实现盈利则是打造人设的核心目标。表面来看，学生主播似乎站在消费者的角度分析并推荐商品，营造紧张、刺激、具有冲突感的直观交往场景，但实际上，这是他们背后的团队通过精心策划文案和反复打磨脚本所制造的热门卖点。透过屏幕开展语言交流和情感互动不过是表面现象，从本质上看，电商直播交往已经形成了以商品为中介、以消费为目的的异化交往模式。主播往往与商品捆绑，形成了附加价值，而观看者通过观看直播产生的消费中也包含着对主播的消费，学生主播因此具有了物化的属性，观看者和学生主播交往双方变为“抽象的类”和被奴役的物。

第二，交往手段的异化。在网络交往中，学生通常会通过“打赏”“刷礼物”等方式给予其欣赏的主播、视频或小说创作者奖励。主播、视频或小说创作者通过语言和行动与打赏者互动。以往为了满足精神交往需要的消费行为并不是消极的，如购买音乐专辑、演出门票等，这恰恰是创造精神交往的新参与者的方式。而进入新的网络时代，传播者往往更为追求适应市场的个人数据和经济利益，“打赏”和“点赞”等行为不仅代表着虚拟价值向现实收入的转化，也是平台对传播者进行主页推荐和持续包装的重要评判标准。为了寻求和鼓励赞赏，部分传播者用夸张、谄媚的言语对打赏者表示感谢。市场上，挑战道德底线、满足猎奇心理的传播内容屡见不鲜，似乎营造了一种表面上的“平等交往”的网络状态。高校学生的世界观、人生观、价值观仍在形成阶段，面对资本导向的虚假“平等交往”缺少坚定的抵抗力。部分学生由于盲从心理和炫耀情绪，不惜耗费巨资，陷入以点赞量、礼物数据等为标准的物化人格的环境，甚至因此刷爆信用卡、借助校园贷支付等。基于“打赏”的货币化交往行为作为网络交往的中介，破坏了人与人之间纯粹的人格交往模式，使得物的交换成为网络中人与人之间最主要的交往关系。

除虚拟的交往中介“打赏”手段外，作为实体技术中介的数字化技术也造成了交往手段的异化。在商业资本运作和大数据算法的双重作用下，互联网平台根据观看者的浏览习惯定点推送相关页面，形成了“交往主体—数据技术—交往主体”的异化模式，打破了传统交往环境下交流主体自主选择交往对象的模式。技术手段在某种程度上改变了交往的自由选择，交往双方看似基于开放共享的平台进行互动，但实际上，作为参与者的高校学生往往在技术的控制下被动与其他主体匹配，被困在流量明星、网红产品等的固定信息茧房而不自知，逐渐丧失了选择权和批判权。原本作为交往媒介的技术反而控制了作为交往主体的个人，使得部分大学生对那些经过筛选、极度迎合他们喜好的传播内容不能自拔。在异化的网络交往中，他们逐渐忽略了现实中的空间感和时间感，浪费了原本应该用于学习、生活的时间，长此以往将改变学生的数字化生存状态，剥夺他们开展个体交往的现实条件。

第三，交往目的的异化。马克思认为，交往的本质是一种实践活动，包含在人们所有的实践活动之中，交往的根本目的应该是人的自由全面发展、人格与人格之间的平等交流。[212]一方面，网络交往具有便捷性和低准入性，使得学生更容易参与网络交往活动。在网络交往中，学生最初可能只是为了展示才艺、与更多人沟通交流，而受到社会思潮和资本运作的影响，他们逐渐忽视了最初的交往目的。如果学生网民只是追求平等、自由、舒适地互动交流，远远不能满足资本扩张的需要，于是，在资本逻辑的控制和遮蔽下，部分网络平台逐步以主动压制或被动引导的方式限制人的自由发展。交往者放弃了出于自然思想的个体展示与自由交往，获取更多资本关注、成为网络红人的交往目的越发明显，他们利用人类的猎奇本性和谄媚心态“打擦边球”，降低了网络使用者日常精神交往层次。另一方面，学生时常把寻求浅薄的精神满足作为交往目的，感官的刺激和瞬时的满足使他们忽视原本应高质量的、人格间的交往。这在一定程度上反映出高校学生网络社交肤浅化的趋势，这一趋势造成的精神虚无现象势必将阻碍大学生的成长和进步，遏制人的全面自由发展。

在马斯洛的需求层次理论中，自我实现是个体最高层次的需求，实现了自我的价值，便能获得真实的幸福。在部分网络交往活动中，本应以平等交流和分享为动机的交往，不仅未能满足个体自我实现的需求，反而在虚拟性、隐匿性和利益性背景下产生了异化。异化的交往的确短暂地满足了高校学生的精神快感，回避现实交往成为部分学生参与网络交往的重要原因，但回归现实世界，因再次面对繁忙的学习生活而产生的空虚感、迷茫感又给学生带来了新的痛苦。传播者沉溺在名利双收的个体人设中不能自拔，参与者逐渐沉迷于虚拟、梦幻又热烈的交往平台。在虚拟世界的交往中，交往双方逐渐摆脱现实交往的束缚，甚至开始逃避现实社会责任和法律道德的约束，使得网络交往秩序不得不接受一波又一波的挑战。这种逐渐脱离现实、近乎病态、依托虚拟世界的交往彻底异化，偏离了其初衷，即通过开放、快捷、包容的网络环境，实现更广泛的世界联结。[212]

第二节　网络思想政治教育力的实践策略

人的物质生产生活决定了交往是人类最基本的实践活动之一。作为历史唯物主义的基本范畴，交往是社会发展的重要基础，是世界历史形成的本质，也是人的全面发展最为核心的现实要求。特别是在网络环境下，提升网络素养是保障人的交往畅通有效的根本所在，最终能够实现人的自由全面发展。这一最终目标不局限于辅导员自身的发展，更体现在通过网络思政教育促进学生在网络环境下综合能力的发展。2018 年 9 月 10 日，习近平总书记在全国教育大会上强调："思想政治工作是学校各项工作的生命线，各级党委、各级教育主管部门、学校党组织都必须紧紧抓在手上。"[213]高校辅导员是学校一线教育工作的实践者，同时也是网络思想政治教育内容的生产者与传播者，必须主动肩负起加强网络思想政治教育、培育时代新人的职责和使命。中共中央办公厅、国务院办公厅于 2015 年印发的《关于进一步加强和改进新形势下高校宣传思想工作的意见》也明确指出，要创新网络思想政治教育的形式，着力培育一批导向正确、影响力广的网络名师。[46]作为网络思想政治教育的重要主体，高校和辅导员需要掌握并灵活运用专业理论知识，关注学生的思想政治发展方向，在纷繁复杂的网络信息环境中引导学生树立正确的价值观，培养青年学生做社会主义核心价值观的坚定信仰者、积极传播者和模范践行者。同时，高校也应进一步健全正向激励机制，激发思想政治教育工作者传承红色血脉的内生动力，着力构建多层次、立体化的网络思想政治教育新格局。

步入新时代，推进网络思想政治教育工作需要新思维。育人作品的内容和传播方式不应局限于“老套路”，而是要紧抓创新，紧跟时代步伐。党的二十大报告强调：“教育是国之大计、党之大计。培养什么人、怎样培养人、为谁培养人是教育的根本问题。”[214]这对高校辅导员的网络教育工作提出了目标和方向。辅导员在开展网络教育的过程中，要紧随时代和科技发展，注重教育的方式方法的创新应用，深耕网络内容的生产与传播，助力网络传播环境优化，提升自身网络教育的科学性、有效性和创新性。在这种新形势下，教师的思想政治教育工作应与网络技术相结合，教师在加强自身专业知识的同时，要熟悉网络空间的话语模式，用贴近学生的语言表达方式拓展新的教学方法和教学内容，提升自身在网络思想政治教育方面的意识与能力。

在“理念为先、内容为王、创新为要、保障为纲”的育人模式指导下，辅导员要以推动学生的成长成才为思想政治工作的价值追求，不断提升新时代思想政治教育工作的质量和内涵，着力为党育人、为国育才。在建好微信公众号、易班账号、抖音账号等校级网络传播矩阵的基础上，推动网络思想政治教育工作百花齐放，形成同向同行又融会贯通的网络育人“生态圈”。

一、创新传播载体形式

辅导员在网络环境下开展网络思想政治教育时，需要注重载体的适用性、先进性，这对高校的思想政治教育生态意义重大，是网络环境下引导大学生思想行为策略的重要部分。高校辅导员在进行网络思想政治教育时，应借助鲜活的网络育人载体和丰富的表现形式，以确保网络思想政治教育内容入眼入脑入心，因事而化、因时而进、因势而新做好思想政治工作。充分认识青年群体网络育人的重要性和现实性，拓宽思想政治教育渠道，实现“线上线下”互通互享，构建多层次、立体化的网络思想政治格局。

第一,辅导员要善于运用马克思主义的思想立场观点分析问题、解决问题。习近平新时代中国特色社会主义思想是21世纪的马克思主义,是中国文化和中国精神的时代精华。在新时代网络文化育人工作中,辅导员要坚持以习近平新时代中国特色社会主义思想统领互联网内容建设,推动党的创新理论走深走心走实,为青年成长奠定科学的思想基础,这也是网络思想政治育人的首要任务。通过疏堵结合的方式引导大学生借助网络热点制作生动有趣可传播的视频,以新颖的思想引导方式吸引大学生的关注。当前,各大高校、辅导员群体纷纷开设官方微博账号、微信公众号,并通过新媒体矩阵和融媒体中心进行议程设置。新媒体时代,辅导员开展思想政治工作不仅要采用时下流行的新媒体手段,还要将各种媒体形式有机融合,实现优势互补,"中央厨房"模式对于高校融媒体建设具有较大的借鉴意义。[215]结合社会热点和校园发展,辅导员群体需要迅速反馈信息,制作并发布内容丰富、趣味性强的微信推送或微博内容,引导学生走上正确的轨道。辅导员群体要重视青年学生思维活跃、创新等特点,深入推进网络思想政治教育的内容和语态创新。同时,辅导员要坚持正确的政治方向、舆论导向和价值取向,不断探索如何运用互联网使理论学习"活起来",创作出更多生动、具体、有活力的思想政治教育内容,使理论宣讲更加接地气、聚人心,努力使青年学生做到情感上认同、理解上透彻。

第二,辅导员应借助"互联网+"的时代潮流,结合学生利用新媒体平台学习的倾向,采用多样化的新媒体教育手段。在网络思想政治教育及管理工作中,辅导员应采用多元化的手段确保思想政治教育的多样性、丰富性和有效性,构建浓厚的思想政治教育校园文化氛围。在"互联网+教育"的推进中,"云课堂""慕课"等模式正在推动在线教育的发展,实现了线上线下教育的并行。线上平台作为线下教育方式的内在补充,使得移动化的教育方式成为可能。随着VR技术和AR技术的不断发展,辅导员可以构建"沉浸式教学模式",利用VR技术带领学生进行情境体验、云参观等,为学生提供真实场景的学习体验,增强互动性,将线上技术与线下资源有机结合,提高大学生学习效率。辅导员要积极运用5G、VR、全息投影等先进网络信息技术,为青年学生带来"陪伴式""沉浸式"的思想政治教育体验,打破时空界限和情感隔膜,增强大学生的红色文化记忆与责任使命担当意识,用先进科技手段提升思想政治教育效果,引领学生在体验和感悟中深化爱国情怀、汲取奋进力量。通过线上线下丰富有趣的互动活动，为学生提供参与政治学习的平台，辅导员可以充分利用学生基于现实生活进行交往的特点，塑造健康阳光的价值观念，引导学生正确地切换在虚拟世界和现实世界中的生活模式。这种策略既能够满足新媒体发展对适应力提升的要求，也能够关注现实社会的实践度，引导学生正确参与线上线下的社会发展，真正实现自我塑造和全面发展，增强了思想政治教育工作对大学生的内在吸引力，提高了辅导员教育工作的实效性。

2021 年 3 月 6 日，习近平总书记在看望参加全国政协会议的医药卫生界教育界委员时指出，"'大思政课'我们要善用之，一定要跟现实结合起来。上思想政治课不能拿着文件宣读，没有生命、干巴巴的"。[216]因此，网络思想政治教育想要真正实现入脑入心，首先要做到"入眼"，以鲜活的网络思想政治教育载体与丰富的表现形式，聚焦青年、吸引青年，形成注意力叠加。要推动网络文化育人内容为青年学生群体所接受、所理解、所喜爱，就必须重视青年大学生个性鲜明、偏爱新奇、注重体验等特点，综合运用多元表达、多类载体、多种技术，增强网络文化育人内容的吸引力和感染力。

在新媒体时代，高校在传播载体形式上的创新将为辅导员引导学生思想行为提供有效途径。通过善用新媒体平台、借助"互联网＋教育"模式、设计富有创意的互动交往活动，可以引导学生更加积极、健康地参与网络思想政治教育，在信息时代更好地成长。要坚持与时代同步，与学生同行，聚焦大学生群体，探索打造有时代热度、人文温度、思想深度、情感厚度的网络思想政治教育阵地，为党和国家培养符合时代要求的社会主义建设者和接班人。

案例一：以全媒体平台打造网络育人基地[217]

全媒体环境下的育人平台打造是网络育人事业的关键基础。近年来，复旦大学开展"网络育人联盟"建设，以"复旦大学"微信公众号、官方主页等校级旗舰型网络育人平台示范建设为主，推进"复旦卿云歌""复旦研究生""团团在复旦"等综合网络育人平台建设，以及"复旦青年研究""复旦百晓生""复旦微茶厅""复旦大学团委艺术团"等专项网络育人平台建设，形成了网络育人平台群。同时，学校还密切关注媒介环境变化，积极适应青年群体媒介使用习惯，开设"学习强国”账号、英文微信公众号,并在央视频、哔哩哔哩、抖音、腾讯微视等平台开设视频号,在“易班”平台上推出多元化精品课程,创建网络育人专项工作室,形成网络育人新媒体矩阵,发挥联动效应。在学校的统一指挥下,各网络育人平台互联互通,共建共享,在关键时刻、重要节点实现合力育人、合唱发声,引导校园网络朝着正确的方向发展。复旦大学“网络育人联盟”的建设激发了多元主体参与育人,汇聚了校内外更多力量,扩大了网络教育阵地,进一步探索了教育新方法。

在新媒体传播矩阵的坚实基础上,复旦大学推出了多层次的网络育人优质产品,收获了良好的传播效果与社会反响。复旦大学各网络育人平台还灵活运用短视频、App、小程序、H5、Vlog 等新媒体手段开展网络思想政治教育,通过创新表现形式增强育人效果。例如,在 2022 年毕业季,复旦大学“路上”网络育人工作室推出了“云上游园会”主题 H5 作品,让毕业学子能够在“云端”与校园地标合影,生成个性化毕业照,度过一个别样的“云上”毕业时节,带着母校的祝福与嘱托,奔向更加绚丽多姿的青春前程。

以“网络育人联盟”带动网络育人事业整体发展,以“互联网+”支撑思想政治课程改革,以“望道新传媒奖”引领正确方向,以“智能思想政治”推进前沿技术探索。复旦大学在网络育人工作中充分发挥多学科优势,研判并适应了新时代传播特征与趋势,运用互联网思维创新了 5G 时代的学生思想政治教育工作,以科技智能化提高思想政治精准化水平,为新时代我国高校网络育人工作的开展提供了新思路、新方法。

案例二:依托“易班”开展网络思想政治教育[218-219]

“易班”是上海市专为高校教育教学、生活服务、文化娱乐推出的综合性互动社区,可以为师生提供主页定制、社区交流、群组聊天、在线学习、活动发布、兴趣交友等教育信息化一站式服务,并支持网页、App 和微信小程序等多种访问形式。如今,“易班”在上海众多高校设立了学生工作站,开展了丰富多彩的校园文化活动,已经成为全国教育系统的知名文化品牌,许多高校也将“易班”作为网络思想政治育人的主阵地。

上海政法学院易班发展中心运营的“上政易班”微信公众号已发展为上海政法学院师生在互联网中的主要聚集地。在“易班”网络育人平台中,上海政法学院能够在重要的时间节点开展各类网络文化建设和网络思想政治教育活动，而多元化的新媒体互动也能够增强平台用户的黏性、促进平台创新，进一步增强“易班”网络育人平台的建设。“上政易班”微信公众号曾推出“在线点亮党旗，为党旗增辉添彩”活动，来自全国不同地区的上政学子可以点击小程序中自己家乡所在省份的党旗，用炽热的红色点亮祖国的每个角落，象征着星星之火，可以燎原。校园影院是意识形态传播的重要阵地、校园文化建设的重要载体，也是针对大学生群体开展思想政治教育的重要平台之一。“上政易班·木槿影院”栏目定期向全校师生宣传优秀电影作品，号召师生在光影世界中接受优秀文化与主流价值观的滋养。这些多样化活动的开展也为“易班”与思想政治教育的有机结合开辟了新思路，创新了网络思想政治教育形式。

上海地区多所高校立足“易班”，强化品牌建设，搭建融媒体矩阵，让“易班”成为校园网络文化的核心，将其打造为高校网络思想政治育人的主阵地，充分发挥了“易班”作为高校校园网络新媒体传播矩阵的“三驾马车”之一的重要作用。“上政易班”作为高质量网络育人平台的典型代表，通过开展多样的思想政治教育活动，推出形式新颖的网络育人作品，协助构建充满正能量的校园网络文化，在网络育人的进程中歌颂时代主旋律，奏响时代“最强音”，极大地增强了新时代高校思想政治工作的吸引力和实效性。

案例三：在网络直播中寻找新需要[220-221]

要想为思想政治教育课堂带来“新气象”，就必须积极顺应时代的发展，倾听学生群体的所想所需，创造出为青年大学生所接受、喜爱的网络思想政治育人模式。网络直播深受人们的追捧，已然成为人们获取信息、表达自身想法的主要载体之一，也成为了网络思想政治教育工作中不可或缺的力量。上海师范大学思想政治教育团队敏锐察觉到了大学生群体对短视频的喜爱及他们对网络直播的关注热情，开设了“立德励言”网络思想政治直播栏目，邀请全校师生积极参与新时代劳动教育大讨论，举办主题辩论赛，在抖音、微信平台陆续推出 10 集“立德励言|新时代劳动教育师大学子说”系列短视频及 6 期微信推送，获得了诸多关注，并对辩论赛决赛进行了网络直播，营造了全校参与劳动教育大讨论、学习劳动教育相关知识的良好学习氛围。“立德励言”思想政治教育品牌在学校的影响

力和号召力也为此类线上育人活动带来了更高的关注度，直播活动引发了全校的热烈反响，为青年学子献上众多新鲜有趣、符合年轻人口味的线上思想政治教育大餐，让大学生们在参与和分享中感悟、体会优秀思想与文化。网络直播也让更多人看到了大学生们的风采，师生的参与和分享也进一步提升了高校线上思想政治教育的有效性。

二、输出隐性教育内容

网络思想政治教育的内容既要能在感性上吸引人，又要能在理性上说服人，内容生产要既重“理论教化”，更重“观念内化”，通过文化共鸣、价值认同、情感联结的多维交互，达成显性教育和隐性教育的协调统一，增强思想政治教育的实效性与传播力，推动习近平新时代中国特色社会主义思想常学常新，使高校网络空间主旋律高昂，正能量充沛。随着社会的不断发展，网络思想政治教育的推进需要更加关注网络交往内容的深度和广度。隐性思想政治教育信息为显性思想政治教育信息的传播奠定了感性基础，在进行思想政治教育时，要善于营造隐性思想政治教育信息环境。[222]在这个背景下，隐性思想政治教育内容备受关注，其通过激发学生的无意识心理和塑造正面的主流形象，于无形中影响学生的价值观和行为方式，实现思想政治教育的更深层次渗透。隐性思想政治教育内容主要具有如下两方面的教育作用。

第一，隐性思想政治教育内容能够激发学生的无意识心理。无意识心理，是一种人们在非自觉意识和理智调节状态下的心理状态，对人的行为和活动具有一定影响和支配的作用，这种影响和支配并未被主体直接察觉。辅导员在具有虚拟性和沉浸力的网络空间充分挖掘这种无意识心理状态的积极因素，有助于自身开展潜移默化的网络思想政治教育工作。这要求辅导员将教育者的有意识活动与学生的无意识活动结合起来，具体而言就是要依托新媒体将思想政治教育、道德素养、审美取向的理念和内容渗透到与学生的聊天、各种论坛、新闻评论及跟帖等方面，对学生进行有意识的暗示和熏陶，与学生的日常浏览和关注点相互糅合，激发其对话题的兴趣，形成沉浸式的文化环境和文化氛围。党的二十大报告指出，“弘扬以伟大建党精神为源头的中国共产党人精神谱系，用好红色资源，深入开展社会主义核心价值观宣传教育，深化爱国主义、集体主义、社会主义教育，着力培养担当民族复兴大任的时代新人”。[215]辅导员可以尝试开发红色校史资源，发掘高校博物馆、档案馆、校史馆中的物品、人物、故事等红色资源，充分阐述蕴藏其中的爱国情怀，引导学生饮水思源、爱校荣校、爱党爱国，增强学生的审美能力，强化网络环境教育的导向功能，使学生能够潜移默化地接受教育，引导学生向积极的方向发展，并自觉地追求美和先进，从而达到教育目的。

第二，隐性思想政治教育内容能够塑造正面的主流形象。辅导员网络思想政治教育核心能力要聚焦“思想理论教育和价值引领”的首要职责[223]，网络平台是精神交往产物的产出地，网络交往内容的生态化有助于最大化地促进科技引领下的正向行为，这对打破学生的社会信任危机具有推动作用。作为网络交往参与者的高校学生，应在网络交往过程中对个体角色进行充分考量，努力构建正面、积极的网络传播空间，避免网络社交形象的低俗化、谄媚化。辅导员开展网络思想政治教育要适应互联网生态，进行内容创新，优化网络思想政治教育供给。辅导员可以围绕重大事件和历史节点，开展各类红色主题线上活动，将红色资源融入其中，打造热门话题和青年人关注的IP，让红色资源融入学生的日常生活。可以尝试以小切口展现大历史，从大视野和大格局入手运用红色资源，注重解读人物、故事、背景和细节，恰如热门电视剧《觉醒年代》把思想转化成形象，让红色资源真正在青年学生心中“活”起来、“火”起来。辅导员也要用好红色教育基地、革命文物遗址等红色资源，使其以直抵人心的力量铸魂育人，引导大学生传承红色基因、赓续红色血脉。辅导员可以通过打造校园网络直播红人等方式，以朋辈、教师、校友等具有正能量、积极进取的群体为主体，传播贴近学生生活和成长需要的内容，将新业态与思想政治教育创新融合，引发学生的共鸣与认同，使学生明确网络环境中的每个主体都有责任和义务维护良好的传播环境，让技术和资本让位于纯粹的交往，鼓励深层次追问文化审美的精神意义，及时纠正技术发展和资本运作造成的异化现象，推进现代社会平稳有序发展。

隐性思想政治教育通过激发学生的无意识心理和塑造正面的主流形象，能够在无形中引导学生形成积极的价值观和行为方式。辅导员应利用新媒体平台将教育理念与学生的网络活动巧妙结合，实现对学生的暗示和引导。同时，辅导员应通过树立正面形象，努力营造积极向上的网络传播空间，为学生提供健康、有益的信息。这样的隐性思想政治教育策略旨在通过优化网络交往内容，实现对学生思想政治教育更深层次的影响，推动现代社会的平稳有序发展。

案例：“小花梨”与大学生[224]

“小花梨”是华东理工大学共青团官方微信公众号，由校团委小花梨新媒体工作室负责日常运营。“小花梨”中的“花梨”是校名简称“华理”的谐音，“小”字则拉近了公众号与粉丝群体的情感距离，使得公众号形象显得可爱鲜活、有亲和力。运营团队充分认识并适应当下的新媒体传播环境，打造了特点鲜明的拟人化新媒体形象，从而拉近了与广大青年受众的距离，更容易从情感层面与青年学子产生连接与共鸣。此外，“小花梨”积极创新网络思想政治教育的表现形式，采用更多青年群体喜闻乐见的视觉表现形式进行传播，这种“接地气”“有温度”的内容，以及全心全意为学生群体服务的态度理念，更容易让大学生群体接纳平台，提高平台受众黏性。这不仅传播了华理学子的青春活力，也为网络文化育人和思想政治教育工作的开展奠定了良好的基础。

“小花梨”微信公众号自2013年创立以来，在上海地区高校中具有较高的知名度。此外，“小花梨”多次位列“上海共青团微信公众号影响力排行榜（学校类）”首位，综合影响力长期位居全国前20，4次排名全国第一，并为共青团中央、“青春上海”“团在校园 上海学联”等微信公众号大量供稿，入选“首批高校思政类公众号重点建设名单”。依托先进的新媒体工作室，“小花梨”不断丰富高校“互联网+”思想政治教育的形式与内涵，推动高校思想政治教育工作传统优势与信息技术高度融合，巩固壮大网络空间中的主流思想舆论力量，唱响网络主旋律，将“小花梨”打造为“接地气、入人心、有温度”的重要教育宣传阵地，推出了大量网络育人优秀案例成果。

三、巧妙运用移情手法

在进行新媒体环境下的思想政治教育时，理解并运用移情手法非常关键。很多时候，教育者可能会将学生依赖新媒体的行为简单地归因为不爱学习、浪费时间、思想颓废，但实际上，只有深刻理解学生依赖新媒体的原因，分析他们的难处和需求,才能真正有效地对其进行引导。在这个过程中,与大学生形成共情、理解其心理状态是至关重要的前提条件,主要体现在以下两方面。

第一,运用移情手法有助于理解学生的心理状态。辅导员在移情之前,首先要做到共情。共情建构的是一种对于他人的对等的情感感受性,是一个人能够超越自己的世界进入他者的世界,并与他人的情绪状态产生共鸣的一般能力。[225]这需要首先认知他人的状态,再获得同步感,进而移情。大学生在新媒体环境下可能会感到无助和空虚,而辅导员需要通过移情,也就是设身处地为学生着想,这种移情有助于辅导员与学生之间建立更为密切的关系,使辅导员能够更准确地把握学生的需求,从而更好地引导学生。移情手法不应仅停留在心理上,还需要在语言和文字上运用。要尊重大学生的主体意识和表达意愿,平衡思想政治教育内容的历史性和严肃性、网络作品的创意性和趣味性,要运用好"网言网语",注意从"权威范式"向"对话范式"转换,注重政治语言、学术语言、生活语言和网络语言的综合运用。高校辅导员网络话语能力是指辅导员在开展网络思想政治教育工作中的话语议题设置能力、话语叙事能力、话语传播能力、话语沟通能力的有机统一,是辅导员在网络思想政治教育中解决"为谁说、说什么、怎么说"问题的能力[226]。辅导员要掌握网络话语体系,突破传统的话语模式,要学会在虚拟空间中运用网络语言对学生进行耐心细致的教育和引导,要熟练运用网络用语和网络思维,以学生易于接受的方式巧妙运用自己积累的丰富的管理经验、教育措施,对学生产生积极影响。在教育内容方面,辅导员可以尝试结合中华优秀传统文化,将崇高叙事转换为人文叙事,引发学生的思想共鸣。注重融入家国情怀,增强国情国史教育的故事性、社会热点的说理性,使教育内容潜移默化地进入学生的认知结构,使学生对教育内容产生价值认同。加入先进人物和典型事迹作为案例进行互动交流,用好材料、讲好故事,触发学生真实的情感体验,解决青年学生的思想困惑,加强师生的情感联结,打破传统师生关系中的二元对立,构建一种通过移情塑造的平等关系,形成一种更具包容性和互动性的教育氛围。

第二,运用移情手法有助于促进学生全面发展。马克思曾指出,人的自我实现是扬弃了人的依赖关系和物的依赖关系的自我实现方式,而代之以个人发展和社会发展一致的自我实现方式。高校辅导员在网络思想政治教育中,要引导学生深入挖掘个体的内在潜能,使其在网络交往中展现出个人的价值观和科学素养。这种引导包括但不限于激发学生对自身独特性的认知,培养他们在网络空间表达自我的能力。通过引领学生关注前沿科技、专业领域等有助于社会进步的议题,推动学生参与有益社会实践,明确实践与思想政治教育、科创教育相辅相成的内在联系,从而更好地理解社会的运作机制,形成批判性思维和自主创新能力。这种全新的交往策略旨在为学生提供更广阔的发展空间,让他们在网络空间中不仅实现个人发展,也为社会进步贡献智慧和力量。青年学生是与新时代共同成长前进的一代,肩负着时代赋予的使命与责任。作为网络时代的"数字原住民",青年群体在数字技术、流行文化等方面有更明显的网络话语权,是网络文化育人的重要参与者和实践者。引导学生加入育人队伍,扩大育人主体,让更多青年学生在网络思想教育实践中增强对教育内容的理解,增进情感认同,实现网络思想政治教育助推人才培养,促进反哺教育持续有效。

移情手法在新媒体环境下的思想政治教育中具有重要价值。通过理解学生的心理状态、运用网络话语体系和促进个人全面发展,辅导员可以更好地与学生互动,并与学生建立更为紧密的师生关系,推动学生的全面发展。这不仅有助于更好地引导学生在新媒体环境中学习和成长,也有助于营造更为开放、平等的教育氛围。

案例一:从身边事入手的宣传[227]

通过短视频、Vlog、微电影等符合当下青年群体信息接收喜好的新媒体形式,不断创新思想政治教育的方式与内涵,打破人们对高校思想政治教育的刻板印象,积极探索新媒体环境下网络载体的育人功能与引领作用,力求创作出更多青年学子想看、爱看的作品,助力高校思想政治教育取得更好的效果。

新媒体环境下,短视频已然成为人们广泛接受的一种重要传播手段与信息呈现方式。围绕"思想政治教育"这一关键词,同济大学充分挖掘高校学生网络思想政治教育工作的新元素、新方法,紧密结合中央精神,围绕重要时间、事件,组建新媒体团队,通过挖掘校园文化,建立优质内容产出机制,推出大量以学生为中心、以社会主义核心价值观为导向的短视频育人作品,提升了高校学生网络思想政治教育的有效性。

在短视频题材的构思工作中,同济大学摒弃了"高姿态"的宏观叙事,转而去挖掘“贴近现实、贴近学生、贴近心灵”的内容,立足广大同济师生,通过“以小见大”的方式,以小事件折射大主题,让广大青年在潜移默化中受到优质主流文化的熏陶。在同济大学的学生网络思想政治教育视频中,很少看见“高大上”的宣传口号与央媒素材,视频中的主角更多是教室中的学生、讲台上的导师、实验室里的研究员、月色下的保安及其他普通学校成员,视频内容讲述着平凡人的事迹。这些事迹能够让学生在观摩中通过不同视角找到身边人的影子,使思想教育流淌在情感共鸣之中。通过精心策划视频内容,适时呈现应景的主题,能够让师生在关键时间节点接受社会主义核心价值观的正向引导。这种方式既容易被接受,又能在广大师生群体中引发强烈共鸣。

融媒体时代“内容为王”。唯有坚持正确的价值观导向,持续做好做精内容,才能实现有价值、有意义的内容输出,达成网络育人目标。在“敬业”主题视频的拍摄工作中,同济大学拍摄团队从凌晨 4 点便开始跟拍校园清洁工,拍摄工作一直持续到第二天零点保安换班才宣告结束。在每一个镜头的设计、拍摄及后期的剪辑、配音工作中,视频制作团队都强调精益求精,力求创作出最能打动青年学子的视频作品,在情感共鸣中传递正确的价值观,为大学生群体带来一堂堂印象深刻的思想政治教育视频课。

案例二:推进社会发展成果的广泛传播[228]

在自然地理和历史人文等多种因素的共同作用下,我国东西部地区的教育发展情况存在着明显的差异。我国东西部地区间经济发展水平不同,教育资源分配不均衡的现象较为凸显,部分西部边远地区的基础教育发展迟缓,对地区的经济社会发展都有一定影响。

上海交通大学“望媒止惑”融媒体网络育人工作室依托专业教学资源,联合新闻传播学领域的知名专家学者创建线上学术 MCN 平台。工作室开创了“线上学术 MCN＋线下工作站”同步推进的网络育人公益新模式,致力于提升青少年数字素养和促进青少年身心健康,缩小地区数字鸿沟,帮扶中西部青少年,促进教育均衡发展。上海交通大学“望媒止惑”融媒体网络育人洱源工作站的优质知识内容能够覆盖云南省洱源县 127 所中小学的近 4 万名师生,工作站为西部边远地区青少年带来一系列融媒体网络育人节目,让上海交通大学的优秀教师与学生代表走进中小学课堂，科普知识、传递思想，开展青少年帮扶活动，让上海的优质教育资源惠及更多青少年。以洱源工作站为试点，“望媒止惑”融媒体网络育人工作室不断推进线下育人工作站建设，创立帮扶中西部青少年的系列网络育人基地，增强实践育人的针对性和实效性。

以新模式带动网络育人，以新文科赋能社会发展。“望媒止惑”融媒体网络育人工作室聚焦新媒体与社会中的现实问题，以实际行动帮扶西部边远地区教育事业发展，致力于提升青少年的新媒介素养，缩小地区之间的数字鸿沟，助力教育普惠发展。“望媒止惑”融媒体网络育人工作室以新闻传播学科的专业视角，创作出内容通俗易懂、形式焕然一新的融媒体产品，聚焦青少年在网络时代面临的媒介问题，帮助其提升数字素养，实现教育的有效价值引领。

四、有效提升网络素养

中共中央、国务院于 2017 年 4 月印发的《中长期青年发展规划（2016—2025 年）》明确提出，在青年群体中广泛开展网络素养教育，引导青年科学、依法、文明、理性用网。辅导员需要推动学生加强网络知识学习，引导学生学会辨别网络信息，着力提升学生的媒介素养。[229]高校辅导员首先要引导大学生树立正确的世界观、人生观和价值观，使学生对网络信息、网络产品、网络行为、网络工作者等进行整体认知，形成一定的责任意识、伦理价值和批判精神，进而有能力对大众传播网络、流行文化中的是非、善恶与美丑等问题作出价值判断。具体可从如下三方面开展工作。

第一，加强学生对虚拟世界的认知是提升学生网络素养的基础。学生需要明确网络世界和网络环境具有再加工的特性，相对于现实空间是虚拟的平行存在。辅导员应引导学生掌握相关知识，包括网络媒体选择、网络媒体制作和网络媒体内容等方面的知识。帮助学生了解网络媒体制作和生产各种信息的过程，使他们理解网络信息与客观现实的差别，邀请新媒体工作人员、传统媒体工作人员到高校为学生科普。高校学生需要认识到，人类作为网络的创造者，不应被互联网技术束缚，明确网络空间只是现实世界的虚拟镜像，所谓的令人激情澎湃的在场感不过是通过技术锻造、剧情渲染而产生的。明确辨析网络与现实的关系，有助于学生形成正常的网络行为习惯。增强学生在网络空间和现实社会的角色同一性,将“网上的我”和“主体的我”相统一,重塑学生对于网络空间的行为预期,提升学生的网络媒介素养。

第二,培养学生对网络的批判性思维是提升学生媒介素养的重要手段。辅导员需要引导学生在网络行为中构筑个体的主体性,学会用辩证思维方式看待问题,多角度地、理性地看待网络上的信息。辅导员应自觉承担起新媒体环境下的育人使命,引导学生在网上自我教育、自我管理和自我服务,教育学生在网上自我约束、自我保护。通过搜集整理真实案例,引导学生进行讨论与反思,不盲目、不顺从,不做“网络暴民”,客观公正地看待网络问题和热点事件。要培养大学生接收信息时的批判意识和发布信息时的理性态度,增强他们的网络责任意识和自律能力。引导学生在网络行为中充分肯定每一个主体的个体价值,深化本性认识,避免被物化为客体,摆脱趋于物化的实践。辅导员可以引导学生明确改造世界的实践力,寻求交往与需求的平衡点,激发个体的主观能动性,使网络行为目的保持理性,探寻对个体成长更有益和更有价值的网络行为模式,培育学生价值理性思维,避免被资本导向造成的虚无认知所迷惑,摆脱趋于物化的实践,回归理性的网络行为目的,不被技术和资本所奴役。

第三,辅导员应承担媒介素养相关的公共课教学任务。目前,我国大多数高校只在新闻传播等相关专业开设媒介素养研究专业课,这只能教会相关专业学生辨别和编辑信息的方式。因此,建议高校开设适合所有院系学生选修的媒介素养通识性公共课,并考虑由辅导员群体及具有传播学背景的专业教师承担教学任务。各高校可规划设计系列课程,带领学生进行新媒体操作与实践,策划网络民主等虚拟与现实相结合的子内容,结合时代发展和新媒体动态,为学生传授相关技能,塑造正确的思维模式。通过第二课堂、社会实践等形式,促进学生形成良好的审美能力,树立正确的价值观,理性分享和追求自我实现,重新审视自我和自己对网络空间的现实认识。这不仅填补了高校理论素养提升课程的空白,也为高校辅导员教学专业化、职业化开辟了全新的路径。通过这些努力,高校能够更好地提升大学生的媒介素养,使他们在信息时代更好地适应、理解和应对新媒体的影响。2019 年 3 月,习近平总书记在学校思想政治理论课教师座谈会上指出:“改革创新是时代精神,青少年是最活跃的群体,思政课建设要向改革创新要活力。[230]如果做一天和尚撞一天钟，照本宣科、应付差事，那‘到课率’、‘抬头率’势必大打折扣。很多学校在思政课上积极采用案例式教学、探究式教学、体验式教学、互动式教学、专题式教学、分众式教学等，运用现代信息技术等手段建设智慧课堂等，取得了积极成效。这些都值得肯定和鼓励。”

案例：网络建设与课堂教学、社会实践的有机结合[231]

在新时代背景下，随着“一带一路”倡议的落实与发展提速，社会急需高水平、多语种专业人才。上海外国语大学依托多语言、多学科办学优势，以“党建＋”为引领，围绕“多语种＋”与“互联网＋”两大支点，建设全球传播多媒体平台矩阵，创设多语种网站群，打造多语种、广覆盖的国际分众传播网络及多语种网络育人平台，创新高校网络文化运营管理，为培养国家对外话语人才而不懈努力。

新媒体时代，上海外国语大学将网络建设与立德树人深入融合，挖掘多语种网络育人内涵。学校策划并实施了首批多语种网络育人平台建设项目，在多语种网站群的基础上，利用海外社交媒体平台形成矩阵化、多渠道传播形态，并与孔子学院等海外机构的社交媒体账号、学校学生运营的“China Youth”中国青年工作室社交媒体账号、师生网红和意见领袖形成联动，形成立体化、多渠道的中国故事传播格局，提升师生跨文化传播力和文化自觉意识，以及全球话语表达力。据统计，近年来上外域名(shisu. edu. cn)在全球互联网域名流量排行榜中的名次持续攀升，始终位居同类院校首位；同时，学校先后新增各类小语种版本网站，成为高校全球传播的特色阵地。

五、构建有序交往过程

随着生产力的发展，稍显落后的社会关系需要新的调整，摆脱异化的网络行为需要网民共建公平自由的交往秩序。在新时代，网络交往已经成为人们生活不可或缺的一部分，而在网络这个虚拟世界中，有序的交往过程尤为重要。从宏观环境的角度来看，网民应当协助规范整个网络社会，而从微观层面来说，高校等教育机构也应引导学生树立规矩意识。

第一，辅导员应协助规范宏观环境。2015年12月，习近平总书记在第二届世界互联网大会开幕式上强调："自由是秩序的目的，秩序是自由的保障""我们既要尊重网民交流思想、表达意愿的权利，也要依法构建良好网络秩序，这有利于保障广大网民合法权益"[232]。社会各界在保障广大网民的合法权益的同时，也要依法构建良好的网络秩序。国家在网络环境治理方面采取了多项政策措施，并相继颁布了各种法律法规，为包括高校学生在内的网络使用者划定了明确的行为底线。任何越过这些底线的行为都将受到法律法规的严惩。

辅导员要积极关注国家层面各类法律法规的推进与实施，并深入了解相关政策的具体内容，以便更好地引导学生。辅导员可以组织关于网络法规的宣讲和培训活动，帮助学生充分了解网络法规的重要性及其对学生个人的影响。此外，辅导员还可以在课程中结合实际案例，引导学生深入理解法规的内涵，使其树立正确的法治观念。辅导员还可通过参与相关政策的制定，为学校提供宝贵的意见和建议，共同推动有序网络交往环境的建设。

第二，辅导员应引导学生树立规矩意识。宏观层面的法律法规虽然可以规范整个网络环境，但微观层面的规矩教育同样至关重要。高校作为培养未来社会主体的重要机构，要在学生进入大学的初期就对其进行法律法规、校纪校规等规矩教育。高校可以制定并发布明确的规章制度，规定学生在网络平台上发布信息的准则。这些准则可以包括言辞的文明与规范、禁止散布虚假信息、防范网络欺凌等方面。通过执行规章制度，学生的网络行为将更加理性自律，有助于维护网络社交的良好秩序。借助各类平台开展规矩教育，宣传学生网络行为守则，新生第一课、主题班会、公众号推送文章等都是辅导员开展规矩教育的有效途径。辅导员可以通过这些途径向学生宣传参与网络行为的守则，强调法律法规和校规校纪的重要性，使学生在轻松愉快的氛围中接受规矩教育，从而更好地树立规矩意识。

在高校的思想政治课程中，辅导员可以将网络行为规矩纳入教学内容。通过案例分析、讨论、辩论等教学方法，引导学生深刻理解良好网络行为的价值和意义。辅导员要利用多样化的教学方法，让学生深刻领会良好的网络行为对个人和社会的积极影响，从而自觉遵守网络规矩。要培养学生形成监督网络舆论生态、维护个人权益的网络行为意识。辅导员可以通过日常说教，培养学生在网络行为中的责任感。学生应学会及时举报不良信息，共同营造良好的网络交往环境。此外，辅导员还可以鼓励学生参与学校网络管理，为学生提供实际操作的机会，从而培养学生主动维护网络秩序的习惯。

面对高校思想政治工作的新对象、新形势、新任务，辅导员要积极应对时代挑战，真正聚焦青年学生群体，充分了解把握青年群体特征，认识青年群体网络思想政治教育的重要性和现实性。青年大学生群体的思维敏捷、思想活跃，兴趣广泛、观念新颖，对未知事物的探索劲头十足、对新生事物的接受速度较快，主体意识、参与意识强。但与此同时，青年学生正处于从未成年人向成年人转变的身心过渡期，世界观、人生观、价值观尚未稳定，鉴别能力和心理定力较弱。加之长期身处校园，网络成为他们接触社会信息的重要渠道。因此，青年学生易受网络舆论影响，互联网中的各类负面信息与不良思想可能会阻碍他们的身心健康成长。因此，辅导员需要用科学理论、正确思想、主流价值精心地引导青年大学生，培养其形成正确政治思想，指导其扣好人生第一粒扣子，更好地担当民族复兴大任。

总体而言，构建有序的网络交往需要从宏观环境和微观层面共同发力。规范宏观环境，使国家和社会层面的法律法规更加完善，从而有效制约网络行为。同时，在高校等教育机构中，应通过规矩教育培养学生的规矩意识，使其自觉遵守网络规范。只有将宏观和微观层面相结合，才能够构建合理有序的网络交往环境，形成符合大学生行为规范的清朗空间。

案例：以数据分析筑牢教育战线[233]

随着移动通信技术的发展和数字网络媒体的快速迭代，互联网已经成为意识形态教育的主战场、主阵地、最前沿。新媒体环境下，东华大学准确把握了网络育人工作的发展态势，不断增强思想政治教育的亲和力和时代感，引导师生强化网络意识、树立网络思维、精耕网络创作、发展网络文化，努力构建同向同行又融会贯通的网络思想政治育人“同心圆”，积极营造多圈层、立体式铸魂育人网络新生态。

针对青年群体的思维特点及行为特征，东华大学从学生角度出发，推出契合学生成长规律及发展需要的网络思想政治教育内容，组建“学习进行时”大学生网络思想政治宣讲团,创新大学生网络思想引领模式,一改往日“老师讲、学生听”的传统思想政治教育模式,由大学生担任朋辈“小讲师”,自主设计并制作42门“习近平新时代中国特色社会主义思想”网络学习微课,在各大平台上线后深受同学们的欢迎。

在网络文化育人工作中,东华大学积极创新,将思想政治教育与大数据算法技术相结合,实现了更加精准、个性化的思想政治教育。为了将现实与虚拟教学实践相结合,学校打造了“易班+课程思想政治”云平台,并引入大数据分析技术,对课堂思想政治教育的互动频率、学生课堂评价、回答问题正确率等关键要素进行“再解读”,实现网络教学效果的准确评价和反馈。同时,为避免教育内容“千人一面”,学校还推出了“思想政治智阅读”易班轻应用,把思想引领“前置”到课前15分钟,通过分析学生在网络思想政治教育过程中的阅读内容、阅读频次、驻留时间、评论互动等“大数据”,全方位构建学生的“思想政治阅读画像”,从而精准化地向学生推送“思想政治智阅读”内容,为精准思想政治教育的实施提供了新思路。

第三节　高校辅导员工作案例分析

案例分析是一项对辅导员的逻辑思维、工作经验、综合素养有较高要求的工作。近年来,全国或各省市辅导员素质能力大赛的案例分析环节,都对辅导员开展网络思想政治教育的能力尤为关注。结合各省市地区的大赛要求,依托学生现实问题,本节将常见的网络思想政治教育经典案例划分类别,以便各位辅导员老师可以在日常工作和备赛中参考借鉴。

一、网络消费类

案例:

随着互联网经济的发展,各类网上消费节越来越多,每逢“双十一”“618”等网络购物节,你所带班级的学生就会在班群中讨论要采购哪些物品,如何快速提升个人信用卡、网络支付平台借贷额度等,作为辅导员,你该如何处理?

（一）问题本质

从表面来看，案例中的学生紧跟时代潮流，适应网络购物节的消费新趋势，但是，究其根本，学生受到了社会风潮的影响，在个人消费观动摇的情况下，出现了不理智消费的可能性。同时，学生论及提升网贷额度，表明其可能存在资金短缺，不足以满足个人消费需求的可能性。因此，本案例属于思想政治教育领域的学生消费观和网络安全教育引导问题。

（二）解决思路

针对该问题，要以辩证思维来看待。一方面，辅导员需要肯定经济发展时代浪潮下网络消费崛起对国家发展、社会进步和市场经济繁荣的重要意义，不管是“双十一”购物节还是“618”购物节，都在一定程度上促进了群众消费，推动了中国经济浪潮的翻涌。针对这一方面内容，要对学生加以正确、积极的引导，引导其正确看待网络消费节的存在价值和意义，认清中国经济发展大趋势。另一方面，辅导员要对学生的盲目消费心理加以疏导，使学生明确盲目消费可能会引发的糟糕后果，正确划分必要消费与非必要消费品类，并引导学生明确网贷的概念和规则，减弱超支消费意识，远离不良网贷平台，帮助学生树立正确的消费观，理性消费。

（三）实施办法

1. 充分调研，把握情况

针对所带学生群体消费现状做好充分调研，明确超前消费、盲目消费在学生中是个别现象还是群体现象，了解学生希望采购的物品属于合理消费还是盲目跟风，知晓学生对于网络消费节的认知和态度。此类调研可以通过发放问卷、走访宿舍、组织班委座谈会的形式开展，掌握整体情况，做好现象和本质预判工作。

2. 个案分析，明确重点

通过前期调研情况综合分析研判，并分情况讨论。如果超前消费、盲目消费在学生中是个别现象，那么辅导员应精确到个人，与其进行一对一谈心谈话。首先，辅导员应了解学生消费观及其个人收入来源，由于大学生一般依靠家庭经济支持，也要了解学生家庭收入情况。其次，向学生普及网贷平台的风险和问题，引导学生明确网络信贷的偿还要求，结合个人情况加以深入认识，注意网络消费安全，并做好学生诚信还贷的教育工作。

如果超前消费、盲目消费已经成为学生群体的普遍性问题，则需要转换思路，对其做好引导教育工作。其一，明确关键个体。把握学生骨干和活跃群体的特点，对该类核心群体开展谈话和教育工作，特别是对学生骨干这一“关键少数”群体开展引导工作，使该群体率先树立正确的观念意识，从而带动普通学生群体。其二，联动一二课堂教育。针对近期消费热点，依托形势政策课、思想政治课等第一课堂，引导学生对经济发展情况进行综合分析，使学生正确认识经济发展趋势，并学会正确分析经济发展中个人消费观念的形成过程，掌握重点和难点。依托班团活动，引导学生树立正确的消费观，明确网贷、借贷平台的规则及其潜在风险。策划生动有趣的互动推送文章，通过沉浸式的案例分析使学生意识到盲目消费、盲目借贷会导致的问题和弊端，结合班级情况综合分析和引导。辅导员应支持学生对学习、生活必需品的合理消费，同时要规劝他们避免盲目跟风、超出个人消费能力，以及因价格低廉而冲动购物，通过线上线下相结合的教育方式，营造合理消费的氛围。

3. 提炼元素，因势利导

在从微观角度引导学生的消费行为的基础上，辅导员要从我国经济发展的宏观角度对学生进行教育引导。邀请经济领域、思想政治领域的教育专家学者开展座谈会和报告会，使学生树立四个自信。通过各类讲座论坛，联动一二课堂教育教学活动，引导学生明确我国经济发展大趋势，了解互联网经济下的消费新趋势，明确网络消费节的意义及其经济价值，并引导学生学会透过现象看本质。把我国经济发展“稳中求进、以进促稳、先立后破”的整体发展态势传达给学生，潜移默化地教导学生全面客观看待中国经济市场发展。做好个人与国家、国家与国际的经济发展关系的认知引导，使学生跳出消费陷阱，以更宏观的角度看待消费问题。此外，辅导员需要拓展思维，关注互联网经济下的创新创业发展趋势，对学生群体加以挖掘和指导，为有意向在互联网经济领域发展并具有创新创业能力的学生提供支撑平台，顺应国家发展要求，打造大众创新、万众创业的良好局面，培植学生创新创业意识，为国家经济发展和社会进步输送更加优秀的综合素质高的人才。

（四）经验启示

从该案例可以看出，尽管近年社会消费风潮对学生的消费行为有一定影响，大学生的个人的消费观念才是核心问题，作为辅导员应做好学生的思想引导工作，本案例对辅导员工作有如下启示。

第一，透过现存现象，长远分析本质。对于大学生的思想政治教育工作，一定要做到分析细致、思路长远。在社会现代化进程中，社会经济政治因素错综复杂。对于世界观、人生观、价值观尚在形成过程中的大学生而言，良好的思想引领和教育引导尤为重要。辅导员应率先明确学生所表现的现象仅为表象，透过现象明确产生该类问题的原因，把握重点，对症下药。同时，辅导员应在社会热潮中占领时代高地，主动设置社会热点议题，带动学生分析讨论，弥补微环境中的教育漏洞和引导缺失。

第二，联动各类资源，积极开展教育。思想政治教育绝不仅是辅导员的职责，贯彻“三全育人”的教育理念，辅导员应联动各方力量开展全员、全方位、全流程思想政治教育。本案例中，辅导员应扩大闭环，做好宏观教育工作，特别是用好互联网这一最大变量，使其成为思想政治教育工作的最大增量，实现线上线下教育联动，提升教育有效性和时代感。辅导员应在思想政治教育的点和面都进行扩展教育，贯穿学生大学生涯，让思想政治教育入脑入心。

第三，警惕木桶效应，深挖工作内涵。通常来看，辅导员都是针对学生存在的问题开展主题教育，却容易忽视针对周边连带问题开展引导教育工作。此类案例中隐藏的危机往往比表面看到的更深刻。案例中，学生只是在讨论正规网贷平台，如果这些平台的额度不足以满足学生消费需求，学生就有可能去其他非正规平台借贷，不法分子趁机利用学生的消费欲望，使学生陷入非法网贷，危害学生身心健康、财产安全。辅导员需要全面关注这些问题，深刻思考，针对学生的实际困难和诉求，提出切实可行的解决方案，帮助学生树立正确的世界观、人生观、价值观，同时引导学生积极思考、正确选择，做到疏堵结合，完善工作的长效关注机制，把握思想政治教育工作的内涵和实际意义。

二、网络贷款类

案例：

你带的班级里两名女生家长某天突然收到了来自不明平台的短信，要求家长帮助孩子偿还高额贷款，并威胁说如果逾期不偿还贷款，就会将女儿的不雅照片发布到公共平台。家长向你求助,作为学生辅导员,你会如何应对?

(一) 问题本质

通过初步分析案例可知,事件表面涉及以下因素:女生家长收到还贷威胁,女生个人不雅照可能会通过网络传播。在本案例中,事件已呈现紧急态势,并已逾越法律红线,情况危急且影响恶劣,因此,案例属于典型的校园贷危机突发事件,隶属日常事务管理和突发事件管理范畴。

(二) 解决思路

面对突发事件管理,辅导员需要用好快思维和慢思维,把握分析事态的轻重缓急,厘清问题解决思路。快思维主要用来解决眼前的紧急事项,预防可能会发生的恶性事件或减小事件的负面影响。本案例中,辅导员需要利用快思维阻断学生不雅照的流通,连同学生家长立即报警,通过法律手段追究涉事人的法律责任。同时也要快速把握学生处境,感性地安抚学生情绪,避免可能发生的恶性事件对学生造成急性心灵创伤。慢思维主要用来全面把控问题走向,解决不紧迫但重要的事态,在本案例中,辅导员需要利用慢思维做好全覆盖的思想政治教育,对于日常事务管理中可能涉及的网络安全观、消费观和价值观进行正确引导,通过班级全面排查工作,做好工作闭环,以多元化的教育方式推进全覆盖的引导教育工作,确保学生的日常消费观念健康化、网络行为稳定化。

(三) 实施办法

详细了解事项,进行全面研判。首先,辅导员应第一时间与学生本人取得联系,全面了解事件的来龙去脉,特别是全面掌握贷款平台信息、学生目前处境、信息泄露程度等,及时做好学生的安抚工作,保护学生的隐私,与学生建立信任关系,共同面对问题。其次,辅导员应及时向学院领导汇报,如有需要,也应尽快向校级有关部门汇报,详细说明当前的问题及困难,请学院和学校各部门协力支援,提请宣传部、保卫处等相关部门及时关注网络平台是否出现相关信息和舆情。随后,辅导员应尽快协助家长和学生报警,通过公安机关追踪不良平台的动向,减少学生后续经济损失和名誉损害,通知家长尽快到达学校陪同学生,确保学生情绪稳定,调整心态面对问题、解决问题。最后,联动各部门力量,咨询相关领域的专家学者,指导学生和家长做好符合法律规定的贷款偿还事宜,针对恐吓、信息泄露等违法行为,通过法律途径为学生和家长的维权提供支持。

由个体到总体,加强覆盖引导。辅导员在妥善处理紧急事件后,要进入由总体到个体的教育引领与现状排查工作。首先,辅导员要对两名受到网贷影响的学生开展耐心细致的教育工作,使其充分认识到自己的网络行为具有危害性,可能对个人造成不可估量的负面影响。其次,挖掘涉事学生的问题根源,充分了解学生借贷的初衷,并在与家长的沟通中充分了解学生家庭情况,如果学生受生活所迫而借贷,则需要考虑对其进行困难生认定、为其提供临时困难补助等校院两级补贴,如果学生只是为了追求不符合个人消费层次的物质生活而借贷,则需要及时纠正学生的消费观和价值观,使其树立劳动意识,可以为其推荐校内勤工助学岗位供其锻炼自我,通过劳动获取合理的报酬,并理性消费。最后,对所带学生群体开展全员问卷调研,同时借助班委成员延伸至班级内部,排摸是否还有类似的校园贷情况,及时提醒学生在利用网络平台贷款时要保持警觉,辨明平台是否为合法贷款渠道,并对不合理的消费观念、消费行为予以引导和纠正,降低可能出现的风险。

构建教育闭环,加强知识普及。通过分析本案例可能带来的风险与危害,在学生群体中充分开展各类普及教育工作。首先,可以借助主题班会、校友论坛、专题讲座等形式,邀请金融监管机构工作人员、网络公安人员等与学生面对面交流,普及各类新型网络金融犯罪现象,以翔实的案例引起学生关注,提高学生警觉性。其次,发挥网络本身的力量,由各班级宣传委员、班级或学院公众号负责人等开展网络金融安全知识宣传,策划主题推送,打造线上线下互动活动,如“你不知道的校园贷故事”、贷款危害问答赛等活动,增进学生对网络借贷的认知。最后,循序渐进和反复强化相结合,既不要将众多内容一股脑扔给学生,也不能在紧急事件发生后才开展教育,力争将类似教育日常化,防微杜渐,常态化加强群体认识,同时关注涉事学生的心理情绪和动态,了解教育成果和现状,并跟进事件后续影响。辅导员应构建应对机制,及时掌握学生各类网络行为情况,杜绝此类事件再次发生。

(四)分析启示

近年来,随着网络信贷行业的快速发展,各类网贷平台纷纷将触角伸向了涉世未深的大学生群体。大学生群体的生活圈仍以校园为主,他们尚未形成明确的消费观和价值观,对于部分唯利是图的网贷平台来说是绝佳的诱骗对象。不明非法网贷真相、缺乏金融安全知识的大学生,在利益的诱惑下失去了判断力,甚至以牺牲个人名誉的形式换取微薄的贷款,承担骇人听闻的巨额利息,最终使自己的生活陷入混乱和危险。因此,面对网络信贷问题,辅导员应稳中求进,快慢结合,妥善处理。

紧跟社会热点,综合研判分析。当一切事物都将在网络空间得到延伸时,辅导员更需要紧跟时代热点,关注社会前沿话题,特别是对一些社会案例提高警惕,将工作做在事件前面,敏锐地发现潜在问题。辅导员要及时排查漏洞,及时发现新问题,遇到紧急事件综合研判问题,以合理的路径和方式方法解决问题,加强对日常社会热点和难点的整合与关注,防微杜渐,建立有效的预警机制和定期排查机制,引导学生规避社会风险,培养学生全面发展。

加强思想教育,推进引领工作。究其根本,学生网络信贷问题主要是由于个人网络安全意识薄弱和消费认知出现偏差造成的。加强思想教育,不局限于加强学生的理想信念,也要对学生的日常消费思想、网络行为认知开展引领。大学生过度消费、从众消费、超前消费的现象屡见不鲜,辅导员需要加强其社会主义核心价值观,从根源上切断其接触不良网贷的意愿,从源头解决学生不合理消费的问题。

联动各类资源,形成工作合力。网络思想政治教育往往需要线上线下相结合、联动朋辈力量和开展家校合作,联动校内校外可提供支持的专业人员,比如本案例中的金融从业者、网警等,调动可利用的一切资源,增加第一课堂、第二课堂教授内容的广度和深度,特别是做好价值观的引领工作,根据学生的成长需要和社会进程中可能出现的问题,有针对性地给予关注与教育,将危机扼杀在萌芽中。

三、网络危机类

案例:

你所带的一名学生因失恋产生绝望情绪,在浏览网络主题贴吧后产生轻生念头,通过贴吧找到有相同想法的网友,试图按网友所说的方法结束生命。作为该生辅导员的你得知了这个消息,将怎么处理?

(一)问题本质

本案例主要呈现了学生可能采取极端行为的紧急事态,以及该事态背后的生命教育、人际交往和网络行为习惯引导问题。因此,该案例涉及学生因情绪问题和网络引导问题而产生极端想法的危机事件。面对该类型危机事件，可以尝试通过“早”“借”“筛”“思”这一四字法则处理解决。“早”即为早发现、早介入、早解决紧急事态。“借”即为借力，寻求各部门、各界人士的资源与帮助，执行预案，解决危机。“筛”，就是做好筛查，普及至全体同学。“思”就是反思，举一反三，做好延续教育。

（二）解决思路

面对危机事件，辅导员应遵循《高校辅导员职业能力标准（暂行）》要求：一是掌握情况，迅速上报，以“早”原则为导向，尽快确认学生所处具体地点和现场信息，研判形势，统筹工作。二是及时处理危机，消除隐患，通过“借”原则联动相关部门。三是加强排查，建立机制，通过“筛”和“思”做好紧急事态背后的情况分析，找准本源，加强管理，有效疏导，形成工作闭环。

（三）实施办法

首先，辅导员需要第一时间赶赴现场，在途中将目前搜集到的所有信息及时报备上级领导，并及时通知学校保卫处、心理中心、学生处、宣传思想部门等做好应急工作，同时第一时间联系学生家长，请学生家长尽快赶往现场，向公安机关报备可能出现的危机，联动所有可利用的资源，提前做好情况预案。

其次，赶到现场后尽快确认学生情绪，如学生情绪稳定，应耐心规劝，以情感人、以理服人，循循善诱，及时阻断其轻生行为，并尽快将学生带离事件现场；如学生情绪仍不稳定，则应请心理专业专家或公安谈判人员与学生对话，协调保卫处、学生处、公安机关等做好联动帮扶工作，通过学生骨干、学生室友、亲密关系人员等群体了解事件全貌，联合学生力量和学工队伍合力获取关键信息并寻找突破点，及时跟进汇报，进一步制定事态发展中的应急预案，为顺利规劝学生、保护学生生命共同努力。

在妥善处理危机现场、学生脱离危险后，辅导员要以“筛”和“思”为工作目标，探究事件背后原因，做好排查工作，防患于未然。针对学生因失恋而产生的情绪困境，加强对其的相关心理辅导，对其心理问题进行跟进疏导，并促使其树立正确、积极的生命观，帮助其重塑信心。为了避免学生受到不良网络信息的诱惑，辅导员需要加强对学生的网络素养培育，使学生明确网络具有匿名性和不确定性，学会辨析不负责任的言论和引导，学会从现实出发解决问题，遇到问题时勇敢面对并主动向他人倾诉。学校应提供辅导员、班主任、朋辈力量、心理中心等资源,帮助学生舒缓情绪,抵制网络隐患。在与涉事学生进行沟通并跟进情况后,辅导员还应排查全体学生,了解是否有其他学生受到类似网站的影响。通过主题班会、骨干谈话、寝室走访、网络推送文章等形式实现线上线下结合,提醒学生注意辨别各类网络信息,珍惜现实生活,勇敢面对问题。在对教育效果进行追踪后,辅导员需要反思整个事件的发生与发展,查漏补缺,深入思考工作难点和弱点,并及时改进工作方法,更新工作内容,总结类似事件的处理预案,做好及时有效的应对工作。

(四)思考启示

辅导员堪称“灭火员”,遇到各类危机事件时都要能全盘分析、积极处理。随着网络空间对大学生学习生活的影响日益加深,由不良网络信息引起的学生问题越来越多。面对类似的网络危机事件,辅导员务必把握两个度,其一是基于现实的二维宽度,延展个体的现实宽度,发挥中介力量,充分贯彻“三全育人”工作理念,形成合力解决问题;其二则是基于多元力量的三维深度,面对危机事件的预判、处理和善后,打破事件空间的界限,完善教育管理机制,防范类似事件的再度产生。当然,任何事件都会有一些苗头,通过日常生活观察和朋辈信息,提前将问题扼杀在萌芽中,是每一个辅导员需要加强的基本功。因此,辅导员需要关注学生的 QQ 的空间、微信朋友圈等,及时把握学生思想动态,通过心理委员关注班级学生日常情绪状态,发现类似失恋、学业困难、家庭矛盾等情况时,第一时间伸出援手,将学生从网上引到网下,与学生共同解决现实问题,抢在不良信息侵害学生身心健康之前做出后续判断,成为学生可以依靠和信赖的力量。

四、网络舆情类

案例:

你所带的班级中,一名学生热衷于在网络平台发表评论,经常吐槽学校的一些日常管理。某次,这名学生对学校食堂的批评中带有不雅用语且言辞激烈,造成了一定的校园舆情。作为辅导员,知晓情况后,你将如何应对?

(一)问题本质

该问题从表面上看是学生对日常生活的吐槽用语不当,实际上是学生网络行为失范的情况,属于网络思想政治教育范畴。在此过程中,辅导员应明确学生反馈的问题是否属实,从学生管理的角度来看,如情况属实,则需要思考学生在日常生活中能否顺畅有效反馈问题,如情况不属实,则需要通过网络思想政治教育做好引导工作。所以,本案例中,辅导员应从日常学生事务管理和学生网络行为教育两方面入手,进行分析和解决。

(二)解决思路

针对该案例,应做好情、法、理三方面的合理调配。解决诸如网络行为失范等表象问题需要从制度管理入手,从法律法规和行为规范的角度进行教育;对于学生实际遇到的问题要给予充分的理解与同情,并通过实际行动帮助他们解决问题;要尽量减小舆情造成的社会影响,并追踪是否还有其他类似案例发生。

(三)实施办法

及时报备,建立沟通。学生在网络吐槽学校管理,并不是无关紧要的事件,作为辅导员不应视而不见,特别是在本案例中学生的吐槽已造成了一定的舆情,需要第一时间报备学校宣传部等相关部门,随时关注舆情动态。同时,与该生进行线下谈话,深入了解其思想动态和具体诉求。部分学生可能会回避交流或者产生抵触情绪,这时辅导员需要通过建立日常情感联系、借助班委和室友规劝等方式,首先与这些学生建立联系并进行沟通,然后继续开展下一步的教育与引导工作。

深入了解,严肃纠偏。在与学生面谈时,辅导员需要动之以情,晓之以理。首先,要使学生意识到,网络世界并非一个独立于现实之外的空间,而是现实世界的延伸。个人在网络世界发表言论同样需要使用文明用语,网络行为应符合大学生的身份,更要注意个人所代表的校友形象,提醒学生注意其言论可能已造成的不良社会影响,希望其及时撤回不当言论。其次,运用移情的技巧,站在学生的立场全面了解事件起因,核实学生所反馈的问题是否存在,并对事件细节进行深入全面的了解。在此过程中,可以询问其他同学或向学校相关部门求证。如确实存在学生所反映的问题,则需要进行后续跟进和管理改进;如学生所反映的情况是其擅自编造的,则需要对学生进行严肃批评,让其知道网络世界并非法外之地,违反《网络安全法》随意传播谣言将受到法律严惩。

研判根源,对症下药。辅导员在综合研判并解决该事件后,仍须做好进一步教育引导工作。了解学生在网络平台吐槽学校只是为了得到舆论关注,还是因为在现实生活中没有找到反馈渠道。如果学生只是希望得到舆论关注,则需要对学生网络行为进一步加以规范,并对其思想行为进行引导,明确其不良网络言行可能造成的现实影响,以及对个人品行和评价可能造成的负面作用;如果学生确实希望学校改进管理,则需要告知学生可靠、有效的校内反馈渠道,如学生会权益部、校长信箱,或直接联系学院辅导员等,同时第一时间将问题反馈给相关部门,并督促相关部门进行整改。

线上线下,合力引导。首先,针对该案例中学生存在的网络不良言行,应开展全员覆盖的教育活动,辅导员通过各类公众号推送、网文推荐等,提升学生个人网络素养,围绕网络行为引导学生深入讨论,剖析矛盾所在,通过召开线上线下相结合的主题班会,明确讲解大学生网络行为规范,从教师讲到学生讲,以翔实的各类大学生网络失范案例为警戒,提醒学生遵守网络行为规范。其次,完善舆情反馈体系,建立学校、辅导员与学生之间畅通的反馈渠道,合理利用班级学生骨干的力量,通过班级宣传委员做好宣传输出,同时做好各类校园问题的上传下达,确保学生从网络回归现实,明确解决问题仍需现实面对。针对该案例中的学生,可以请其将属实的情况整理成文,代其将反馈内容提交给相关部门,并请相关部门予以合理反馈,解决实际问题,做好督促整改,打通校内建言渠道。

(四)案例启示

通过对本案例的分析可知,辅导员面对舆情类事件既要做到及时沟通,减少信息扩散,也要做到挖掘现实根源,整体解决思想强调“快、准、实”。首先,辅导员要第一时间依托校院舆情监管体系了解舆情进展和社会影响,并快速与学生建立沟通,为后续正确引导和消除网络影响奠定良好基础。其次,辅导员要准确把握大学生的网络行为规律和网络法律法规。要在充分了解大学生网络行为特点后,准确指出大学生网络行为存在的问题,熟悉各类网络法律法规和校级学生行为规范,约束学生网络行为,对不良网络行为予以及时纠偏。最后,辅导员要解决现实问题。大学生网络思想教育不可分割网络与现实,要尽量把学生从网上拉回网下,合理、妥善地解决学生在网络中提出的现实诉求,是消减类似舆情事件的重中之重。在符合校院日常管理制度的情况下,坚持教育和管理相结合,联动学校各部门和师生，共同做好高校“三全育人”工作，将校院教育工作落实到全员、全过程、全方位，以情感人，充分消解学生的不良情绪，使学生可以更加荣校、爱校，共同维护校园文化，维护学校线上线下形象。

五、网络运营类

案例：

为了有效开展网络思想政治教育工作，同济大学电子信息与工程学院创建了思想政治教育微信公众号。公众号最初主要发布学生活动总结、工作通知等文字内容，事务性信息占比颇高，较少对社会热点信息的深度解析。创建第一年，公众号推送文章最高阅读量仅 200 余次，粉丝数波动明显。次年，辅导员有效运用新媒体传播规律，将公众号全面改版，推出品牌访谈栏目，改版后发布的各篇文章阅读量均破千。引入原创专栏，经学生调研后增加多元传播形式，加强专业舆论引领。两年后推送文章平均阅读量达 900 余次，当年即收获 8 项市级奖励，受到广泛关注。

（一）案例特点

随着互联网的高速发展，学生生活重心偏移，以微信公众号为代表的新媒体平台是开展网络思想政治工作的主要阵地。在该案例中，学院努力占领新媒体的思想政治教育高地，创建微信公众号以顺应当下思想政治教育的新要求。但最初运行机制松垮，推送内容单调，推送技巧匮乏，使得公众号的教育效果不尽如人意。经过调整后，平台运营策略得到有效提升，能够及时掌握学生网络思想动态，打造出一个学生喜欢、善于引领的优秀院级思想政治公众号。

（二）解决办法

新媒体平台的内容输出同样也是一种传播过程，传统的传播学原理仍部分适用于新媒体环境下的传播。基于传播学 5W 原理，从传播主体、传播形式、内容创造和互动反馈等方面进行策略研究可以取得一定成效。

传播团队凝聚教师、学生、粉丝多方力量。老一辈思想政治工作者接受新媒体平台的速度较慢，而年轻人的思想认知有待加强，因此，建议实行校院领导和辅导员负责思想引领、学生团体负责实践运作的二级管理模式。辅导员指导学生策划微信推送主题，培养学生创新能力，联动在校生、校友和教师等多方育人资源,实现有效思想引领。同时,新媒体的双向传播功能为传统的“单向输出”思想政治教育注入活力,平台更应注重受者与传者的转化,积极向学生粉丝约稿科普文,壮大平台运作团队。

传播形式注重多样化。针对学生容易受到社会化媒体影响的问题,平台主基调注重大格局,灵活运用新媒体形式。辅导员虽然无法掌控所有自媒体账号,但可以尝试构建一个值得学生依赖的公众号。把握舆论动态,及时发声,断绝任何企图对学生进行负面渗透的公众号颠倒黑白的机会。增加原创内容比例,注重议程设置,在纷繁复杂的网络信息中吸引学生的注意力。结合信息类学科特点,优化思想政治微信公众号传播形式,以微视频系列专栏、原创编程小程序和自主设计 H5 页面等全新形态进行传播。

内容输出注重传播策略。移情主要体现在对学生生活思维方式的感知、认识,了解学生内心情感和阅读期待,从而在内容策划上有所规划,例如,针对嘉定校区夜跑安全问题推出校园夜跑攻略等。而二度编码就是从学生的思维角度出发,编辑处于原始环境的文件,以更贴近生活的语言将文件内容传递给学生,适用于文件解析类、党政性较强的信息,例如,将两会构成和计算机组成进行类比介绍等。

传播过程注重互动。传播过程中的互动往往会进一步改善传播效果。当粉丝数量在 5 000 人左右时,辅导员可考虑借助微信小程序、活动帖等打造线上线下相结合的思想政治教育主题实践活动,形成良性互动,例如设计诚信教育主题徽章,通过互动活动向学生发放。同时,熟练运用公众号各项后台功能,借助关键字回复功能优化学生服务渠道,将办事流程、各类班车时刻表等信息置于后台,并及时回复后台留言,黏合学生日常生活,在无形中锁定粉丝群体。

(三)建议思考

全面掌握学生网络动态思想,紧跟新媒体产品的规则。即刻信息和深度解析,这一对看起来较为矛盾的传播内容,反而是平台推广的两个着力点。辅导员首先要主动接触新媒体,才能挖掘其中的运作规律。注意掌握运用传播策略的度,既要做到符合学生喜好,又要不失教育底线。运用移情手法并非要求辅导员无条件顺应学生喜好,而是要求辅导员注重以灵活的手法、恰当的角度输出思想政治教育信息。

参考文献

[1] 冯刚，刘宏达. 新时代高校辅导员工作十讲[M]. 北京：北京师范大学出版社，2022：7.

[2] 毛清芸，陈旭远. 新中国成立 70 年来我国高校辅导员队伍建设历程探析[J]. 广西社会科学，2019，(12)：190-194.

[3] 高银燕. “双肩挑”辅导员的特色及其发展[J]. 沈阳农业大学学报(社会科学版)，2008，10(6)：701-704.

[4] 冯刚，钟一彪，王帅，等. 高校辅导员政策发展史论[M]. 北京：中国社会科学出版社，2023：5.

[5] 黄山杉. 试析我国高校辅导员队伍建设的发展历程[J]. 辽宁教育行政学院学报，2010，27(3)：113-114.

[6] 程树武. 高校辅导员工作机制研究[M]. 南昌：江西高校出版社，2020：271.

[7] 中共中央、国务院关于进一步加强和改进大学生思想政治教育的意见[N]. 人民日报，2004-10-16(1).

[8] 冯刚. 高校辅导员队伍专业化、职业化建设的发展路径——《普通高等学校辅导员队伍建设规定》颁布十年的回顾与展望[EB/OL]. (2016-12-26)[2023-10-10]. http://www5.zzu.edu.cn/student/info/1007/3439.htm.

[9] 中华人民共和国教育部令第 24 号[EB/OL]. (2006-07-23)[2023-12-01]. https://www.gov.cn/gongbao/content/2007/content_705523.htm.

[10] 吴佳禹. 探析新时期高校辅导员队伍建设[J]. 科学咨询(教育科研)，2020(10)：64.

[11] 中华人民共和国教育部令第 43 号[EB/OL]. (2017-09-21)[2023-10-10]. https://www.gov.cn/gongbao/content/2017/content_5244874.htm?eqid=f61f0ca20000713f00000005645b5340.

[12] 单连春. 思想政治教育现代转型中环境因素的功能悖论[J]. 安徽理工大学学报(社会科学版)，2011，13(1)：1-4.

[13] 新华社. 习近平：把思想政治工作贯穿教育教学全过程[EB/OL]. (2016-12-08)[2023-11-24]. http://politics.people.com.cn/n1/2016/1208/c1024-28935841.html.

[14] 徐璐，徐湘弘. 基于交往实践观的高校网络思想政治教育图式构建[J]. 学校党建与思想教育，2021(12)：62-64.

[15] 曾祥富. 虚拟交往的哲学探析[M]. 北京：社会科学文献出版社，2022：56，79.

[16] 中国青年报. “青年大学习”：未来属于青年，希望寄予青年[EB/OL]. (2022-03-14)[2023-11-24]. https://baijiahao.baidu.com/s?id=1727267581575447375&wfr=spider&for=pc.

[17] 王伟军,王玮,郝新秀,等.网络时代的核心素养:从信息素养到网络素养[J].图书与情报,2020(4):45-55,78.

[18] 斯坦利·巴兰,丹尼斯·戴维斯.大众传播理论:基础、争鸣与未来[M].曹书乐,译.北京:清华大学出版社,2014:13.

[19] SILVERBLATT A. Media literacy: key to interpreting media messages[M]. 2nd ed. Westport: Praeger, 2001:6-7.

[20] 段京肃,杜骏飞.媒介素养导论[M].福州:福建人民出版社,2007:19.

[21] 张开.媒介素养概论[M].北京:中国传媒大学出版社,2006:38.

[22] MCCLURE R C. Network literacy: a role for librarians? Information technology and libraries[J]. 1994, 13(2):115-125.

[23] SELFE C L. Technology and literacy in the twenty-first century[M]. Carbondale: Southern Illinois University Press, 1999.

[24] SAVOLAINEN R. Network competence and information seeking on the Internet: from model[J]. Journal of Documentation, 2002, 58(2):211-226.

[25] HU C R. Network literacy: new task for librarian on user education[C]// The 62nd IFLA General Conference-Conference Proceedings. [S. l.]: IFLA, 1996, 25-31.

[26] WALKER J. Weblogs: learning in public[J]. The Horizon, 2005, 13(2):112-118.

[27] BENSON J, REYMAN J. Learning to write publicly: promises and pitfalls of using weblogs in the composition classroom[EB/OL]. [2023-10-10]. www.johnbenson.net/blogstudy.

[28] 霍华德·莱茵戈德.网络素养:数字公民、集体智慧和联网的力量[M].张子凌,老卡,译.北京:电子工业出版社,2013:1.

[29] 秦小燕.美国高校信息素养标准的改进与启示——ACRL《高等教育信息素养框架》解读[J].图书情报工作,2015,59(19):139-144.

[30] 程萌萌,夏文菁,王嘉舟,等.《全球媒体和信息素养评估框架》(UNESCO)解读及其启示[J].远程教育杂志,2015,33(1):21-29.

[31] 刘佳雯.新媒体时代高校辅导员媒介素养研究[D].武汉:华中师范大学,2017.

[32] 新华网.网络素养标准评价体系正式发布[EB/OL].(2017-12-09)[2023-11-24]. http://m.xinhuanet.com/bj/2017-12/09/c_1122085409.htm.

[33] 姚争.数字环境下媒介素养教育研究的历史坐标和时代使命[J].中国广播电视学刊,2020(9):4-7,45.

[34] 袁军.媒介素养教育论[M].北京:中国传媒大学出版社,2010:5-6.

[35] 卜卫.论媒介教育的意义、内容和方法[J].现代传播-北京广播学院学报,1997(1):29-33.

[36] 袁军.媒介素养教育论[M].北京:中国传媒大学出版社,2010.

[37] 喻国明,赵睿.网络素养:概念演进、基本内涵及养成的操作性逻辑——试论习总书记关于"培育中国好网民"的理论基础[J].新闻战线,2017(3):43-46.

[38] 张玲,秦学智,张洁.媒介素养教育课程论[M].北京:中国广播影视出版社,2013.

[39] 丁贞栋.新媒体融入高校马克思主义理论教育研究[D].北京:中央财经大学,2020.

[40] 郭湛. 马克思主义哲学的实践批判理论[J]. 哲学研究，2006(7)：3-9，128.
[41] 新华网. 2022 年全国受理网络违法和不良信息举报 1.72 亿件[EB/OL].（2023-02-10）[2023-11-24]. http://www.news.cn/politics/2023-02/10/c_1129353484.htm.
[42] 林立涛. 大学生网络素养教育[M]. 上海：上海交通大学出版社，2023：20.
[43] 杨志平. 思想政治教育信息问题研究[M]. 北京：人民出版社，2015：199.
[44] 新华社. 中共中央 国务院印发《新时代公民道德建设实施纲要》[EB/OL].（2019-10-27）[2023-11-24]. https://www.gov.cn/zhengce/2019-10/27/content_5445556.htm?isappinstalled=0.
[45] 国务院新闻办公室. 新时代的中国网络法治建设[EB/OL].（2023-03-16）[2023-11-24]. https://www.ccps.gov.cn/xtt/202303/t20230317_157287.shtml.
[46] 中华人民共和国中央人民政府. 中共中央办公厅、国务院办公厅印发《关于进一步加强和改进新形势下高校宣传思想工作的意见》[EB/OL].（2015-01-19）[2023-11-13]. http://www.gov.cn/xinwen/2015-01/19/content_2806397.htm.
[47] 新华社. 中共中央 国务院印发《关于加强和改进新形势下高校思想政治工作的意见》[EB/OL].（2017-02-27）[2023-11-24]. https://www.gov.cn/zhengce/2017-02/27/content_5182502.htm.
[48] 中央教育部党组. 中中共教育部党组关于印发《高校思想政治工作质量提升工程实施纲要》的通知[EB/OL].（2017-12-06）[2023-11-24]. http://www.moe.gov.cn/srcsite/A12/s7060/201712/t20171206_320698.html.
[49] 教育部. 教育部等八部门关于加快构建高校思想政治工作体系的意见[EB/OL].（2020-04-22）[2023-11-24]. https://www.gov.cn/zhengce/zhengceku/2020－05/15/content_5511831.htm.
[50] 新华社. 中共中央 国务院印发《关于新时代加强和改进思想政治工作的意见》[EB/OL].（2021-07-13）[2023-11-24]. http://www.moe.gov.cn/jyb_xwfb/s6052/moe_838/202107/t20210713_544151.html.
[51] 傅昌盛. 建设一支高素质的网络思政工作队伍[J]. 黑龙江高教研研究，2002(4)：80-82.
[52] 姜玉峰. 高校网络思政教育实践探索与理论研究的现状与误区[J]. 嘉兴学院学报，2008(2)：139-142.
[53] 厉利亚. 论高校网络思政教育队伍建设的途径[J]. 法制与社会，2011(21)：240-242.
[54] 王显芳，牛小游，安利利. 论高校辅导员网络思想政治教育工作能力提升——基于高校辅导员职业能力建设的视角[J]. 石家庄学院学报，2016，18(2)：157-159.
[55] 肖霞. 新媒体背景下高校辅导员职业能力提升的路径研究[J]. 玉林师范学院学报，2016，37(6)：149-152.
[56] 卢忠菊，刘亮. 新时代提升高校辅导员网络思想政治教育能力的三个要素[J]. 高等农业教育，2018(3)：46-49.
[57] 聂鑫. 新时代高校网络思想政治教育实效性提升探析[J]. 黑河学刊，2020(5)：92-95.
[58] 崔磊. 新时期高职高专辅导员网络思想政治教育能力提升[J]. 科学咨询（教育科研），2020(12)：44.
[59] 陈羡，丁闽江. 高校辅导员“零存整取式”网络思政能力培养及实施策略[J]. 太原城市职

业技术学院学报,2021(8):86-89.

[60] 周健.新形势下辅导员开展网络思想政治教育工作的思考[J].湖北开放职业学院学报,2021,34(13):71-72.

[61] 华秀梅,李永山.优化高校辅导员网络思想政治教育能力暂行标准的基本逻辑与实践路径[J].高校辅导员学刊,2021,13(5):51-55.

[62] 胡文婷.高校辅导员网络思想政治教育能力研究[D].南昌:江西师范大学,2023.

[63] 中华人民共和国教育部.教育部关于印发《高等学校辅导员职业能力标准(暂行)》的通知[EB/OL].(2014-03-27)[2023-11-24]. http://www.moe.gov.cn/srcsite/A12/s7060/201403/t20140327_167113.html.

[64] 中华人民共和国教育部.普通高等学校辅导员队伍建设规定[EB/OL].(2017-09-29)[2023-11-24]. http://www.moe.gov.cn/srcsite/A02/s5911/moe_621/201709/t20170929_315781.html.

[65] 张瑜."网络思想教育研究"学术研讨会综述[J].思想理论教育导刊,2005(12):73-74.

[66] 骆郁廷,李恩.论网络思想政治教育的作用机理[J].马克思主义与现实,2021(5):178-184.

[67] 叶澜.高等学校文科教材教育概论[M].1版.北京:人民教育出版社,2006:23.

[68] 陈伟军.新闻舆论工作中的价值观引导理路[J].学术界,2019(7):5-13.

[69] 于素平,李静,郭晋晖.论高校思政教育与学生管理工作的有效结合[J].课程教育研究,2019(10):80.

[70] 马克思,恩格斯.马克思恩格斯选集:第3卷[M].中共中央马克思恩格斯列宁斯大林著作编译局,译.北京:人民出版社,2012:525.

[71] 郭庆光.传播学教程[M].北京:中国人民大学出版社,2011.

[72] 伍铁平,王庆.普通语言学概要[M].北京:高等教育出版社,2014.

[73] 郭洁.关于"印刷媒介产生的影响"的研究综述[J].新闻研究导刊,2017,8(13):75.

[74] 端学红.思想政治教育网络传播媒介的运用与优化[D].北京:北京交通大学,2011.

[75] 骆郁廷,李恩.论网络思想政治教育的作用机理[J].马克思主义与现实,2021(5):178-184.

[76] 张玉虎.微时代大学生党员理想信念教育的困境与出路[J].高校辅导员,2023(3):35-39.

[77] 张建云.马克思主义视域下"数字交往"探析[J].学术界,2022(9):13-20.

[78] 邬焜.信息哲学——理论、体系、方法[M].北京:商务印书馆,2005:46.

[79] 马克思,恩格斯.马克思恩格斯选集:第3卷[M].中共中央马克思恩格斯列宁斯大林著作编译局,译.北京:人民出版社,2012:992.

[80] 马克思,恩格斯.马克思恩格斯选集:第1卷[M].中共中央马克思恩格斯列宁斯大林著作编译局,译.北京:人民出版社,2012:404.

[81] 杨志平.思想政治教育信息问题研究[M].北京:人民出版社,2015(3):34.

[82] PLANTIN J. Jean-Christophe Plantin:微信:从平台到基础设施——考察科技巨头的全球化视角(2019年9月19日)[J].中国传播学评论,2020:145-146.

[83] 蒋思维.论微信公众号在高校思政课教学中的应用[C]//重庆师范大学涉外商贸学院.

教育理论研究(第十辑). 重庆市鼎耘文化传播有限公司，2019.
[84] 邓伟琼. 高校微信公众号对思政教育的作用机制研究[J]. 湖北函授大学学报，2017，30(10)：64-65，178.
[85] 王凯文，董变林，汤若琦. 基于交往理论的学生工作公众号策略研究[J]. 智库时代，2020(12)：272-273.
[86] 梁钦，阮方明，王志强. 辅导员微信公众号运营状况与优化策略[J]. 思想理论教育，2018(3)：75-78.
[87] 孟京. 不断创新是企业危机管理的“一片绿洲”——腾讯发展QQ和微信从而应对危机的实例分析[J]. 企业研究，2017(8)：42-44.
[88] 胡爽. 新媒体时代手机社交客户端同质化分析——以QQ、微信、微博为例[J]. 戏剧之家，2016(20)：257，259.
[89] 微博校园. 2018中国大学生日常生活及网络习惯调研报告[EB/OL]. (2018-12-03)[2023-11-24]. https://data. weibo. com/report/reportDetail? id=422.
[90] 姜韶增. 互联网搜索引擎搜索策略和算法的研究——以百度为例[D]. 兰州：兰州交通大学，2016.
[91] 董倩玉. 基于传播学视角研究搜索引擎的发展[D]. 北京：北京外国语大学，2022.
[92] 龙艳. 社交媒体普及科学知识的作用及发展策略——以知乎网为例[J]. 传播与版权，2023(12)：49-51，55.
[93] 杨子菡，郑玉洁. 大学生知识付费平台的订阅选择及影响因素分析——以知乎平台为例[J]. 商展经济，2024(1)：120-123.
[94] 闫一轩. 新媒体环境下豆瓣网的网络社群发展研究[J]. 新闻文化建设，2022(3)：62-64.
[95] 尹令仪. 社区网站豆瓣网商业化发展研究[J]. 商讯，2020(1)：15，17.
[96] 王尧. 豆瓣网的社群文化研究[D]. 长沙：湖南师范大学，2018.
[97] 冯志伟. 自然语言处理简明教程[M]. 上海：上海外语教育出版社，2012：976.
[98] 36氪. B站十一周年，陈睿谈“小破站”的变与不变、未来的三大使命[EB/OL]. (2020-06-27)[2023-11-24]. https://baijiahao. baidu. com/s? id=1670617208022341940&wfr=spider&for=pc.
[99] 王小茜. 短视频新闻发展方向探究[J]. 新闻研究导刊，2023，14(24)：69-71.
[100] MobTech袤博研究院. 2023年短视频行业研究报告[EB/OL]. (2023-06-30)[2023-11-24]. https://www. mob. com/mobdata/report/178.
[101] 证券日报. 国资委新闻中心与抖音战略合作首批25家央企入驻抖音[EB/OL]. (2018-06-02)[2024-11-24]. http://ccnews. people. com. cn/n1/2018/0602/c141677-30029972. html.
[102] 中国日报网. QuestMobile报告：B站蝉联“Z世代偏爱App”TOP1[EB/OL]. (2019-01-25)[2023-11-24]. https://baijiahao. baidu. com/s?id=1623609466721581284&wfr=spider&for=pc.
[103] 黄彦婷. 思政课程发展批判性思维何以可能[J]. 广东教育(综合版)，2022(5)：63-64.
[104] 阿尔文·托夫勒. 未来的冲击[M]. 蔡伸章，译. 北京：中信出版集团，2006：192-193.
[105] 腾讯科技. 微信发布谣言治理报告：辟谣中心全年科普4.9亿次[EB/OL]. (2018-03-

02)[2023-11-24]. https://tech. qq. com/a/20180302/033437. htm.

[106] 张爱军,李圆. 人工智能时代后真相现象的消解、再塑及矫治[J]. 中国行政管理,2019(8):61-65.

[107] 杜骏飞. 数字交往论[M]. 南京:江苏人民出版社,2023:12.

[108] 陆俊. 批判理论视域中的互联网时代——网络批判理论概述[J]. 人民论坛·学术前沿,2019(14):40-50.

[109] 虎二梅,乜勇. 教育数字鸿沟的类型及其影响因素研究[J]. 开放学习研究,2023,28(6):41-50.

[110] 徐爽,孟芳,张熠彤,等. 简析网络文化下的教育现状及前景[J]. 边疆经济与文化,2021(5):116-118.

[111] 郑兴刚. 网络政治参与治理新路探析——基于虚拟与现实辩证统一的视角[J]. 特区实践与理论,2023(4):113-118.

[112] 澎湃. 打击网络谣言净化网络环境[EB/OL]. (2024-01-18)[2024-01-27]. https://m. thepaper. cn/baijiahao_26065893.

[113] 王凯文. 新媒体语境下的网络围观现象[J]. 新闻世界,2014(11):56-58.

[114] 冯源. 加强高校突发事件网络舆情管理[EB/OL]. (2017-04-16)[2023-11-24]. http://theory. people. com. cn/n1/2017/0416/c40531-29213562. html.

[115] 好书荐读 跑赢危机:全媒体时代的公关自救指南[J]. 公关世界,2022(9):126-127.

[116] 范宝舟. 论马克思交往理论及其当代意义[M]. 北京:社会科学文献出版社,2005:79.

[117] 马克思,恩格斯. 马克思恩格斯选集:第4卷[M]. 中共中央马克思恩格斯列宁斯大林著作编译局,译. 北京:人民出版社,2012:409.

[118] 马克思. 1844年哲学经济学手稿[M]. 中共中央马克思恩格斯列宁斯大林著作编译局,译. 北京:人民出版社,2000:180-181.

[119] 库尔特·卢因. 群体生活的渠道[M]. 北京:中国传媒大学出版社,2002.

[120] 张甜. 对新媒体时代"把关人"理论的新思考[J]. 新闻实践,2007(11):35-36.

[121] 丁骋,杨雪芳. 互联网传播环境下再论"把关人"理论的变迁[J]. 新闻知识,2015(6):14-16.

[122] 李金霞. 网络传播对"把关人"理论的挑战及对策[J]. 今日南国(理论创新版),2009(4):148-149.

[123] 张军芳. "议程设置":内涵、衍变与反思[J]. 新闻与传播研究,2015,22(10):111-118.

[124] 袁潇. 数字时代中议程设置理论的嬗变与革新——专访议程设置奠基人之一唐纳德·肖教授[J]. 国际新闻界,2016(4):67-78.

[125] 翟永威. 浅析新媒体视阈下议程设置的新变化[J]. 新闻研究导刊,2016,7(4):100-200.

[126] 陈力丹. 世界新闻传播史[M]. 上海:上海交通大学出版社,2016.

[127] 董璐. 传播学核心理论与概念[M]. 北京:北京大学出版社,2016.

[128] 斯坦利·巴兰,丹尼斯·戴维斯. 大众传播理论[M]. 曹书乐,译. 北京:清华大学出版社,2009.

[129] 金梦迪. 浅析网络时代"魔弹论"的处境[J]. 新闻研究导刊,2015,6(18):245.

[130] 郭庆光.传播学教程[M].北京：中国人民大学出版社，2011.
[131] 高宪春，解葳.从“消极沉默”到“积极互动”：新媒介环境下“沉默的双螺旋”效应[J].新闻界，2014(9)：43-50，54.
[132] 黄斐.新媒体时代“沉默的螺旋”理论变化与网络舆情应用研究[J].网络安全技术与应用，2023(12)：161-162.
[133] 王威娜.试析新媒体语境下“反沉默的螺旋”现象[J].传播与版权，2015(12)：3.
[134] 杨倩.“沉默的双螺旋”理论的提出及其应用[J].哈尔滨市委党校学报，2016(2)：13-16.
[135] 崔旭.新媒体环境下的“反沉默螺旋”研究[J].硅谷，2018，4(3)：17-18.
[136] 黄旦.新闻传播学[M].浙江：浙江大学出版社，1997.
[137] 蔡骐，刘维红.对传播学中使用与满足理论的再探索[J].湖南大众传媒职业技术学院学报，2004，4(1)：5-10.
[138] 戴领.“使用与满足”理论视域下的慢综艺——以《女人有话说》为例[J].今传媒，2018，26(7)：125-126.
[139] 胡翼青，张婧妍.功能主义传播观批判：再论使用满足理论[J].新闻大学，2016(1)：44-50.
[140] 赵志立.网络传播条件下的“使用与满足”——一种新的受众观[M].桂林：广西师范大学出版社，2009.
[141] 武星丽.阿多诺的文化工业批判理论[J].马克思主义哲学研究，2018(1)：183-191.
[142] 曹进，吕佐娜.大众文化视角下的“新新”媒介探析——以腾讯微信为研究对象[J].东南传播，2012(9)：3.
[143] 蔡骐，杨静.关于涵化理论的历史考察和方法论反思[J].吉首大学学报(社会科学版)，2005(4)：89-92.
[144] 张丽瑶.涵化理论相关研究综述[J].新闻研究导刊，2018，9(16)：57-58.
[145] 周红丰.涵化理论研究现状及其趋势探讨[J].新闻传播，2012(5)：20-22.
[146] 于博.新媒体时代涵化理论的新发展[J].新闻研究导刊，2016，7(24)：119.
[147] 冯一铭团队.“媒介涵化受众”与“受众涵化媒介”：大数据环境下网络涵化模式的重构[EB/OL].(2022-12-28)[2024-01-30]. https://mp.weixin.qq.com/s?__biz=Mzg2NDY3OTY5OQ==&mid=2247503198&idx=1&sn=8d1d6c27882f394fc7a31fb4d6d1d36c&chksm=ce672f22f910a634d8409912ceba37521f147475106dafe327520322dfeef3c26078a053ebb8&scene=27.
[148] DAVISON W P. The third-person effectin communication[J]. Public Opinion Quarterly, 1983(47)：1-15.
[149] 禹卫华，岳媛.戴维森与第三人效果：一种舆论学的视角[J].国际新闻界，2009(10)：11-16.
[150] 达克·J M，霍格·M A，特里·D J.我、我们和他们：1993年澳大利亚联邦选举中的政治认同和第三人效果[J].欧洲社会心理学杂志，1995：25.
[151] 禹卫华.中国大众媒介信息流程中的第三人效果研究[D].上海：复旦大学，2007.
[152] 研大神新传考研.经典理论的新解读——“第三人效果”理论[EB/OL].(2023-03-

24)[2024-1-30]. https://zhuanlan. zhihu. com/p/616689635? utm_id=0.
[153] 杨莉明. 网络传播中的第三人效果研究[D]. 上海:上海师范大学,2011.
[154] 庄瑜虹. "第三人效果"假说的理论变迁与发展探讨[J]. 中国报业,2013(4):34-35.
[155] 黄炎宁. 新媒体知识沟与数字鸿沟的融合[J]. 当代传播,2012(6):31-35.
[156] 单纯. "知识沟"理论的演变及其社会意义[J]. 社会科学,1993(8):70-73.
[157] 郭庆光. 传播学教程[M]. 北京:中国人民大学出版社,2011.
[158] 董慧. 新媒体环境下"知识沟"的变化[D]. 武汉:武汉大学,2019.
[159] 田洪丹. 浅析"知识沟"理论视野下新闻媒体的教育功能[J]. 视听,2015(3):88-89.
[160] 黄祎. 网络时代"知识沟"扩大现象的原因分析——以新浪微博为例[J]. 新闻研究导刊,2019,10(8):10-12.
[161] 周巍. 数字媒体时代的意见领袖研究[D]. 上海:复旦大学,2015.
[162] 希伦・A. 洛厄里,梅尔文・L. 德弗勒. 大众传播效果研究的里程碑[M]. 刘海龙,译. 北京:中国人民大学出版社,2009.
[163] 浙传考研社. Day40|意见领袖[EB/OL]. (2022-05-03)[2024-01-30]. https://mp. weixin. qq. com/s? __biz=Mzg4MjUxMTMwOQ==&mid=2247526921&idx=3&sn=3b1bfed153ea483af843d9a56ec1d379&chksm=cf57b6abf8203fbd185e3c320fb973b152cec8dd253aa513348b6001c3817acc0686d6bc6bfc&scene=27.
[164] 陈远,刘欣宇. 基于社会网络分析的意见领袖识别研究[J]. 情报科学,2015,33(4):13-19.
[165] 卢颖. 意见领袖在微博公益传播中的形成机制探析[EB/OL]. (2013-04-12)[2023-10-23]. http://media. people. com. cn/n/2013/1204/c358381-23745301-2. html.
[166] 曾繁旭,黄广生. 网络意见领袖社区的构成、联动及其政策影响:以微博为例[J]. 开放时代,2012(4):115-131.
[167] 王艳. 民意表达与公共参与:微博意见领袖研究[D]. 北京:中国社会科学院研究生院,2014.
[168] 常启云. 论互联网群体传播的情感偏向[J]. 现代传播(中国传媒大学学报),2019,41(12):146-151.
[169] 宋文峰. 集群行为的柔性制约研究[D]. 长春:吉林大学,2006.
[170] 陈力丹. 群体传播的心理机制[J]. 东南传播,2016(1):33-35.
[171] 杨艳平. 集群创新网络与区域文化嵌入机理研究——基于传播动力学理论[J]. 科学学研究,2015,33(1):146-153.
[172] 郭兆辰. 群体传播在舆论发展中的特点与作用——以"996"热点事件为例[J]. 科技传播,2020,12(21):170-172.
[173] 张小玲. 突发重大疫情下虚拟社群政府信任的理性再生路径——基于民众"对抗式"话语情境分析[J]. 重庆交通大学学报(社会科学版),2021,21(4):13-23.
[174] 微信搜一搜助手. 如何让公众号文章获取更多搜索流量? 搜一搜优化教程 01[EB/OL]. (2023-01-06)[2023-11-12]. https://mp. weixin. qq. com/s/v00sCcW0BKchxgkRf3_bwg.
[175] 萌哥有话说. [辅导员梦工厂]NO. 314——如何写好辅导员工作室申报书[EB/OL].

(2022-12-01)[2023-10-04]. https://mp. weixin. qq. com/s/p4zzSNIPUcbcG4Tos2S36Q.

[176] 猫头鹰公子. 天气寒冷,同济师生暖心分享晨读地点[EB/OL]. (2023-12-25)[2023-11-19]. https://mp. weixin. qq. com/s/weUCtKpqMqECCAtupNXc1g.

[177] 王肖. 大学生短视频热现象的原因分析、潜在风险及应对策略[J]. 思想理论教育,2021(1):93-97.

[178] 巨量算数. 2020 年抖音用户画像报告[EB/OL]. [2023-09-20]. https://blog. csdn. net/weixin_38753213/article/details/109019963.

[179] 乔纳・伯杰. 疯传:让你的品牌像病毒一样入侵[M]. 刘生敏,廖建桥,译. 北京:电子工业出版社,2014:20.

[180] 阮一帆,李静思. 高校思想政治工作者大数据素养提升路径探析[J]. 思想教育研究,2021(4):141-145.

[181] 尹若蓝. 论互联网言论自由及其规制[D]. 北京:中国政法大学,2022.

[182] 田雨. 试论新闻记者自媒体的"盖章效应"[J]. 视听,2020(1):9-10.

[183] 王雅丽. 网络信息传播的伦理建设探析[J]. 图书馆工作与研究,2010(8):19-22.

[184] 郭鹏. 如何加强网络信息传播主体的社会责任[J]. 青年记者,2018(11):98-99.

[185] 张传芬. 网络信息传播应坚守真实性原则[J]. 青年记者,2020(14):61.

[186] 人民网.《中国网络诚信发展报告 2023》发布[EB/OL]. (2023-07-18)[2023-11-13]. http://images2. wenming. cn/web_wenming/specials/23zt/3cncc/cg/202307/t20230718_6637502. shtml.

[187] 新华社. 授权发布:中华人民共和国刑法修正案(九)[EB/OL]. (2015-09-02)[2023-11-13]. http://www. cac. gov. cn/2015-09/02/c_1116453392. htm? from=groupmessage.

[188] 全国人民代表大会常务委员会. 全国人大常委会关于加强网络信息保护的决定[EB/OL]. (2012-12-28)[2023-11-13]. https://www. cac. gov. cn/2015-02/05/c_1114266581. htm.

[189] 全国人民代表大会常务委员会. 全国人民代表大会常务委员会关于维护互联网安全的决定[EB/OL]. (2000-12-29)[2023-11-13]. http://www. cac. gov. cn/2000-12/29/c_133158942. htm.

[190] 新华社. 中华人民共和国网络安全法[EB/OL]. (2016-11-07)[2023-11-13]. https://www. cac. gov. cn/2016-11/07/c_1119867116. htm? subscene=0&eqid=d9e5f96c0004f8370000000364621388.

[191] 中华人民共和国中央人民政府. 中华人民共和国国务院令第 745 号[EB/OL]. (2021-07-30)[2023-11-13]. https://www. gov. cn/gongbao/content/2021/content_5636138. htm.

[192] 中国人大网. 中华人民共和国数据安全法[EB/OL]. (2021-06-10)[2023-11-13]. http://www. npc. gov. cn/c2/c30834/202106/t20210610_311888. html.

[193] 网信办. 国家互联网信息办公室等五部门发布《汽车数据安全管理若干规定(试行)》[EB/OL]. (2021-08-20)[2023-11-13]. https://www. cac. gov. cn/2021-08/20/c_1631049984897667. htm? eqid=a544af5b006857700000000026437499d.

[194] 新华社. 中华人民共和国个人信息保护法[EB/OL]. (2021-06-10)[2023-11-13]. https://nmca. miit. gov. cn/zwgk/zcwj/flfg/art/2021/art_0bb3c8d9e620423fb4deeb85e1b751c5. html.

[195] 国信办. 网络安全审查办法[EB/OL]. (2021-12-28)[2023-11-13]. https://www. gov. cn/zhengce/zhengceku/2022-01/04/content_5666430. htm.

[196] 新华社. 中共中央办公厅 国务院办公厅印发《关于加强网络文明建设的意见》[EB/OL]. (2021-09-14)[2023-11-13]. https://www. gov. cn/xinwen/2021-09/14/content_5637195. htm.

[197] 网信办. 生成式人工智能服务管理暂行办法[EB/OL]. (2023-07-10)[2023-11-13]. https://www. gov. cn/zhengce/zhengceku/202307/content_6891752. htm.

[198] 最高人民法院,最高人民检察院. 最高人民法院 最高人民检察院关于依法惩治网络暴力违法犯罪的指导意见[EB/OL]. (2023-09-25)[2023-11-13]. https://www. court. gov. cn/zixun/xiangqing/412992. html.

[199] 中华人民共和国工业和信息化部. 中华人民共和国反电信网络诈骗法[EB/OL]. (2022-09-08)[2023-11-13]. https://www. miit. gov. cn/jgsj/zfs/fl/art/2022/art_d30139b442a141f48f05775d8c0b3cee. html.

[200] 张启浩,谢力.《中华人民共和国网络安全法》解读[J]. 智能建筑,2017(9):12-16.

[201] 西吉青年. 青少年文明上网|《全国青少年网络文明公约》——文明安全上网,增强保护意识[EB/OL]. (2023-09-08)[2023-11-13]. https://mp. weixin. qq. com/s? __biz=MzA3NTAwNDI2NA==&mid=2651259208&idx=5&sn=d3159d9a4819090dc7545e47744465e2&chksm=8484814fb3f30859a7bd9fa2b2419b4bf4e4fd00ca1710fa28391851effa5a1e78cd44505cde&scene=27.

[202] 人民网. 2023 年中国网络文明大会发布《新时代青少年网络文明公约》[EB/OL]. (2023-07-18)[2023-11-13]. https://baijiahao. baidu. com/s? id=1771760570926930375&wfr=spider&for=pc.

[203] 中华人民共和国教育部. 普通高等学校学生管理规定[EB/OL]. (2017-02-04)[2023-11-13]. http://www. moe. gov. cn/jyb_xxgk/xxgk/zhengce/guizhang/202112/t20211206_585064. html.

[204] 马克思,恩格斯. 马克思恩格斯选集:第 2 卷[M]. 中共中央马克思恩格斯列宁斯大林著作编译局,译. 北京:人民出版社,1995:32-33.

[205] 观察者网. 南昌一高校教师说"暴徒都是孩子没整死人",校方:严肃处理[EB/OL]. (2019-01-30)[2023-12-05]. https://www. guancha. cn/politics/2019_11_14_525156_s. shtml.

[206] 央广网. 公安部发布打击侵犯公民个人信息犯罪十大典型案例[EB/OL]. (2023-08-10)[2023-12-10]. https://baijiahao. baidu. com/s? id=1773815424883716252&wfr=spider&for=p.

[207] 新京报. 中国互联网络发展状况统计报告发布:我国网民规模达 10.8 亿人[EB/OL]. (2023-03-28)[2023-11-10]. https://baijiahao. baidu. com/s? id=1775478884366322024&wfr=spider&for=pc.

[208] 中央网络安全和信息化委员会办公室. 中央网信办启动“清朗·‘饭圈’乱象整治”专项行动[EB/OL]. (2021-06-15)[2023-10-30]. http://www.cac.gov.cn/2021-06/08/c_1624735580427196.htm? eqid=a7969ec600096d7400000002647d3bc1.
[209] 中工网. 对网络暴力“零容忍”[EB/OL]. (2023-11-28)[2023-12-24]. https://baijiahao.baidu.com/s?id=1783776806281597816&wfr=spider&for=pc.
[210] 北京青年报. 北京互联网法院对AI图片侵权案作出判决：人是作品的作者而非人工智能[EB/OL]. (2023-11-30)[2023-12-13]. https://baijiahao.baidu.com/s?id=1783993138486706294&wfr=spider&for=pc.
[211] 澎湃. 知案|最新判例！南山法院审结全国首例认定人工智能生成的文章构成作品案件[EB/OL]. (2020-03-13)[2023-12-23]. https://m.thepaper.cn/baijiahao_6516388.
[212] 王凯文. 马克思交往异化思想下的网络直播交往分析[J]. 媒介批评，2021(2)：137-151.
[213] 光明日报. 筑牢思想政治工作生命线[EB/OL]. (2018-11-30)[2023-11-13]. https://epaper.gmw.cn/gmrb/html/2018-11/30/nw.D110000gmrb_20181130_1-16.htm.
[214] 新华社. 习近平：高举中国特色社会主义伟大旗帜为全面建设社会主义现代化国家而团结奋斗——在中国共产党第二十次全国代表大会上的报告[EB/OL]. (2022-10-25)[2023-10-23]. https://www.gov.cn/xinwen/202210/25/content_5721685.htm.
[215] 潘红涛，刘邦宇. 新媒体时代高校思想政治工作优化策略研究[J]. 思想教育研究，2021(3)：145-148.
[216] 中华人民共和国教育部. 微镜头·习近平总书记两会“下团组”“‘大思政课’我们要善用之”[EB/OL]. (2021-03-06)[2023-11-13]. http://www.moe.gov.cn/jyb_xwfb/xw_zt/moe_357/2021/2021_zt01/lianzuhui/lianzuhuii_xianchang/202103/t20210307_518144.html.
[217] 复旦大学文明在线. 加强网络育人平台建设，强化育人内容供给和载体创新、技术支撑[EB/OL]. [2023-12-14]. https://wmzx.fudan.edu.cn/38476/list.htm.
[218] 上海政法学院. 上海政法学院云端四重奏“我带头、我承诺、我亮相、我奉献”[EB/OL]. (2020-04-24)[2023-12-14]. https://www.shupl.edu.cn/xgb/2020/0703/c2354a80734/page.htm.
[219] 上海政法学院. 我校易班发展中心荣获上海市三项十佳荣誉称号[EB/OL]. (2020-07-03)[2023-12-25]. https://www.shupl.edu.cn/2020/0423/c1168a78067/page.htm.
[220] 上海师范大学. 万名师生云端在线，展开新时代劳动教育大讨论[EB/OL]. (2020-06-18)[2023-12-17]. https://www.shnu.edu.cn/01/b0/c26528a721328/page.htm.
[221] 央广网. 这场指导战“疫”饮食的云团课，冲上了B站小时直播榜第三[EB/OL]. (2020-03-02)[2023-12-17]. https://www.cnr.cn/shanghai/tt/20200302/t20200302_524999432.shtml.
[222] 杨志平. 思想政治教育信息问题研究[M]. 北京：人民出版社，2015(3)：48.
[223] 华秀梅，李永山. 优化高校辅导员网络思想政治教育能力暂行标准的基本逻辑与实践路径[J]. 高校辅导员学刊，2021，13(5)：51-55.

[224] “小花梨”——华东理工大学原创校园文化品牌[J]. 学校党建与思想教育,2015(11):1.

[225] 吴飞. 共情传播的理论基础与实践路径探索[J]. 新闻与传播研究,2019,26(5):59-76,127.

[226] 温晓年,余维法. 高校辅导员网络话语能力的内涵、构成、价值表达及提升策略[J]. 黑龙江高教研究,2021,39(6):125-129.

[227] 陈之腾. 同济大学网络育人:以新传播回应新时代[J]. 上海教育,2019(16):4.

[228] 上海交通大学. 上海交大“望媒止惑”工作室打造育人公益新模式[EB/OL]. (2020-06-18)[2023-12-19]. https://news. sjtu. edu. cn/mtjj/20220820/173653. html.

[229] 新华社. 中共中央 国务院印发《中长期青年发展规划(2016—2025 年)》[EB/OL]. (2017-04-03)[2024-01-09]. https://www. gov. cn/zhengce/2017-04/13/content_5185555. htm? eqid=805ecb960038bc25000000026479d83d#1.

[230] 新华社. 习近平主持召开学校思想政治理论课教师座谈会[EB/OL]. (2019-03-18)[2024-01-07]. https://www. gov. cn/xinwen/2019-03/18/content_5374831. htm.

[231] 上海外国语大学文明创建网. 创建指标|强化教育教学 提升办学质量|学生工作[EB/OL]. [2024-01-10]. https://wmcj. shisu. edu. cn/xsgz/main. psp.

[232] 环球网. 习近平在第二届世界互联网大会开幕式上的讲话[EB/OL]. (2015-12-16)[2024-01-21]. https://tech. huanqiu. com/article/9CaKrnJSn9u.

[233] 东华大学宣传部. [全国高校思想政治工作网等]东华大学打造网络思政“同心圆”,构筑铸魂育人新生态[EB/OL]. (2019-07-06)[2024-01-20]. https://news. dhu. edu. cn/2019/0706/c528a217876/page. htm.

后　记

寒来暑往，四季更迭。用键盘敲击下全书最后一个句号时，我依依不舍又倍感喜悦，仿佛结束了一段漫长又充实的旅程。

在攻读新闻传播学硕士学位期间，我偶然了解到网络素养的概念，并迫切地认识到，这一素养恰是在逐渐发展的新媒体时代必不可少的基本能力，也将更多的精力投入了这一研究领域。硕士毕业后，我选择留校做辅导员，仍保持着追寻新鲜的科学技术和前沿的新媒体发展的兴趣。结合工作需要，我将个人研究的重点放在了网络思想政治教育领域——一个几年前还不算热门的研究领域。随着科技的发展，微信逐渐占据大学生生活圈，网络也日渐成为大学生学习生活的新阵地，这也要求辅导员群体与时俱进，接近学生、了解学生、引领学生。做推送、设计 H5 页面、制作互动小游戏，我借助网络阵地，依托带教信息专业学生的优势做了诸多尝试，努力将理论和实践相结合，致力于网络思想政治教育研究。

与此同时，一些“小问题”也引起了我的关注。一方面，在不同的培训、会议、合作中遇到全国各地很多同仁，发现仍然有部分同仁对通过网络开展思想政治教育工作和交往活动心存疑虑，或是受限于技术不足且入门无术，或是墨守成规而不屑一试。另一方面，部分高校辅导员网络素养提升全凭辅导员的个人兴趣、个人原有技能水平支撑，学校能够提供给辅导员队伍的系统化资源并不充分，尽管网络思想政治教育日益成为辅导员核心工作要求，但与心理、就业等成熟的工作专项相比，仍缺少结构化的知识系统和实践指导。

我尝试破解这一难题，寻找是否有适合辅导员群体提升网络素养的文本参考，探索是否有相关的系列课程可指导辅导员群体开展相关工作。经过一段时间的寻找后，我开始思考，是不是可以在自己开展工作的同时，与辅导员群体一起做更多尝试，为更多同仁提供全面、扎实的自我提升与开展教育的借鉴，摸索以辅导员群体为对象的、理论与实践相结合的网络素养提升路径，让更多的辅导员同仁能够顺利开展网络交往,同时更有力地开展网络思想政治教育。

2020年,我先后申请了同济大学思政专项课题"高校辅导员网络素养体系研究"、上海市教育科学研究课题"新时代网络文化育人研究",联合志同道合的师友共同开展相关资料的搜集和研究工作。正是在不断的研究中,我逐渐萌发了将这些年的理论与实践探索凝练成一本适合高校辅导员参考与探讨的著作的想法。谈及网络素养,人们往往认为其以网络安全为核心,而实际上,网络素养是一个阶梯式递进的概念。通过阅读资料、开展研究,我逐渐厘清了网络素养的核心概念,结合辅导员的工作内容和职责要求,建构了辅导员网络素养体系,从框架到内容一步步填充、丰富。尽管在新冠疫情期间我因投身紧张的抗疫工作而短暂放缓撰写本书的节奏,但是,整理思路、搭建框架、落实理论、搜集案例、润色文字,每一个环节都在持续推进。直至2024年,阴霾消散,世界复苏,我终于能够停笔完工,完成对自我的交付。当然,新媒体技术日新月异,人们对网络交往、网络素养的理论认知和内容阐释仍有很大的拓展空间,这也将为后续研究的开展指明方向。

本书的顺利完成,得益于研究团队的各位辅导员老师出色的前期准备工作。汤若琦对网络认知素养案例的整理和文字润色,王秋晨对网络实践素养的实践整合与应用提炼,王梦霓、周冬欣对法律法规、网络行为规范警示案例的初步搜集,臧蓓华对网络认知素养的基础提炼,刘枳杉对网络实践效果的初步整理,姚皓东对传播学概念新解的内涵把握,郑凯新对文字内容的校对,都为本书的正式撰写提供了翔实的资料和案例,奠定了良好的前期研究基础。感谢我的导师在专业理论方面提供了扎实的指导意见,夯实了本书的理论基础。感谢同济大学党委学研工部、党委宣传部各位领导、老师一直以来对我的网络思想政治教育研究提供的指导、支持与帮助。感谢我的历任直属领导及同济大学所有优秀的辅导员同仁,他们都以出色的工作成效彰显了辅导员队伍的风采,为我的工作实践与个人成长提供了优秀的范本。在各位领导、老师、同仁的帮助下,这部内容丰富、文字简约的专著得以最终呈现。此外,我还要感谢同济大学辅导员思政基金、同济大学网络育人名师计划为本书的出版提供了切实有力的资助。感谢同济大学出版社孙铭蔚老师为本书出版所作出的所有努力。最后,我愿将最衷心的感谢送给我的家人,没有他们分担日常琐碎的家事,也就没有我伏案撰写专著的片刻安宁，这第一本小作也将送给我的女儿，祝她一周岁生日快乐。

辅导员网络素养是辅导员开展网络交往和网络思想政治教育的根基，希望本书能够为更多的辅导员同仁打开个人成长与职业发展的大门。让我们一起深刻把握网络发展的规律和当代学生的需求，发出学生乐听、愿信、真懂的时代强音，做新时代的优秀网络公民，成为网络思想政治教育的引领者。

新媒体发展日日为新，学习研究的脚步时时不停。我真诚地希望本书内容能够得到学界和社会各界的指正，我愿与各位同仁携手并进，继续葆有一颗探索的心，保持热爱，继续前行！

2024 年 2 月 2 日于上海